高职高专"十二五"规划教材

高职

语文

张学婷 主编

◉

于同利

唐宏伟 副主编

 化学工业出版社

·北京·

本书是为适应高职语文教学而编写的语文教材。为充分发挥语文教学在职业教育中的功能、培养专业技能型人才，编者认真分析总结高职语文教学的特点、规律，结合高职教育培养目标，编写了此书。

全书分为文学素养和职业素养两大部分。文学素养部分着力培养学生的审美、分析、鉴赏能力，提高学生的文学修养水平，以诗歌、散文、小说、戏剧四大文学体裁来划分。每一部作品后都包括导读与思考练习。

职业素养部分着力培养学生实用能力，使学生能够正确的与人交流沟通、规范地书写汉字、正确地对待求职、就业以及正确处理生活、工作中面临的问题。本部分由汉字书写、口语表达、实用写作、职业素质四个单元组成。其中口语表达部分编写了面试口语，以提高学生的求职面试能力；实用写作部分以实用、够用为原则，只编写了与学生实际结合最紧密的文体。

本书的内容编写体现高职教育培养目标，贴近学生的实际水平。适用于高职院校的语文教学。

图书在版编目（CIP）数据

高职语文 / 张学婷主编 ． 一北京：化学工业出版社，2013.9（2025.1重印）

ISBN 978-7-122-18022-3

Ⅰ．①高… Ⅱ．①张… Ⅲ．①大学语言课－高等职业教育－教材 Ⅳ．①H19

中国版本图书馆CIP数据核字（2013）第168240号

责任编辑：蔡洪伟 王 可　　　　　　装帧设计：刘丽华
责任校对：战河红

出版发行：化学工业出版社（北京市东城区青年湖南街13号　邮政编码100011）
印　　装：大厂回族自治县聚鑫印刷有限责任公司
787mm×1092mm　1/16　印张12¾　字数278千字　2025年1月北京第1版第10次印刷

购书咨询：010-64518888　　　　　　售后服务：010-64518899
网　　址：http://www.cip.com.cn
凡购买本书，如有缺损质量问题，本社销售中心负责调换。

定　　价：35.00元

"大学语文"课程作为职业院校的一门公共基础课，在全面提高学生语文素养的同时，还担负着提高学生职业素养的任务。几年的教学实践，深感当前语文教材存在着与实际教学脱节的问题。教材内容与高职教育培养目标要求相脱节；教学内容与职业教育特点相脱节；教学大纲要求课时数与实际授课课时数相脱节等。因而，导致教学效果不理想。为了解决这些问题，更好地发挥语文教学在职业教育中的功能，为培养专业技能型人才服务，我们在认真总结、分析、充分调研的基础上编写了《高职语文》一书。

本教材的特点如下。

一、编写体例上的创新

全书分为文学素养和职业素养两大部分。每一部分分为四个单元。文学素养部分着力培养学生的审美、分析、鉴赏能力，提高学生的文学修养水平，以诗歌、散文、小说、戏剧四大文学体裁来划分。在篇目的选取上，既有经典篇目，又有新时期的作品。

职业素养部分着力培养学生实用能力，使学生能够正确地与人交流沟通，规范地书写汉字，正确地对待求职、就业以及正确处理生活、工作中面临的问题。本部分由汉字书写、口语表达、实用写作、职业素质四个单元组成。

二、突出实用性

全书充分体现高职教育的特点，无论是在编写体例上，还是在篇目的选取上都突出实用性原则。听、说、读、写是学习、生活、工作中四项基本能力，因而教材设计了汉字书写、口语表达、实用写作单元。为了解决学生在求职、就业中存在的问题，在第二部分中安排了职业素质单元，给学生将来就业以正确的指导。

三、人文教育与职业教育密切结合

在提高学生职业素养的同时，关注学生的人文素养，使之树立正确的价值观、审美观和人生观。全书注重提高学生个人修养，通过对文学篇目的赏析实现自我文化素质的提升，同时还注重培养学生吃苦耐劳、敬业乐业、自立自强、乐于奉献、敢于担当的职业精神。

本书由张学婷任主编，并进行总体方案的策划和具体的组织。于同利、唐宏伟为副主编，李立、刘瑞林、刘洁、王青等教师参与了本书的编写工作。具体编写分工为于同利编写文学素养部分第一、二单元；李立编写文学素养部分第三、四单元；王青编写职业素养部分第一单元；张学婷、刘洁编写职业素养部分第二、四单元；唐宏伟、刘瑞林编写职业素养部分第三单元。

在教材编写过程中，我们参阅了大量同类教材及网络上发表的文章和相关资料，在此对相关作者表示感谢。

因编者水平有限，书中难免存在疏漏和不足，敬请广大师生提出宝贵意见，以便今后进一步修订完善。

编者
2013年5月

目录

第一编　文学素养

第一单元　诗歌　/002
　　蒹　葭　/004
　　春江花月夜　/007
　　再别康桥　/008
　　祖国啊，我亲爱的祖国　/011

第二单元　散文　/015
　　垓下之围　/017
　　天才梦　/020
　　一只特立独行的猪　/023

第三单元　小说　/028
　　绳　子　/030
　　太阳出世（节选）　/036

第四单元　戏剧　/045
　　雷雨（选场）　/047
　　威尼斯商人（选场）　/057

第二编　职业素养

第一单元　汉字书写　/068
　　第一节　正确的书写姿势与执笔方法　/071
　　第二节　硬笔楷书的书写　/072
　　第三节　笔画书写　/073

第二单元　口语表达　/081

第一节　口语交际的特点及要求　/083

第二节　影响口语交际能力的几个主要因素　/084

第三节　口语交际的基本技巧　/086

第四节　怎样提高口语交际能力　/088

第五节　面试　/092

第三单元　实用写作　/099

第一节　求职信　/101

第二节　个人简历　/103

第三节　调查报告、实习报告　/107

第四节　计划、总结　/118

第五节　毕业论文　/130

第四单元　职业素质　/144

第一节　应聘　/147

第二节　工作　/153

附录一　拓展阅读　/171

附录二　/193

参考文献　/198

第一编　文学素养

第一单元 诗歌

诗者，感其况而述其心，发乎情而施乎艺也。（赵缺《无咎诗三百序》）诗歌是世界上最古老、最基本的文学形式，是一种阐述心灵的文学体裁。

【单元说明】

本单元选取传统的诗歌篇目，以使同学们领会诗歌的文学魅力。诗歌起源于上古时期劳动的号子。先秦时期出现了现实主义的作品《诗经》以及极富浪漫主义色彩的骚体诗。

《诗经》是中国最早的诗歌总集。收入自西周初年至春秋中叶大约五百多年的诗歌。

屈原的骚体诗，是浪漫主义的典范作品。对理想的追求、爱憎情感倾诉、为国献身的忠心，都浸透在诗句中，用香草美人的意向，来书写高洁品行。

汉朝统治者设立了专门采集民间歌谣的机构——乐府，后来人们把乐府采集来的民间歌谣称为乐府诗，乐府诗富于叙事性，其中很多是用五言形式写成，实现了四言诗向杂言诗、五言诗的过渡。乐府诗继承了《诗经》的现实主义传统，从不同层面，真实深刻地反映了广阔的社会生活，表达了人民真挚朴素的思想情感。著名的篇章有《十五从军征》、《陌上桑》。最为著名的还是《孔雀东南飞》，是我国文学史上第一部长篇叙事诗，也是我国古代史上最长的一部叙事诗。

汉末文人仿照民歌中五言形式而创制的诗歌，因萧统所编《文选》收录了十九首，而作者名又不可考，故以"古诗十九首"名之。《古诗十九首》是文人五言诗成熟的标志。这一时期的诗歌富于抒情性，善用比兴的手法，代表作品有《迢迢牵牛星》、《行行重行行》等。

汉末建安时期出现了以"三曹"、"七子"为代表的"建安风骨"，掀起了文人诗歌的高潮，创造了"建安文学"的辉煌，他们的作品缘事而发、关注民生，反映了汉末军阀混战、民不聊生的社会现实，感情充沛，风格明朗刚健、慷慨悲凉，被后人誉为"建安风骨"或"汉魏风骨"。著名的诗篇有曹操的《短歌行》，曹丕的《燕歌行》，曹植的《赠白马王彪》、《白马篇》，王粲的《七哀诗》等。

东晋末年的陶渊明又为古典诗歌开创了一个新的境界，他既是田园诗的开创者，又是现实主义诗歌传统的继承者，其代表作《归园田居》、《饮酒》，语言朴素自然，充满了对田园生活的热爱和对污浊社会的憎恶。陶渊明诗对后世影响很大，他的"不为五斗米折腰"精神也影响后人。

初唐四杰王勃、杨炯、骆宾王、卢照邻，冲破浮艳诗风，通过自己的诗作抒发愤激不平之情和远大抱负，拓宽了诗歌题材。盛唐时期是诗歌繁荣的顶峰。这个时期除出现了李白、杜甫两个我国诗歌史上的伟人，还有很多成就显著的诗人，他们大致可分为两类：一类是以孟浩然和王维等人为代表的山水田园诗人；另一类是以高适、岑参、王昌龄等人为代表的边塞诗人。李白的诗歌豪放飘逸，号称"诗仙"，其名篇有《将进酒》、《梦游天姥吟留别》、《蜀道难》等。杜甫的诗歌沉郁顿挫，号称"诗圣"，其名篇有"三吏"、"三别"。

词作为一种新的诗歌形式在唐朝已出现，晚唐的温庭筠、韦庄的词都有所成就。

宋代词呈现繁荣的景象，有以苏轼、辛弃疾为代表的豪放派和以柳永、李清照为代表的婉约派。

元代出现了新的诗歌样式——小令，也叫"叶儿"，是元散曲中的一种，是单支的曲子。

清代诗词流派众多，但大多数作家均未摆脱拟古主义和形式主义的套子，难有超出前人之处。

清末，梁起超等人倡导的"诗界革命"，又预示着新的诗歌体式即将形成。五四新文学运动迎来了诗界的革命。

随着自由体新诗的勃兴，新诗体式因不加节制而趋于散漫，便转而要求便于吟诵的格律化。新月派的出现顺应了这种潮流。徐志摩是新月派中最具代表性的诗人。他致力于诗体的输入与试验，尝试的诗体最多，著有诗集《志摩的诗》、《翡冷翠的一夜》等。

当代诗歌代表作家是朦胧派的舒婷，她的《致橡树》热情而坦诚地表达了诗人对爱情的态度。舒婷擅长于自我情感律动的内省、在捕捉复杂细致的情感体验方面特别表现出女性独有的敏感。

本单元选取《诗经》中的《蒹葭》，张若虚的《春江花月夜》，徐志摩的《再别康桥》，舒婷的《祖国啊，我亲爱的祖国》，通过对不同时期诗歌作品的讲解，使学生掌握不同时期诗歌发展的特点，把握诗歌欣赏的技巧。

蒹 葭

《诗经·秦风》

《诗经》是我国第一部诗歌总集，收录了自西周初年（约公元前1世纪）至春秋中叶（约公元前6世纪）五百多年的诗歌305篇。先秦称为《诗》，或取其整数称《诗三百》。西汉时被尊为儒家经典，始称《诗经》，并沿用至今。

《诗经》共有风、雅、颂三个部分。其中"风"包括"十五国风"，有诗160篇；"雅"分"大雅"、"小雅"，有诗105篇；"颂"分"周颂"、"鲁颂"、"商颂"，有诗40篇。

《诗经》是中国现实主义文学的光辉起点。由于其内容丰富、思想和艺术上的高度成就，在中国以至世界文化史上都占有重要地位。它开创了中国诗歌的优秀传统，对后世文学产生了不可磨灭的影响。《诗经》的影响还越出中国的国界而走向了全世界。

蒹葭苍苍[1]，白露为霜[2]。
所谓伊人[3]，在水一方[4]。
溯洄从之[5]，道阻[6]且长；
溯游从之，宛在水中央[7]。

蒹葭萋萋[8]，白露未晞[9]。
所谓伊人，在水之湄[10]。
溯洄从之，道阻且跻[11]。
溯游从之，宛在水中坻[12]。

蒹葭采采，白露未已[13]。
所谓伊人，在水之涘[14]。
溯洄从之，道阻且右[15]；
溯游从之，宛在水中沚[16]。

【注释】

[1] 蒹葭（jiān jiā）：芦苇。苍苍：茂盛的样子。

[2] 白露为霜：晶莹的露水凝结成了霜。为，凝结成。

[3] 所谓：所说、所念，这里指所怀念的。 伊人：那人，指所爱的人。

[4] 在水一方：在水的另一边。一方，那一边，指对岸。

[5] 溯洄（sù huí）：逆流而上。从：跟随，这里是追寻的意思。

[6] 阻：险阻，（道路）难走。

[7] 宛在水中央：（那个人）仿佛在河的中间。意思是相距不远却无法到达。宛，仿佛、好像。

[8] 萋萋：同"凄凄"，茂盛的样子。下文"采采"义同。

[9] 晞（xī）：干。

[10] 湄（méi）：岸边，水与草交接之处。

[11] 跻（jī）：登，升高，意思是道路险峻，需攀登而上。

[12] 坻（chí）：水中的小洲、小岛。

[13] 未已：还没有完，指露水尚未被阳光蒸发完毕。已，完毕。

[14] 涘（sì）：水边。

[15] 右：弯曲。

[16] 沚（zhǐ）：水中的小块陆地。

【译文】

河畔芦苇碧色苍苍，那是白露凝结成霜。
我那日思夜想的人啊，她就在河岸一方。
逆流而上去追寻她，那道路险阻又漫长。
顺流而下寻寻觅觅，她仿佛在河水中央。
河畔芦苇茂盛一片，清晨露水尚未晒干。
我那魂牵梦绕的人啊，她就在河水对岸。
逆流而上去追寻她，那道路坎坷又艰难。

顺流而下寻寻觅觅，她仿佛在水中沙滩。
河畔芦苇繁茂连绵，清晨露滴依旧流连。
我那苦苦追求的人啊，她就在河岸一边。
逆流而上去追寻她，那道路弯曲又艰险。
顺流而下寻寻觅觅，她仿佛在水中沙洲。

【导读】

　　蒹葭是一种植物，指芦荻、芦苇。蒹，没有长穗的芦苇。葭，初生的芦苇。这首诗选自《诗经·秦风》，大约来源于2500年以前产生在秦地（今陕西中部和甘肃东部一带）的一首民歌。

　　这首诗以水、芦苇、霜、露等意象营造了一种朦胧、清新又神秘的意境。早晨的薄雾笼罩着一切，晶莹的露珠已凝成冰霜。一位羞涩的少女缓缓而行。诗中水的意象正代表了女性，体现出女性的美，而薄薄的雾就像是少女蒙上的纱。她一会儿出现在水边，一会儿又出现在水之洲。寻找不到，急切而又无奈的心情正如蚂蚁爬一般痒，又如刀绞一般痛。就像我们常说的"距离产生美感"，这种美感因距离变得朦胧、模糊、不清晰。主人公和伊人的身份、面目、空间位置都是模糊的，给人以雾里看花、若隐若现、朦胧缥缈之感。蒹葭、白露、伊人、秋水，越发显得难以捉摸，构成了一幅朦胧淡雅的水彩画。

　　诗的每章开头都采用了赋中见兴的笔法。通过对眼前真景的描写与赞叹，绘画出一个空灵缥缈的意境笼罩全篇。诗人抓住秋色独有的特征，不惜用浓墨重彩反复进行描绘，渲染深秋空寂悲凉的氛围，以抒写诗人怅然若失而又热烈企慕友人的心境。诗每章的头两句都是以秋景起兴，引出正文。它既点明了季节与时间，又渲染了蒹苍露白的凄清气氛，烘托了人物怅惘的心情，达到了寓情于景、情景交融的艺术境地。"蒹葭"、"水"和"伊人"的形象交相辉映，浑然一体，用作起兴的事物与所要描绘的对象形成了一个完整的艺术世界。

　　开头写秋天水边芦苇丛生的景象，这正是"托象以明义"，具有"起情"的作用。因为芦苇丛生，又在天光水色的映照之下，必然会呈现出一种迷茫的境界，这就从一个侧面显示了诗的主人公心中的那个"朦胧的爱"的境界。王夫之《姜斋诗话》说："关情者景，自与情相为珀芥也。情景虽有在心在物之分。而景生情，情生景，哀乐之触，荣悴之迎，互藏其宅"，《蒹葭》这首诗就是把暮秋特有景色与人物委婉惆怅的相思感情浇铸在一起，从而渲染了全诗的气氛，创造了一个扑朔迷离、情景交融的意境，正是"一切景语皆情语"的体现。总之，《蒹葭》诗的丰富美感，不论是从欣赏的角度，还是从创作的角度，颇值得我们重视和予以认真探讨。

【思考练习题】

1. 简述初读《蒹葭》的印象。
2. 简述本诗以"蒹葭苍苍，白露为霜"两句比兴的作用。
3. 诗中反复用"宛在水中央"、"宛在水中坻"、"宛在水中沚"这样的句子，对表现主人公的思想感情有什么作用？

4.谈谈你对《蒹葭》中"伊人"的理解。

春江花月夜

张若虚

　　张若虚（约660—约720），唐代诗人。扬州（今属江苏）人。曾任兖州兵曹。唐中宗神龙（705—707）中，与贺知章、贺朝、万齐融、邢巨、包融俱以文词俊秀驰名于京都，与贺知章、张旭、包融并称"吴中四士"。玄宗开元时尚在世。张若虚的诗仅存二首于《全唐诗》中。其中《春江花月夜》是一篇脍炙人口的名作，它沿用陈隋乐府旧题，抒写真挚动人的离情别绪及富有哲理意味的人生感慨，语言清新优美，韵律宛转悠扬，洗去了宫体诗的浓脂艳粉，给人以澄澈空明、清丽自然的感觉。后世包括词、曲在内的多种文学形式都可能受到该诗在音韵、场景描写等方面创意的影响，从而也奠定了张若虚在中国文学史上的地位。

春江潮水连海平，海上明月共潮生。
滟滟随波千万里，何处春江无月明。
江流宛转绕芳甸，月照花林皆似霰。
空里流霜不觉飞，汀上白沙看不见。
江天一色无纤尘，皎皎空中孤月轮。
江畔何人初见月，江月何年初照人？
人生代代无穷已，江月年年只相似。
不知江月待何人，但见长江送流水。
白云一片去悠悠，青枫浦上不胜愁。
谁家今夜扁舟子，何处相思明月楼？
可怜楼上月徘徊，应照离人妆镜台。
玉户帘中卷不去，捣衣砧上拂还来。
此时相望不相闻，愿逐月华流照君。
鸿雁长飞光不度，鱼龙潜跃水成文。
昨夜闲潭梦落花，可怜春半不还家。
江水流春去欲尽，江潭落月复西斜。
斜月沉沉藏海雾，碣石潇湘无限路。
不知乘月几人归，落月摇情满江树。

【导读】

这首诗以写月作起，以写月落结，把从天上到地下这样寥廓的空间，从明月、江流、青枫、白云到水纹、落花、海雾等众多的景物，以及客子、思妇种种细腻的感情，通过环环紧扣、连绵不断的结构方式组织起来。由春江引出海，由海引出明月，又由江流明月引出花林，引出人物，转情换意，前后呼应，若断若续，使诗歌既完美严密，又有反复咏叹的艺术效果。

前半部重在写景，是写实，但如"何处春江无月明"、"空里流霜不觉飞"等句子，同时也体现了人物的想象和感觉。后半部重在抒情，这情是在景的基础上产生的，如长江流水、青枫白云、帘卷不去、拂砧还来等句，景中亦自有情，结尾一句，更是情景交融的名句。全篇有情有景，亦情亦景，情景交织成有机整体。

诗歌写了许多色彩鲜明的形象，如皎月、白沙、白云、青枫，等等，这些景物共同造成了柔和静谧的诗境，这种意境与所抒发的绵邈深挚的情感十分和谐统一。

诗歌每四句一换韵，平仄相间，韵律婉转悠扬。为了与缠绵的感情相适应，语言采用了一些顶针连环句式，如"春江潮水连海平，海上……"、"江月何年初照人？人生……"、"何处相思明月楼，可怜楼上……"、"江潭落月复西斜，斜月……"，一唱三叹，情味无穷。对偶句的使用如"谁家今夜扁舟子？何处相思明月楼？"、"鸿雁长飞光不度，鱼龙潜跃水成文"，等等。句中平仄的讲求如"滟滟随波千万里，何处春江无月明。江流宛转绕芳甸，月照花林皆似霰"，平仄变换与律诗相同，使诗歌语言既抑扬顿挫，又清新流畅。

【思考练习题】

1. 如何看待这首诗的思想价值？
2. 分析这首诗的烘托与铺垫手法？
3. 找出诗中有暗示意义的写景句，并说明其暗示意义？
4. 朗读并背诵这首诗。

再别康桥
徐志摩

徐志摩（1897—1931），浙江海宁人。中国现代著名诗人、散文家。曾就读于沪江大学、北京大学，后留学欧美，1922年回国后，先后在北京大学、光华大学、大夏大学等高校任教。他参加并发起新月社，为"新月诗社"的著名诗人。1925年主编《晨报副镌·诗刊》。1928年任《新月》杂志主编。1931年因飞机失事遇难。著有诗集《志摩的诗》、《翡冷翠的一夜》、《猛虎集》、《云游》等，影响深远，被人们誉为

"一手奠定中国诗坛的人"。散文集有《落叶》、《自剖》、《巴黎的鳞爪》等，散文成就不亚于诗歌。

徐志摩早期诗歌多表现对资产阶级理想的向往与追求，也有同情下层劳动人民痛苦生活和对黑暗现实不满的诗作。后期诗歌多表现理想破灭后的彷徨、感伤、空虚和颓废情绪。他的诗歌具有很强的艺术感染力。一方面，他的诗语言清新，比喻新奇，想象丰富，意境优美，神思飘逸；另一方面，诗人主张艺术的诗，他深崇闻一多"音乐美、绘画美、建筑美"的诗学主张，而尤重音乐美。

此诗写于1928年11月6日，初载于1928年12月10日《新月》月刊第1卷第10号，署名徐志摩。康桥，即英国著名的剑桥大学所在地。1920年10月至1922年8月，诗人曾游学于此。康桥时期是徐志摩一生的转折点。诗人在《猛虎集》的序文中曾经自陈道，在24岁以前，他对于诗的兴味远不如对于相对论或民约论的兴味。正是康河的水，开启了诗人的心灵，唤醒了久蛰在他心中的诗人的天命。因此他后来曾满怀深情地说："我的眼是康桥教我睁的，我的求知欲是康桥给我拨动的，我的自我意识是康桥给我胚胎的。"（《吸烟与文化》）1928年诗人再度漫游欧洲，并在剑桥大学讲学，在归途的中国南海写下了《再别康桥》这首传世之作。

1928年诗人故地重游。11月6日在归途的中国南海上，他吟成了这首传世之作。这首诗最初刊登在1928年12月10日《新月》月刊第1卷第10号上，后收入《猛虎集》。可以说，"康桥情结"贯穿在徐志摩一生的诗文中，而《再别康桥》无疑是其中最有名的一篇。

此诗作于徐志摩第三次欧游的归国途中。时间是1928年11月6日，地点是中国南海。7月底的一个夏天，他在英国哲学家罗素家中逗留一夜之后，事先谁也没有通知，一个人悄悄来到康桥找他的英国朋友。遗憾的是他的英国朋友一个也不在，只有他熟悉的康桥在默默等待他，一幕幕过去的生活图景，又重新在他的眼前展现……由于他当时时间比较紧急，又赶着要去会见另一个英国朋友，故未把这次感情活动记录下来。直到他乘船离开马赛的归国途中，面对汹涌的大海和辽阔的天空，才展纸执笔，记下了这次重返康桥的切身感受。不过当时的徐志摩留下的是英文版的《再别康桥》，是一位不知名的中国人翻译过来的。

轻轻的我走了，
正如我轻轻的来；
我轻轻的招手，
作别西天的云彩。

那河畔的金柳，
是夕阳中的新娘；
波光里的艳影，

在我的心头荡漾。

软泥上的青荇[1]，
油油的在水底招摇；
在康河的柔波里，
我甘心做一条水草。

那树荫下的一潭，
不是清泉，是天上虹；
揉碎在浮藻[2]间，
沉淀着彩虹似的梦。

寻梦？撑一支长篙，
向青草更青处漫溯[3]；
满载一船星辉，
在星辉斑斓里放歌。

但我不能放歌，
悄悄是别离的笙箫[4]；
夏虫也为我沉默，
沉默是今晚的康桥！

悄悄的我走了，
正如我悄悄的来；
我挥一挥衣袖，
不带走一片云彩。

【注释】

[1]青荇（xìng）：多年生草本植物，根生水底，叶略呈圆形，浮于水面，花黄色，结椭圆形蒴果。《诗经·周南·关雎》："参差荇菜，左右流之。"

[2]浮藻：浮在水面上的藻类植物。是含叶绿素和其他辅助色素的低等自养植物。

[3]溯（sù）：逆流而上谓之"溯"。

[4]笙箫（shēng xiāo）：本为两种管乐器，这里借用以示别离的伤感与依依。

此诗是徐志摩最著名的诗篇之一，抒写了诗人故地重游，再别康桥时的情感体验。诗人在剑桥留学的两年中深受西方教育的熏陶及欧美浪漫主义和唯美派诗人的影响，追求个性解放的人生理想，追求"爱、自由、美"的生活理想，追求英国式资产阶级民主的政治理想。然而回国后，诗人屡屡受挫，曾经似"快乐的雪花"般的诗人，变成了"卑微"的"残苇"，发出了绝望的叹息。理想的幻灭更激起诗人对往昔康桥岁月的回忆与珍惜，诗人以这样的心绪再次漫步康桥上。因此诗歌反映的情感是复杂的，既有理想幻灭的感伤，更有对母校的挚爱、依恋，以及淡淡的离情别绪。全诗以三个"轻轻的"起笔，将至深的情怀幻化为西天的云彩，用虚实相间的手法，描绘了一幅幅流动的画面，构成了一处处美妙的意境，细致入微地将诗人情感表现得真挚、隽永。

这首诗艺术特色鲜明，较为典型地表现了徐志摩诗歌的风格。诗人善于从生活中捕捉鲜活、富有个性特征的景物形象，糅合诗人的情感与想象，构成鲜明、生动的艺术形象，从而营造了优美、明丽的意境。那西天的云彩、河畔的金柳、河中的波光艳影，还有那软泥上的青荇……各种物象相映成趣，无不浸透着诗人对康桥的无限深情。尤其诗人的比喻独特而又贴切，手法巧妙，使情与景水乳交融，丰富了诗歌内涵，增强了诗歌的艺术感染力。本诗结构形式严谨整齐，错落有致。诗歌语言清莹流丽，音节抑扬合度，节奏轻柔委婉，和谐自然，可以说是"三美"具备，体现了徐志摩的诗美主张，堪称是徐志摩诗作中的绝唱。

【思考练习题】

1.本诗表达了作者怎样的思想感情？
2.试分析这首诗的主要抒情特点。
3.本诗的艺术特色主要体现在哪些方面？

祖国啊，我亲爱的祖国

舒婷

舒婷，原名龚佩瑜，1952年出生。中国女诗人，祖籍福建省泉州市，居住于厦门鼓浪屿。1969年下乡插队，1972年返城当工人，1979年开始发表诗歌作品，1980年到福建省文联工作，从事专业写作。主要著作有诗集《双桅船》、《会唱歌的鸢尾花》、《始祖鸟》，散文集《心烟》等。舒婷崛起于20世纪70年代末的中国诗坛，她和同代人北岛、顾城、梁小斌等以迥异于前人的诗风，在中国诗坛上掀起了一股"朦胧诗"大潮。舒婷是朦胧诗派的代表人物，《致橡树》是朦胧诗潮的代表作之一。朦胧诗，是指成长于"文革"时期，备受生活的冷落和嘲弄的青年诗人创作的诗歌。他们多强

调主体的真实，追求象征和意象化，蕴涵着伤感情调和反叛精神。

我是你河边上破旧的老水车，
数百年来纺着疲惫的歌；
我是你额上熏黑的矿灯，
照你在历史的隧洞里蜗行摸索；
我是干瘪的稻穗，是失修的路基；
是淤滩上的驳船，
把纤绳深深勒进
你的肩膀；
——祖国啊！

我是贫穷，
我是悲哀；
我是你祖祖辈辈
痛苦的希望啊，
是"飞天"袖间
千百年未落到地面的花朵；
——祖国啊！

我是你簇新的理想，
刚从神话的蛛网里挣脱；
我是你雪被下古莲的胚芽；
是你挂着眼泪的笑涡；
我是新刷出的雪白的起跑线；
是绯红的黎明
正在喷薄；
——祖国啊！

我是你十亿分之一，
是你九百六十万平方的总和；
你以伤痕累累的乳房
喂养了
迷惘的我，深思的我，沸腾的我；

那就从我的血肉之躯上
去取得
你的富饶，你的荣光，你的自由；
—— 祖国啊，
我亲爱的祖国！

【导读】

《祖国啊，我亲爱的祖国》是舒婷的代表作之一，旨在表达诗人对祖国的一种深情。这是一首深情的爱国之歌，诗中交融着深沉的历史感与强烈的时代感，涌动着摆脱贫困、挣脱束缚、走向新生的激情，读来令人荡气回肠。

诗一开始就进入高潮，这是舒婷的一贯手法。第一节头两个副句是平衡句，寓有音响和色彩的描绘。三、四句则缩短，不描绘；五句却伸长，行短意紧，强度超过前面四个副句，于是主词（祖国）出现。

第二节开始一反前节方式，直叙，连形容词都不用；三、四句是总结前面，表达期盼未来美好生活的希望，其中"是'飞天'袖间／千百年未落到地面的花朵"指的是祖祖辈辈美好希望的一再落空，然后主词出现。

第三节又是一个变化。五个副句分列七行，节奏松紧交错。如果一、二节是写过去（"'飞天'袖间千百年来未落到地面的花朵"），用现在式；这第三节则是写未来（"新刷出的雪白的起跑线"），也用现在式，这就更富具体性和现实性，承上启下，痛苦上升为希望，于是主词又再次出现。象征着中国摆脱束缚蒸蒸日上的状态，写祖国正在走向美好未来。诗人感情达到最高潮，强烈的感情化作对祖国母亲的壮丽誓言，强烈的民族责任感、使命感和崇高的献身精神，使诗的思想得到升华。

第四节头两行，十亿分之一是小，九百六十万平方是大，大和小统一在一起，是对比中的强化，意即"我"是祖国的一分子，但"我"的胸中又包容着整个祖国。接下去，"伤痕累累的乳房喂养了我"和"从我的血肉之躯上去取得"又是一种对照，从中突出"我"同祖国不可分割的联系；甚至迷惘、深思、沸腾，与富饶、荣光、自由，也是性质相反的对称，以见出痛苦和欢欣的无限。如果前三节在句法上是写"我"与祖国的关系，第四节便是反过来写祖国和"我"的关系，这才是主题所在。句法参差正是心情激动至极的表现，在主词的双重呼句中结束全篇（前三段末的主词都是单一呼句），达到最高潮。描写了作者与祖国命运相连，有着不可分割的关系，血肉相连，荣辱与共。

诗只有三十四行，却用了十四个分号。这些分号内的副句，时长时短，体现着节奏旋律的变化。这首诗带有政治色彩，但它不议论，只描绘，也是一个特色。诗中所有的象征和比喻，既质朴，又漂亮，每一个词都与被描绘的景物、形象紧密契合。诗人既用含有自己民族要素的眼睛观察，又以人民能理解的民族语言手段和表达方法，写出人民内心生活和外部生活的精神实质和典型色调，她感到和说出的也正是同胞所感到和所要说的。

【思考练习题】

1.诗人通过这首诗抒发了怎样的爱国情怀?
2.诗人是如何借助于特有的形象来展现其炽烈的情感的?

【阅读篇目】

1.屈原《山鬼》
2.李白《行路难》
3.李商隐《安定城楼》
4.李清照《永遇乐》
5.戴望舒《雨巷》
6.泰戈尔《吉檀迦利》

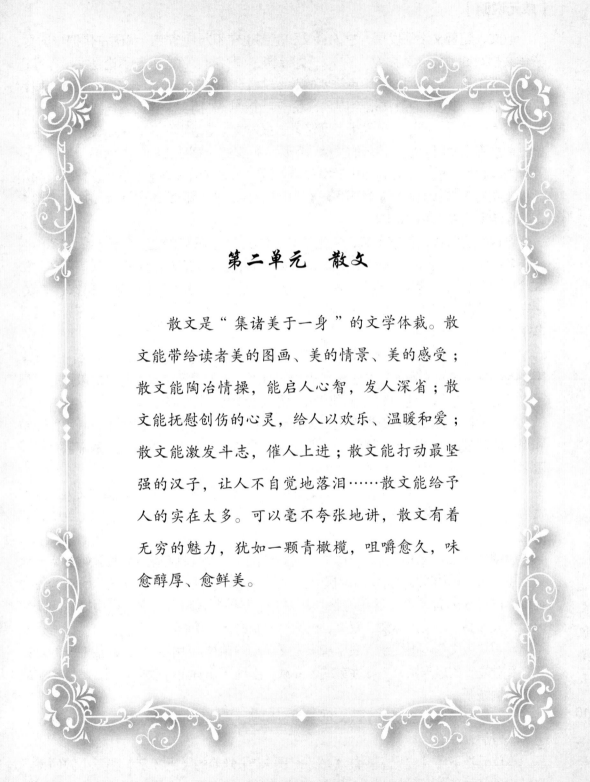

第二单元 散文

散文是"集诸美于一身"的文学体裁。散文能带给读者美的图画、美的情景、美的感受；散文能陶冶情操，能启人心智，发人深省；散文能抚慰创伤的心灵，给人以欢乐、温暖和爱；散文能激发斗志，催人上进；散文能打动最坚强的汉子，让人不自觉地落泪……散文能给予人的实在太多。可以毫不夸张地讲，散文有着无穷的魅力，犹如一颗青橄榄，咀嚼愈久，味愈醇厚、愈鲜美。

【单元说明】

散文，随着文学的发展，它的含义和范围也在不断地演变。我国古代把与韵文、骈体文相对的散体文章称为"散文"，即除诗、词、曲、赋之外，不论是文学作品还是非文学作品，凡不押韵、不重排偶的散体文章，包括经、传、史书在内，都一概称之为"散文"。现代的散文指除诗歌、戏剧、小说以外的文学作品，包括杂文、小品文、随笔、游记、传记、见闻录、回忆录、报告文学等。近年来，由于传记、报告文学、杂文等已发展为独具特色的文体，所以人们又趋于把散文的范围缩小。

先秦时期的散文主要是历史散文和诸子散文。史书内容丰富，形式多样。有编年体的《左传》，有国别体的《国语》、《战国策》等，对后世的历史学家和古文家都有影响，特别是叙事文的影响。

春秋战国时代，百家争鸣，产生了诸子散文。春秋战国之交是社会大变革的时代，各种学术流派纷纷著书立说，争论不休，形成了百家争鸣的局面。代表不同阶级或阶层的思想家的著作，促进了说理散文的发展。这些思想家有儒家、墨家、道家、法家等。记载他们言论的书流传到现在的有《论语》、《孟子》、《墨子》、《庄子》、《韩非子》等。

两汉时代，散文进一步发展，有政论文和史传文。贾谊是西汉初年杰出的文学家，他的文章《过秦论》总结了秦代灭亡的原因，汲取了秦末农民起义的教训，发展了先秦的民本思想。他的散文善用比喻，语言富于形象性。除贾谊外，汉初还有不少散文家，他们的文章大多或论秦之得失，或针对时弊，提出自己的主张，其中以晁错和邹阳成就较高。晁错以主张募民备塞的《守边劝农疏》、《论贵粟疏》两篇散文最为著名。

司马迁《史记》代表了两汉散文最高成就。它的出现将先秦历史散文又大大向前发展了一步。鲁迅先生在《汉文学史纲要》一书中称赞《史记》是"史家之绝唱，无韵之离骚"。

唐朝韩愈大力反对浮华的骈体文，提倡作古文，一时从者甚众，后又得柳宗元大力支持，古文创作业绩大增，影响更大，成为文坛的主要风尚，文学史上称其为古文运动。以韩柳为首的古文运动的胜利，树立了一种摆脱陈言俗套、自由抒写的新文风，大大提高了散文的抒情、叙事、议论、讽刺的艺术功能。

元明清散文基本上继承发展了唐宋古文运动的精神。明代出现了前后七子的复古派，反对复古的唐宋派，主张性灵的公安派，出现了归有光等散文大家，清代影响最大的是桐城派。

五四新文学运动也迎来了散文创作的新高潮，出现了一大批优秀的散文作家，鲁迅、朱自清，等等。

本单元选取了《史记》中的《垓下之围》，张爱玲的《天才梦》和王小波的《一只特立独行的猪》。通过古今作品的分析，使学生掌握散文发展变化的特点，领悟散文中蕴含的思想。

垓下之围

司马迁

司马迁（约前145—？），字子长，夏阳（今陕西韩城）人。西汉伟大的史学家和文学家，太史令司马谈之子。幼年好学，六七岁时随其父读书。二十岁开始漫游全国各地。三十岁任郎中，常随汉武帝到各地巡游。元封三年（前108），继承父职，任太史令。太初元年（前104），开始编著《史记》。天汉二年（前99），因李陵事件罹罪入狱，受腐刑。出狱后任中书令，他含垢忍辱，继续发愤著书，于太始四年（前93）前后，完成了这部历史巨著。

《史记》是我国第一部纪传体通史，也是我国最早的一部传记文学专集。所记史事，起自黄帝，迄于汉武，全面叙述了我国古代三千年间政治、经济、文化等多方面的历史情况。全书包括十二本纪、十表、八书、三十世家、七十列传，共一百三十篇，五十二万六千五百字，是一部"究天人之际，通古今之变，成一家之言"的伟大著作。《史记》既有"实录"精神，也有很高的文学价值。书中人物形象栩栩如生，语言简洁生动，在史学与文学方面都具有划时代的意义，被鲁迅誉为"史家之绝唱，无韵之《离骚》"。

本文节选自《项羽本纪》，"本纪"是为帝王立传的。项羽未成帝业，但他在秦亡汉兴这个历史时期内，具有帝王的权威与功业，所以司马迁用"本纪"来为项羽立传。垓（gāi，该）下，地名，在今安徽灵璧东南，沱河北岸。

项王军壁垓下，兵少食尽，汉军及诸侯兵围之数重。夜闻汉军四面皆楚歌[1]，项王乃大惊曰："汉皆已得楚乎？是何楚人之多也！"项王则夜起，饮帐中。有美人名虞[2]，常幸从；骏马名骓[3]，常骑之。于是项王乃悲歌忼慨[4]，自为诗曰："力拔山兮气盖世，时不利兮骓不逝[5]。骓不逝兮可奈何[6]，虞兮虞兮奈若何[7]！"歌数阕[8]，美人和之[9]。项王泣数行下，左右皆泣，莫能仰视。

项王于是乃上马骑，麾下[10]壮士骑从者八百余人，直夜溃围南出[11]，驰走。平明，汉军乃觉之，令骑将灌婴以五千骑追之。项王渡淮，骑能属者[12]，百余人耳。项王至阴陵[13]，迷失道，问一田父，田父[14]绐[15]曰："左。"左，乃陷大泽中[16]。以故汉追及之。项王乃复引兵而东。至东城[17]，乃有二十八骑。汉骑追者数千人。项王自度[18]不得脱，谓其骑曰："吾起兵至今，八岁矣，身[19]七十余战，所当者[20]破，所击者服，未尝败北，遂霸有天下。然今卒困于此，此天之亡我也，非战之罪也。今日固决死，愿为诸君快战[21]，必三胜之，为诸君溃围、斩将、刈旗[22]。令诸君知天亡我，非战之罪也。"乃分其骑以为四队，四向[23]。汉军围之数重。项王谓其骑曰："吾为公取彼一将。"令四面骑驰下，期山东为三处[24]。于是项王大呼驰下。汉军皆披靡[25]，遂斩汉一将。是时，赤泉侯[26]为骑将，追项王，项王瞋目[27]而叱之，赤泉侯人马俱惊，辟易[28]数里。与其骑会为三处。汉军不知项王所在，乃分军为三，复围之。项王乃驰，复斩汉一都尉，杀数十百人。复聚其骑，亡其两骑耳。乃谓其骑曰："何如？"骑皆伏[29]曰："如大王言。"

于是项王乃欲东渡乌江[30]。乌江亭长[31]舣[32]船待，谓项王曰："江东虽小，地方千里，众数十万人，亦足王也。愿大王急渡。今独臣有船，汉军至，无以渡。"项王笑曰："天之亡我，我何渡为！且籍与江东子弟八千人渡江而西，今无一人还，纵[33]江东父兄怜而王我，我何面目见之？纵彼不言，籍独不愧于心乎？"乃谓亭长曰："吾知公长者[34]。吾骑此马五岁，所当无敌，尝一日行千里，不忍杀之，以赐公。"乃令骑皆下马步行，持短兵[35]接战。独籍所杀汉军数百人。项王身亦被十余创[36]。顾见汉骑司马吕马童[37]，曰："若非吾故人乎？"马童面之[38]，指王翳曰[39]："此项王也。"项王乃曰："吾闻汉购我头千金，邑万户[40]，吾为若德[41]。"乃自刎而死[42]。

太史公曰：吾闻之周生曰，舜目盖重瞳子，又闻项羽亦重瞳子，羽岂其苗裔邪？何兴之暴也！夫秦失其政，陈涉首难，豪杰蜂起，相与并争，不可胜数。然羽非有尺寸，乘势起陇亩之中，三年，遂将五诸侯灭秦，分裂天下，而封王侯，政由羽出，号为"霸王"，位虽不终，近古以来，未尝有也。及羽背关怀楚，放逐义帝而自立，怨王侯叛己，难矣。自矜功伐[43]，奋其私智[44]而不师古[45]，谓霸王之业，欲以力征经营天下，五年卒亡其国，身死东城，尚不觉悟，而不自责，过矣。乃引"天亡我，非用兵之罪也"，岂不谬哉！

【注释】

[1] 楚歌：楚国人用楚语唱的歌曲。

[2] 虞：美人，项羽宠姬。幸：为帝王所宠爱叫"幸"。

[3] 骓（zhuī）：黑白杂色的马。

[4] 忼慨：同"慷慨"，悲愤激昂。

[5] 不逝：困在重围，走不脱。逝，向前行进。

[6] 可奈何：将怎么办呢？

[7] 奈若何：把你怎样安顿呢？若，你。

[8] 阕（què）：乐歌终了一次叫"一阕"。数阕，几遍。

[9] 和（hè）之：应和，跟着唱。

[10] 麾（huī）：旌旗的一种，作指挥用。麾下：部下。

[11] 直：当。溃围：突破，重围。

[12] 骑（jì）：单乘，一人乘一马。属：随从。

[13] 阴陵：在今安徽省定远县西北。

[14] 田父（fǔ）：农夫。

[15] 绐（dài）：欺骗。

[16] 左：方位名词用作动词，向左行。陷大泽中：陷入泥泞低洼之地。

[17] 东城：在今安徽省定远县东南五十里。

[18] 度（duó）：揣测，估计。

[19] 身：用作动词，亲身参加。

[20] 所当者：所遇到的敌方。

[21] 快战：一作"决战"。这里指痛痛快快地打一仗。

[22] 刈（yì）：割，砍。刈旗：砍倒敌方军旗。

[23] 四向：向着四个方向。

[24] 期山东为三处：约定在山的东面，分三处集合。山，即四隤（tuí）山。在今安徽省和县北七十里。

[25] 披靡：草木随风倒伏。此喻军队溃逃之状。

[26] 赤泉侯：汉将杨喜，后封为赤泉侯。

[27] 瞋（chēn）目：张目，瞪大眼睛。

[28] 辟易：受惊吓而退避。辟，同"避"，作"开"解。易，易地，挪地方。

[29] 伏：通"服"，心服。

[30] 乌江：即今安徽和县东北四十里。

[31] 亭长：乡官，秦汉时每十里为一亭，设亭长一人。

[32] 舣：使船靠岸。

[33] 纵：即使。

[34] 长者：年高有德之人。

[35] 短兵：短小轻便的武器，如刀、剑等。

[36] 被：受。创：伤。

[37] 顾：回头看见。骑司马：官名，骑兵将领。吕马童原系项羽部下，故下文以"故人"称之。

[38] 面之：背对着他。面，通"偭"，通背解。王翳在旁，故转身背项王，告诉王翳。

[39] 指王翳：将（项羽）指给王翳看。王翳：汉将，后封杜衍侯。

[40] 邑万户：封为万户侯。

[41] 吾为若德：我就送你个人情吧。德，此处指封侯受赏的好事。

[42] 自刎（wěn）：自杀。

[43] 自矜：自夸，自负。功伐：指武力征伐之功。

[44] 私智：一己之能。

[45] 师古：以古代成功立业的帝王为师。

【导读】

　　《项羽本纪》是《史记》中最重要、最精彩的篇章之一。它成功地塑造了项羽这位叱咤风云的悲剧性英雄形象，并在各种矛盾冲突中，展现了秦汉之际错综复杂的社会变革。

　　本文节选自《项羽本纪》的最后一部分。司马迁在塑造人物形象时，运用了多种艺术手法，其中最主要的是选择影响项羽命运发展的关键事件（场面），具体描述项羽既是一位叱咤风云、气盖一世的英雄豪杰，更是一位情感丰富、个性鲜明的悲剧英雄。霸王别姬时，项羽被围垓下，四面楚歌，军情何等急迫！作者却以舒缓的笔调去写项羽夜起帐饮，慷慨悲歌，倾诉对虞姬与骏马的难舍之情，表现出项羽英雄末路、情深无奈的侠骨柔肠。东城突围中，项羽虽兵剩无几，却能连斩数将，展露了其勇冠三军、力挫群雄的勇猛英姿。兵退乌江，本可渡江以期东山再起，但项羽因愧见江东父老而自刎，展现了他宁死不辱、知耻重义的性格特征。这三个场面描写，多角度地展示了人物个性，使人物形象活灵活现，达到了呼之欲出的程度。

　　本篇还巧于构思，善于将复杂的事件安排得井然有序，丝毫没有杂乱之感。作者在激烈的军事冲突中，插入情意缠绵的悲歌别姬一段，使情节发展急徐有致，节奏疏密相间成趣。突围快战，高潮迭起，情节连接紧密，过渡自然，结构浑成，气势磅礴。

　　篇末的"太史公曰"，热情歌颂了项羽在灭秦过程中建立的丰功伟绩，充分肯定了他的历史贡献，同时也批评了他自矜武力以经营天下的错误，对他的失败给予了惋惜与同情。作者的评价公允深刻，而且寓有作者的身世感，使项羽这个悲剧人物形象具备了浓厚抒情色彩。

【思考练习题】

1.本文主要描述了哪三个场面？这三个场面描写各表现了项羽怎样的性格？

2.项羽是英雄吗？谈谈你对项羽功过及其失败原因的看法。

3.在项羽身上既有重义、知耻的一面，又有恃勇自负的性格弱点。请在课文中找出表现项羽这些性格特点的句子。

天才梦
张爱玲

　　张爱玲（1920—1995），原名张煐。原籍河北丰润，生于上海。童年在北京、天津度过。1929年迁回上海。1930改名张爱玲。中学毕业后到香港读书。1942年香港沦陷，未毕业即回上海，给英文《泰晤士报》写剧评、影评，也替德国人办的英文杂志《二十世纪》写"中国的生活与服装"一类的文章。1942年应《西风》杂志"我的生活"征文写散文《天才梦》，得名誉奖。1943年她的小说处女作《沉香屑》（第一、二炉香）被周瘦鹃发表在《紫罗兰》杂志上。随后接连发表《倾城之恋》、《金锁记》等代表作。此后三四年是她创作的丰收期，小说诗歌文学作品多发表于《天地》、《万象》等杂志。

张爱玲是20世纪中国文学史上一位充满传奇色彩的作家，她的小说大多写的是上海没落淑女的传奇故事，她把自己的小说集也命名为《传奇》，而她的身世本身也是一部苍凉哀婉而精彩动人的女性传奇。

现代女作家中有以机智聪慧见长者，有以抒发情感著称者，但是能将才与情打成一片，在作品中既深深进入又保持超脱的，张爱玲之外，再无第二人。张爱玲作为中国现代文学史上的一位杰出作家，她将不仅仅属于现代文学史，在整个中国文学史上她也会占据一个稳定的位置。

我是一个古怪的女孩，从小被视为天才，除了发展我的天才外别无生存的目标。然而，当童年的狂想逐渐褪色的时候，我发现我除了天才的梦之外一无所有——所有的只是天才的乖僻缺点。世人原谅瓦格涅（德国作曲家）的疏狂，可是他们不会原谅我。

加上一点美国式的宣传，也许我会被誉为神童。我三岁时能背诵唐诗。我还记得摇摇摆摆地立在一个满清遗老的藤椅前朗吟"商女不知亡国恨，隔江犹唱后庭花"，眼看着他的泪珠滚下来。七岁时我写了第一部小说，一个家庭悲剧。遇到笔划复杂的字，我常常跑去问厨子怎样写。第二部小说是关于一个失恋自杀的女郎。我母亲批评说：如果她要自杀，她决不会从上海乘火车到西湖去自溺。可是我因为西湖诗意的背景。终于固执地保存了这一点。

我仅有的课外读物是《西游记》与少量的童话，但我的思想并不为它们所束缚。八岁那年，我尝试过一篇类似乌托邦的小说，题名快乐村。快乐村人是一好战的高原民族，因克服苗人有功，蒙中国皇帝特许，免征赋税，并予自治权。所以快乐村是一个与外界隔绝的大家庭，自耕自织，保存着部落时代的活泼文化。

我特地将半打练习簿缝在一起，预期一本洋洋大作，然而不久我就对这伟大的题材失去了兴趣。现在我仍旧保存着我所绘的插画多帧，介绍这种理想社会的服务，建筑，室内装修，包括图书馆，"演武厅"，巧克力店，屋顶花园。公共餐室是荷花池里一座凉亭。我不记得那里有没有电影院与社会主义——虽然缺少这两样文明产物，他们似乎也过得很好。

九岁时，我踌躇着不知道应当选择音乐或美术作我终身的事业。看了一张描写穷困的画家的影片后，我哭了一场，决定做一个钢琴家，在富丽堂皇的音乐厅里演奏。

对于色彩，音符，字眼，我极为敏感。当我弹奏钢琴时，我想像那八个音符有不同的个性，穿戴了鲜艳的衣帽携手舞蹈。我学写文章，爱用色彩浓厚，音韵铿锵的字眼，如"珠灰"，"黄昏"，"婉妙"，"splendour"（辉煌，壮丽），"melancholy"（忧郁），因此常犯了堆砌的毛病。直到现在，我仍然爱看《聊斋志异》与俗气的巴黎时装报告，便是为了这种有吸引力的字眼。

在学校里我得到自由发展。我的自信心日益坚强，直到我十六岁时，我母亲从法国回来，将她睽违多年的女儿研究了一下。

"我懊悔从前小心看护你的伤寒症，"她告诉我，"我宁愿看你死，不愿看你活着使你自己处处受痛苦。"我发现我不会削苹果，经过艰苦的努力我才学会补袜子。我怕上理发店，怕见客，怕给裁缝试衣裳。许多人尝试过教我织绒线，可是没有一个成功。在一间房里住了两年，问我电铃在哪儿我还茫然。我天天乘黄包车上医院去打针，接连三个月，仍然不认识那条路。总而言之，在现实的社会里，我等于一个废物。

我母亲给我两年的时间学习适应环境。她教我煮饭；用肥皂粉洗衣；练习行路的姿势；看人的眼色；点灯后记得拉上窗帘；照镜子研究面部神态；如果没有幽默天才，千万别说笑话。

在待人接物的常识方面，我显露惊人的愚笨。我的两年计划是一个失败的试验。除了使我的思想失去均衡外，我母亲的沉痛警告没有给我任何的影响。

生活的艺术，有一部分我不是不能领略。我懂得怎么看《七月巧云》，听苏格兰兵吹bagpipe（苏格兰风笛），享受微风中的藤椅，吃盐水花生，欣赏雨夜的霓虹灯，从双层公共汽车上伸出手摘树顶的绿叶。在没有人与人交接的场合，我充满了生命的欢悦。可是我一天不能克服这种咬啮性的小烦恼，生命是一袭华美的袍，爬满了蚤子。

【导读】

《天才梦》一文为张爱玲18岁时创作的散文，也被她视作自己文学生涯中的"处女作"。该散文为当年的上海《西风》杂志获奖征文，当时的张爱玲尚为香港大学一年级的学生。

作者是用轻缓的笔触，平淡地叙述她的天才梦的，语言朴质、平易、干脆，具有高度的概括性与感染力，但时不时又会冒出几句奢华、睿智、生动、深邃的话，将大俗与大雅、华美与冷寂糅合在一起，恰到好处。 文中巧妙的譬喻，形象的描画，鲜明的对比，随意的嘲弄，无处不在。如写自己3岁诵诗时的"摇摇摆摆"，听诗的满清遗老"滚下来的泪珠"，虽是简笔勾勒，不事雕琢，但人物形象却栩栩如生。在写弹奏钢琴时，"那八个音符有不同的个性，穿戴了鲜艳的衣帽携手舞蹈"。一句拟人，将孩童世界丰富的想像力展现得淋漓尽致。 而结尾"生命是一袭华美的袍，爬满了蚤子"的比喻，又令人大吃一惊，怔忡不已——18岁风华正茂的岁月，为何会如此沧桑，如此悲凉？但这就是张爱玲的语言——独特的、极富个性化的语言。 作者以一位真正艺术家的敏锐，品味生活的乐趣，咀嚼人生的无奈。她的一生，是在稿纸格里跋涉的，有休憩，但没有停顿；有高潮低谷，但没有结束。也只有她，才能同时承受灿烂夺目的喧闹与极度的孤寂。她的天才梦是她生命的支点，她也是用一生的心血去营造自己的梦的。她成功了，同时，她的天才梦也激励了多少后来者，让他们也不自觉地构建自己的梦，并不断努力去靠近那个梦，从而使他们生活得精彩别致，卓尔不群。

【思考练习题】

你是不是见过终生努力最后却不能成功，自己还为此成了生活的苦役的典型？又是否见过轻松获取成功的实例？根据这些现象谈谈你对"天才"的看法。

一只特立独行的猪

王小波

　　王小波（1952—1997），当代著名学者、作家。1952年5月13日生于北京，1968年去云南插队，1978年考入中国人民大学学习商业管理。1984年至1988年在美国匹兹堡大学学习，获硕士学位后回国，曾任教于北京大学和中国人民大学，后辞职专事写作。1997年4月11日因心脏病突发逝世于北京。王小波无论为人、为文都颇有特立独行的意味，其写作标榜"智慧"、"自然的人性爱"、"有趣"，别具一格，深具批判精神。师承穆旦（查良铮）。 一位自由撰稿人，一位行吟诗人，一位自由思想家；一个顽童、骑士，一个崇尚理性、自由和富于奇思异想的人。他的作品被誉为"中国当代文坛最美的收获"。出版作品有：《黄金时代》、《白银时代》、《青铜时代》、《我的精神家园》、《沉默的大多数》、《黑铁时代》、《地久天长》；纪念、评论集有：《浪漫骑士》、《不再沉默》、《王小波画传》。《黄金时代》入选《亚洲周刊》"二十世纪中文小说一百强"。本文是其代表作之一，广为流传。

　　插队的时候，我喂过猪、也放过牛。假如没有人来管，这两种动物也完全知道该怎样生活。它们会自由自在地闲逛，饥则食渴则饮，春天来临时还要谈谈爱情；这样一来，它们的生活层次很低，完全乏善可陈。人来了以后，给它们的生活做出了安排：每一头牛和每一口猪的生活都有了主题。就它们中的大多数而言，这种生活主题是很悲惨的：前者的主题是干活，后者的主题是长肉。我不认为这有什么可抱怨的，因为我当时的生活也不见得丰富了多少，除了八个样板戏，也没有什么消遣。有极少数的猪和牛，它们的生活另有安排。以猪为例，种猪和母猪除了吃，还有别的事可干。就我所见，它们对这些安排也不大喜欢。种猪的任务是交配，换言之，我们的政策准许它当个花花公子。但是疲惫的种猪往往摆出一种肉猪（肉猪是阉过的）才有的正人君子架势，死活不肯跳到母猪背上去。母猪的任务是生崽儿，但有些母猪却要把猪崽儿吃掉。总的来说，人的安排使猪痛苦不堪。但它们还是接受了：猪总是猪啊。

对生活做种种设置是人特有的品性。不光是设置动物，也设置自己。我们知道，在古希腊有个斯巴达，那里的生活被设置得了无生趣，其目的就是要使男人成为亡命战士，使女人成为生育机器，前者像些斗鸡，后者像些母猪。这两类动物是很特别的，但我以为，它们肯定不喜欢自己的生活。但不喜欢又能怎么样？人也好，动物也罢，都很难改变自己的命运。

以下谈到的一只猪有些与众不同。我喂猪时，它已经有四五岁了，从名分上说，它是肉猪，但长得又黑又瘦，两眼炯炯有光。这家伙像山羊一样敏捷，一米高的猪栏一跳就过；它还能跳上猪圈的房顶，这一点又像是猫——所以它总是到处游逛，根本就不在圈里呆着。所有喂过猪的知青都把它当宠儿来对待，它也是我的宠儿——因为它只对知青好，容许他们走到三米之内，要是别的人，它早就跑了。它是公的，原本该劁掉。不过你去试试看，哪怕你把劁猪刀藏在身后，它也能嗅出来，朝你瞪大眼睛，噢噢地吼起来。我总是用细米糠熬的粥喂它，等它吃够了以后，才把糠对到野草里喂别的猪。其他猪看了嫉妒，一起嚷起来。这时候整个猪场一片鬼哭狼嚎，但我和它都不在乎。吃饱了以后，它就跳上房顶去晒太阳，或者模仿各种声音。它会学汽车响、拖拉机响，学得都很像；有时整天不见踪影，我估计它到附近的村寨里找母猪去了。我们这里也有母猪，都关在圈里，被过度的生育搞得走了形，又脏又臭，它对它们不感兴趣；村寨里的母猪好看一些。它有很多精彩的事迹，但我喂猪的时间短，知道得有限，索性就不写了。总而言之，所有喂过猪的知青都喜欢它，喜欢它特立独行的派头儿，还说它活得潇洒。但老乡们就不这么浪漫，他们说，这猪不正经。领导则痛恨它，这一点以后还要谈到。我对它则不止是喜欢——我尊敬它，常常不顾自己虚长十几岁这一现实，把它叫做"猪兄"。如前所述，这位猪兄会模仿各种声音。我想它也学过人说话，但没有学会——假如学会了，我们就可以做倾心之谈。但这不能怪它。人和猪的音色差得太远了。

后来，猪兄学会了汽笛叫，这个本领给它招来了麻烦。我们那里有座糖厂，中午要鸣一次汽笛，让工人换班。我们队下地干活时，听见这次汽笛响就收工回来。我的猪兄每天上午十点钟总要跳到房上学汽笛，地里的人听见它叫就回来——这可比糖厂鸣笛早了一个半小时。坦白地说，这不能全怪猪兄，它毕竟不是锅炉，叫起来和汽笛还有些区别，但老乡们却硬说听不出来。领导上因此开了一个会，把它定成了破坏春耕的坏分子，要对它采取专政手段——会议的精神我已经知道了，但我不为它担忧——因为假如专政是指绳索和杀猪刀的话，那是一点门都没有的。以前的领导也不是没试过，一百人也逮不住它。狗也没用：猪兄跑起来像颗鱼雷，能把狗撞出一丈开外。谁知这回是动了真格的，指导员带了二十几个人，手拿五四式手枪；副指导员带了十几人，手持看青的火枪，分两路在猪场外的空地上兜捕它。这就使我陷入了内心的矛盾：按我和它的交情，我该舞起两把杀猪刀冲出去，和它并肩战斗，但我又觉得这样做太过惊世骇俗——它毕竟是只猪啊；还有一个理由，我不敢对抗领导，我怀疑这才是问题之所在。总之，我在一边看着。猪兄的镇定使我佩服之极：它很冷静地躲在手枪和火枪的连线之内，任凭人喊狗咬，不离那条线。这样，拿手枪的人开火就会把拿火枪的打死，反之亦然；两头同时开火，两头都会被打死。至于它，因为目标小，多半没事。就这样连兜了几个圈子，它找到了一个空子，一头撞出去了；跑得潇洒之极。以后我在甘蔗地里还见过它一次，它长出了獠牙，还认识我，但已不容我走近了。这种冷淡使我痛心，但我也赞成它对心怀叵测的人保持距离。

我已经四十岁了，除了这只猪，还没见过谁敢于如此无视对生活的设置。相反，我倒见过很多想要设置别人生活的人，还有对被设置的生活安之若素的人。因为这个原故，我一直怀念这只特立独行的猪。

【导读】

这篇文章以作者"文革"时期下乡插队时的一个故事为叙述主体，故事主角

"猪"是中国散文中非常罕见的表现对象，这个对象的选择其实也说明了作品本身具有一种特立独行的因素。在作者看来人和猪一样，也是只求自由的本性，"它们会自由自在地闲逛，饥则食渴则饮，春天来临时还要谈谈爱情"，无疑，猪所处的这种自然状态，正如人所追求的自由生活一样，是一种自然的要求和生活方式。但是这种自然的规则在人面前被打破了，人来了以后，给它们的生活做了一些安排，每一口猪的生活都有了主题：长肉。它们所有的生活细节都进入了模式化和程序化之中。

对于这种生活，除了接受，猪似乎没有别的出路。但是追求自由同样也是猪的本性，它总要通过各种方式生长出来。在一般的印象中，猪应该是属于温顺的动物，然而即使这种没有抵抗性的动物，在外面的环境无比恶劣的时候，依然会有一种特立独行的异类，以自己的方式来证明，追求自由的精神永远不会泯灭。在作者笔下，这只猪因为摆脱了猪的普遍命运，具有自然、野性的特征，成为反抗压制、追求自由的象征。

文章巧妙地通过两组对比来表现主题，第一组是猪和人的对比，大多数人和大多数猪一样，生活在处于被安排的境地中，对于这种安排他们处之泰然，这不仅是"文革"，也是任何时期都普遍存在的生活"常态"；但是在任何时候，也都存在对于这种"常态"生活的坚韧反抗，这只特立独行的猪就是以它的行为嘲笑并摆脱了人类的设置，对比之下，杂文中的我在猪被围剿时，却只能因为"不敢对抗领导"而处于"内心的矛盾"之中，显示了人的反抗意志多么无力。

第二组对比在"生活种种设置"和"自由的生活和存在"之间，值得注意的是，作者指出了"对生活做种种设置是人特有的品性"这个残酷的事实，在大多数的时候，它的能量远远超出了人对于自由追求，它无所不在，把人控制在一种生活和精神被奴役的状态，在这个张力场中，人要么参与设置别人的生活，要么对于生活被设置安之若素，剩下的唯一一种选择——反抗这种设置，回到个体的自由——是充满艰险的。在我们的生活中，前面两种选择实在太过平常，因为我们已经习惯于设置别人生活或者被别人设置，我们甚至已经忘记了去思考我们的这种存在是否合理，这也许是人的最大悲哀。人处于不能自我把握的生活中而不自知，《一只特立独行的猪》启发的，正是我们的这种迷失。

作者用他的生活和写作，去实践这种价值、传播这种价值。他让人们看到，一个自由的人，既可以享受思维的乐趣，拥抱理性与常识，也可以跟随灵魂的舞蹈，在凡俗生活之外拥有一个诗意的世界。一个自由的人，是最具有判断力的人，同时也是最具有创造力的人。

【思考练习题】

1.文章所写之"猪"给我们什么启示？举出你读过的其他一些文学作品中的动物形象，想一想作者为何要从动物入手写文章？对你有何启示？

2.你在现实生活中是否遇到过他人想强行安排你的生活这种情况？你想要的是怎样的生活？你能否做到自己的生活自己做主？

【阅读篇目】

1.《论语》

2.《礼记》

3.班固《苏武传》

4.苏轼《前赤壁赋》

5.余光中《听听那冷雨》

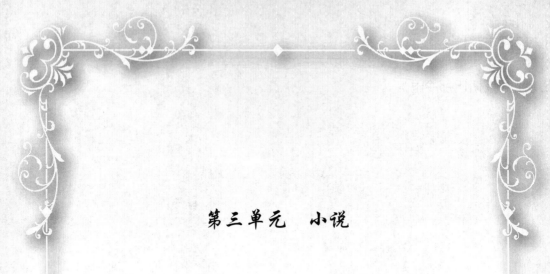

第三单元　小说

　　小说是多方面、细致深入地反映社会生活的一种文学样式。它主要通过人物形象的塑造、故事情节的叙述和具体的环境描写，广泛而细致地反映社会生活，表现作者对人生的体验和感悟。

【单元说明】

"小说"一词最早见于《庄子·外物》："夫揭竿累，趣灌渎，守鲵鲋，其于得大鱼难矣；饰小说以干县令，其于大达亦远矣。"此处"小说"的意思是浅薄荒诞的话，不是后来所说的小说。今天的小说是指文学体裁四分法中的一大样式，它主要通过人物形象的塑造、故事情节的叙述和具体环境的描写，营造虚构的艺术世界，广泛而细致地反映社会生活。人物、情节、环境构成了小说的三要素。

远古的神话故事、先秦的寓言故事都为小说的发展奠定了基础。小说发展到魏晋南北朝时期开始繁盛。这时写作小说几乎成为一种风气，不仅作品数量多，而且内容丰富。这个时期的小说就其内容而言大体可分为两类：一类是谈鬼神怪异的"志怪小说"，一类是记录人物轶闻琐事的"轶事小说"。代表作品为干宝的《搜神记》。

中国小说发展到唐代，进入了一个新的阶段。鲁迅说："小说亦如诗，至唐代而一变，虽尚不离搜奇记异，然叙述婉转，文辞华艳，与六朝粗陈梗概相较，演进之迹甚明，而尤显者仍在是时则始有意为小说。"

由于唐代社会生产力的发展促进了城市经济的繁荣，给传奇小说提供了丰富的素材，使它由单纯的谈鬼说怪，向反映复杂的社会生活发展。同时随着商业经济的发达，市民阶层兴起，为了满足他们对文化娱乐的需要，产生了"市井小说"，为文人的传奇提供了一些新的思想内容与艺术方法。

唐代小说的发达，也是文学本身不断发展的结果。虽说"传奇者流，源出于志怪"，但传奇终与志怪不同，这在很大程度上取决于其他文学体裁对它的影响。唐传奇的产生，标志着我国小说的发展已逐渐趋于成熟。从此小说形成了自己的规模和特点，成为一种独立的文学样式。而且出现了专门从事传奇创作的作家，促成了小说在艺术上的丰富和提高。它揭开了我国现实主义小说的序幕，反映了城市社会生活的繁荣复杂，把反对封建门阀制度和礼教压迫当做自己的基本主题。

话本小说是宋代小说的主要形式。现存的小说话本以爱情、公案两类作品为最多，成就也最高。以爱情为主体的作品中，已有较多的市井细民成为故事的主人公，并表现他们对封建势力的反抗，尤其突出了妇女斗争的坚决和勇敢，如《碾玉观音》。公案类作品反映当时复杂的阶级矛盾，有的还表现了人民对统治阶级的直接斗争，如《错斩崔宁》。

元末明初，在过去话本的基础上，产生了一些长篇章回小说，其中《三国演义》、《水浒传》这两部作品在思想艺术上都有很高的成就，中国小说从此进入了一个新的历史时期。

清代《红楼梦》的出现，把中国古代小说发展推向了高峰，达到前所未有的成就。这一段时间内涌现了无数的经典之作，《儒林外史》、《老残游记》、《聊斋志异》，等等。

中国现当代的小说呈现出繁荣的局面，鲁迅的《狂人日记》开创了白话文小说。茅盾的《子夜》体现了现代小说反映现实的深度和广度。还有巴金的《家》、《春》、《秋》。抗战时期有丁玲的《太阳照在桑干河上》、周立波的《暴风骤雨》。20世纪50

年代的长篇小说获得了丰收，如杨沫的《青春之歌》。新时期的小说家们拓宽了写作题材，从不同角度反映着社会现实生活。

本单元选取了莫泊桑的《绳子》和池莉的《太阳出世》，通过对作品的分析使学生掌握从人物、情节、环境三个角度分析小说的技巧，体会中外小说作品创作的异同。

绳 子
莫泊桑

莫泊桑（Maupassant，1850—1893），19世纪后半期法国优秀的批判现实主义作家，与契诃夫和欧·亨利并列世界三大短篇小说巨匠，对后世产生极大影响，被誉为"短篇小说之王"。他擅长从平凡琐屑的事物中截取富有典型意义的片断，以小见大地概括出生活的真实。他的短篇小说侧重摹写人情世态，构思布局别具匠心，细节描写、人物语言和故事结尾均有独到之处。

在世界文坛上，莫泊桑创作的卓越超群的短篇小说，具有某种典范的意义。俄国文学巨匠屠格涅夫认为他是19世纪末法国文坛上"最卓越的天才"，左拉曾预言他的作品将被"未来世纪的小学生们当作无懈可击的完美的典范口口相传"，法朗士称誉他为"短篇小说之王"。

这天正是赶集的日子。男人们不急不慢地迈着步子，长长的罗圈腿每迈一步，整个上身就向前一窜，要知道，艰苦的劳作早已使得他们的双腿变成了畸形，耕地时，上身压犁，左肩就得耸起，身子就得歪着；收割麦子时，两膝就得叉开，以便站得稳当，此外，地头还有好些别的繁重农活也都很磨人，如此如此，长年累月，他们的腿也就变了样。这天，他们身上穿着蓝布罩衫，浆得笔挺，闪闪发亮，像是涂了一层清漆，领口与袖口都有白线绣的小花纹。他们上身瘦骨嶙峋，衣衫罩在身上就像胀得鼓鼓囊囊的气球，似乎将要升空而去，从气球里伸出来的，是一颗脑袋，两只胳膊，两条腿。

有的人用绳子牵着母牛或牛犊，他们的女人跟在牲口后面，用带有叶子的树枝抽打牛的两肋，赶它们快走。她们胳臂上挎着大篮子，从篮里不时探出鸡脑袋，鸭脑袋。她们走起来，步子比男人小，速度却较为急促，干瘪的身子挺得笔直，披着狭小的披肩，用别针别在平塌的胸前，头上紧裹着白布，上面再扣一顶无檐的便帽。

一辆设有长凳、可以载人的大车驶过，拉车的那匹矮马有节奏地跑

步前进，车上并肩坐着两个男人，车里一个女人，正饱受颠簸之苦，那女的紧紧抓着车沿，以免东倒西歪。

哥代维尔镇的广场上，早已是熙熙攘攘的人群，嘈杂的人声与牲畜声闹成一片。牛的犄角、富裕农民的长绒高帽与女人的头饰，在人群头上攒动。尖锐刺耳的叫喊声，吵吵嚷嚷，汇成一片喧嚣，时而，有某个快快活活的粗汉子爆发出一阵大笑，或者是一头蹲在墙角的母牛发出一声吼叫，声音洪亮，盖过了那一片喧闹。

集市上弥漫着牲口味、奶味、粪味以及草料味与汗水味，散发出人畜混杂、特别是庄稼人所特有的酸臭汗水味，刺鼻难闻。

布雷奥戴村有个老头，名奥士高纳，这天一到镇上，就径直朝广场走去，正好见到地上有一小段绳子。他是个地地道道的诺曼底佬，节俭成性，心想，凡是有用的东西都该捡起来；于是，他费劲地弯下身去，因为，他患有关节炎。他从地上拾起这段绳子，正要慢慢把它卷起来时，却发现马具匠玛朗丹站在自家门口盯着他。他们两个人过去在一起做过生意，结果闹翻了，两人都心眼狭小，喜欢记仇，至今仍未和解。奥士高纳老头见自己从牲口粪里捡一小根绳，却被自己的冤家对头瞧个正着，不由得羞惭难当，无地自容，他赶紧把绳子塞进褂子，接着，又藏进裤子口袋里，然后，假装在地上找什么东西却没有找到的样子，最后，才弯着他那有风湿病的腰，探着脑袋，朝集上走去。

他很快就汇入人流之中，赶集的人吵吵嚷嚷，缓缓流动，不停地讨价还价，非常活跃，好生热闹。那些农民用手抚摸抚摸奶牛，走过去，又走回来，三心二意，拿不定主意，惟恐上当，还偷偷观察卖主的眼神，想要识破对方的花招，挑出牲口的毛病。

农妇们将自己的大篮子放在脚前，把里面的家禽捉出来摆在地上，那些可怜的鸡鸭，爪子被捆绑着，眼神惊恐，冠子通红。

她们听着买方的还价，无动于衷，表情冷冰冰的，仍然坚持自己的卖价，有时，却又突然改变主意，同意对方出的价钱，叫住正慢慢吞吞离去的买主，喊道：

"就这么着吧，安第姆大爷。我卖给你了。"

稍迟一点，集市上的人渐渐稀少起来，教堂敲响了午祷的钟声，住在远乡的农民纷纷前往客店。

朱尔丹客栈的大厅里，挤满了来用餐的客人，宽敞的院子里也停满了各式各样的车辆，有两辆运货车，有带篷的轻便马车，有带长凳的四轮车，有双人马车，还有好些叫不出名的手推车，车上沾满了泥泞污物，黄渍斑斑，车身变形走样，东拼一块，西补一块，有的车辕朝天，像两只胳膊，有的车头冲地，屁股上翘。

就餐的人都已经坐下，身后就是巨大的壁炉，炉火烧得正旺，把右排客人的背部烤得暖暖的。三根铁钎上都叉着小鸡、鸽子与羊腿，在炉火上转动，烤肉的香味与脆皮流油的香味，从炉膛里飘出来，叫人垂涎欲滴，兴味亢奋。

庄稼汉中的有钱人都来朱尔丹老板的店里用餐，朱尔丹既开客店，又贩卖马匹，为人狡诈，口袋里颇有几个钱。

菜肴一盘又一盘端了上来，用餐者一扫而光，黄色的苹果酒喝掉一罐又一罐。大家都在谈自己的买卖，卖出去什么，买进来什么。人们也在打听当年的收成。天气对草料很有利，对麦子来说，则雨水多了一点。

突然，屋前的场院上响起鼓声，除了个别几个人漠不关心以外，大家都站了起来，跑到门或窗前，嘴里仍塞满饭菜，手里还拿着餐巾。

宣读告示的公差一通鼓敲罢，断断续续地一板一眼地宣读了起来："兹向哥代维尔的居民，以及所有前来赶集的乡亲们宣告，今天上午九点至十点之间，有人在伯兹维尔的大路上，遗失黑色皮夹一个，内有五百法郎及商业票据，如有拾到者，请立即送交镇公所，或送到曼纳维尔的伏图内·乌尔布雷克老板家，将得十法郎的酬谢。"

公差宣读完便走了。不一会儿，在较远处又响起一通鼓声与公差的宣读声，只不过声音微弱了一些。

于是，饭厅里的人纷纷议论起这件事，有的说乌尔布雷克老板还有可能找回皮夹，有的说他不可能找回去了，众说纷纭，莫衷一是。

大家用完了午餐。正当他们在喝咖啡的时候，警长出现在店门。他发问道：

"布雷奥戴村的奥士高纳老爹在这里吗？"

奥士高纳正坐在一张桌子的那一头，他应道：

"我在这儿呢。"

警长接着说："奥士高纳老爹，劳驾跟我到镇公所走一趟，镇长有话要同你说。"

奥士高纳老头好不意外，颇为不安，他将自己那一小杯酒一饮而尽，站起身来，这时，他的腰比上午弯得更厉害了，因为，每次坐歇之后站起来行走时，他感到格外困难，他一边走，一边咕咕哝哝："我在这儿呢，我在这儿呢。"

他跟随在警长的后头。镇长正坐在靠背椅上等着他。这位一镇之长，在当地以公证人为业，身体肥胖，神情严肃，讲起话来喜欢夸大其词。

"奥士高纳老爹，"他开腔了，"有人看见您今天上午在伯兹维尔的大路上，捡了马纳维尔的乌尔布雷克丢失的那个皮夹。"

这乡下老头目瞪口呆，望着镇长，不知道为什么，这怀疑突如其来，使得他特别恐惧。

"我，我，我捡了那个皮夹？"

"不错，就是您。"

"以人格担保，我从来就没有见到过什么皮夹。"

"有人看见您啦。"

"有人看见我？谁看见我啦？"

"玛朗丹先生，那个马具商。"

这时，老头子才猛想起来，弄明白了事情的缘由，他气得满脸通红，叫冤道：

"唉哟，原来是他，这个混蛋！他看见我捡起来的，就是这根绳子，镇长先生，您瞧，就是这根。"

说着，他从口袋里掏出了那根绳子。但是，镇长不相信，摇了摇头，说："您没法叫我相信，奥士高纳老爹，玛朗丹是一位讲信誉的人，他怎么会把一根绳子当成一个皮夹。"

这乡下佬愤怒起来，他举起一只手，又向旁边啐了一口，表示赌咒发誓，这么说：

"我讲的千真万确，镇长先生，一点也不假，我以我的性命担保。"

镇长又说道：

"您捡到皮夹之后，还在泥土里找了半天，生怕皮夹里有硬币掉在地上。"

这个老实巴交的乡下人，又气恼，又害怕，几乎说不出话来。

"怎么可以说！……怎么可以说……这种谎话，来诬陷一个好人！怎么可以说……"

他的抗议毫无用处，对方根本不信他。

于是，就安排他跟玛朗丹对质，玛朗丹一再重复并坚持自己的证词，他们两人对骂了足足一个小时。根据奥士高纳的要求，镇长在他身上搜了一遍，结果什么也没搜出来。

最后，镇长束手无策，只好把他打发走了，不过对他讲明，此案还要上报检察院，等候命令再作处理。

这件事已在镇上传开了。老头一走出镇公所的大门，就被人围上，大家纷纷向他问这问那，有的一本正经带着好奇心，有的则是嘲弄的态度。于是，他把捡绳子的经过原原本本讲了一遍。大家都不信，哄然大笑起来。

他往前走着，时而，有人将他截住，时而，他截住自己的熟人，一遍又一遍讲他绳子的事，表示愤愤不平，还将自己的口袋翻个底朝天。听故事的人，都这么打发他了事。没有人相信他的话，他气愤不平，极为恼火，心里既狂躁又痛苦，不知如何是好，于是，逢人便讲自己的遭遇，没完没了。

夜幕降临，该回家了。他与三个邻居同行，向他们指出了自己捡绳子的地点，一路上，又把自己的遭遇讲了一通。当晚，他在自己的村子里走了一圈，为的是向乡亲们诉说自己的不幸，但是，没有人信他。

他彻夜未眠，如有大病缠身。

第二天，午后一点钟光景，依莫维尔村布雷克先生的农庄里，有个名叫马里尤斯·波梅尔的长工，把皮夹连同里面的钱钞票据送还。据这个长工说，他确实是在大路上拾到的，因为不识字，所以这个消息立即传遍了周围四乡，奥士高纳老头很快也就听说了。

他立即到各处转悠转悠，把真相大白的故事讲给乡亲们听。他说："当时叫我痛心的，"他这么说道，"并不是那么一件事本身，您明白吧，而是有人故意撒谎，谎话害得你遭诬陷，受冤枉，没有什么比这更叫人难受的了。"

他整天都在讲自己的故事，倒苦水，在路上向遇见的熟人讲，在小酒店里向喝酒的人讲，星期日在教堂门口向望弥撒的人讲，甚至硬拉住不相识的人讲。现在，他心情舒坦了，然而，他仍感到还有点什么东西使他不自在，而他又说不清究竟是什么。听他讲遭遇的那些人总是一副嘻嘻哈哈的神情，看上去他们并不真信他。他似乎觉得有人在他背后议论他。

到了下一个星期二，他又去哥代维尔镇赶集，一心只想在那里再讲讲自己的遭遇。

玛朗丹正站在自家门口，见他路过，便乐了起来。这葫芦里卖的什么药？

他走到克利格多村一个庄稼人跟前，又讲起自己的故事，对方没等他讲完，就在他肚皮上拍了一拍，冲着他的脸，高声说道："老滑头，得了吧!"说完便走开了。

奥士高纳愣住了，愈来愈感到不安。为什么人家把他叫做"老滑头"？

他来到朱尔丹老板的客栈，在桌前一坐下，又开始说道自己的遭遇。

蒙蒂维列埃的一个马贩子，朝他高声说道：

"得啦，得啦，老一套，我知道，还是你那根绳子!"奥士高纳结结巴巴地说：

"那个皮夹，不是已经找到了吗？"那马贩子说：

"别往下说啦，我的老爹，一个人捡到皮夹，另一个人又把它还回去，神不知，鬼不觉，天衣无缝，把别人蒙在鼓里。"

这乡下佬气急败坏，说不出话来。他终于恍然大悟，原来在他背后大家都认为是他捡到皮夹后，又让自己的同伙把皮夹还了回去。

他想抗议，厅里的客人却哄堂大笑起来。

他没有吃完饭，起身就走，在一片嘲笑声中离开了饭店。

他又羞又气回到家里，愤怒与羞耻堵得他憋气心慌。特别叫他气得发蒙的是，凭他那诺曼底人的刁钻，他本来完全能够做得出别人指责他的那种事，甚至还可以在事后自鸣得意，吹嘘自己手段高明。他隐隐约约感到，自己是跳进河里也洗不清了，因为，大家都认定他本来就老奸巨猾。一想到这种毫无道理的偏见，他就心如刀割。

于是，他又开始诉说自己的遭遇，每次讲述，都要添油加醋，补充一些新的理由，愤愤的情绪愈来愈激昂，赌咒发誓也愈来愈厉害。这些气话狠话，都是他独自一人时心里嘀咕出来的，要知道，他日所思夜所想，只有一件事，就是那根绳子。他为自己所作的辩解愈是周密细致，理由充足，别人就愈是不相信他。

"瞧他，明明在说谎，偏偏要狡辩。"在他背后，大家都这么说。

他感觉到了这一切，忧愤相加，内心如焚。他使出全身的解数去表白辩解，却无济于事，倒弄得自己精疲力竭。

眼见他委靡憔悴，日胜一日。

那些爱取笑的人，为了拿他开涮，老逗他讲"绳子故事"，就像请参加过战争的士兵讲述战斗故事一样。在毁灭性的打击之下，他整个精神彻底崩溃了。

将近年底，他病倒在床，卧病不起。

年初，他含冤死去了，临终前，在昏迷之中，他仍在不停地表白："一小段绳子……一小段绳子……瞧，就在这里，镇长先生。"

　　小说写了一个老实人的悲剧。乡下人奥士高纳老爹因受诬陷，而想方设法想要证明自己的清白，但始终不能取信于世人，所做的一切都是徒劳的，最后精神崩溃郁郁而终。这一切表面看似是由奥士高纳在赶集路上，意外捡到被人丢弃的一小段绳子引起的，实则暴露出生活在他周围人们的人性的丑恶与阴暗面。作品通过绳子的故事，深刻地反映了当时社会尔虞我诈的险恶和人与人关系的冷漠无情。

　　作品注意选取富有典型意义的日常生活事件，以小见大地揭示社会真相、反映现实问题，振聋发聩、耐人深思。语言简练自然，叙事客观冷静，作者对小人物的同情往往不是直接表露，而是多以人物的细致刻画及其命运自身的悲剧来感染和打动读者。此外，小说开头关于哥代维尔集市的场景描写，犹如一幅19世纪法国乡村的风俗画，形象生动，富有浓厚的生活气息。这都充分体现了莫泊桑短篇小说的鲜明特色。

【思考练习题】

1.绳子的故事揭示了怎样的社会现实？概括小说的主题。
2.奥士高纳士是个怎样的人物？概括其主要性格特征。
3.小说是如何细致刻画人物心理的？
4.小说开头的场景描写有何作用？

太阳出世（节选）[1]

池莉

　　池莉，女，1957年生，湖北沔阳人。曾做过知青、乡村小学教师，并从事医务工作多年。毕业于冶金医学院和武汉大学中文系。1981年开始发表小说，主要作品有中篇小说《烦恼人生》、《不谈爱情》、《太阳出世》、《你是一条河》等，已出版小说集《烦恼人生》。其作中篇小说《烦恼人生》获全国优秀中篇小说奖和《小说月报》第三届百花奖。中篇小说《太阳出世》获《小说月报》第四届百花奖。中篇小说《你是一条河》、短篇小说《冷也好热也好活着就好》获《小说月报》第五届百花奖，《你以为你是谁》获《小说月报》第七届百花奖。另著有《池莉文集》（六卷），长篇小说《来来往往》以及散文随笔集多部。其作品有多种文字的译本，获多种文学奖，有多部作品被改编为影视作品。现为武汉市文联专业作家，中国作家协会会员。社会职务为第九届全国人大代表。

　　池莉的作品虽然数量不多，但不少作品问世后受到文艺界的重视和好评，成名作为中篇小说《烦恼人生》，此作被誉为是"新写实小说"的代表作，她也被公认为新写实小说的代表作家。池莉的小说大多表现女性视野中的武汉都市生活，人物往往是带有世俗气的芸芸众生，远离英雄主义的凡夫俗子；同时，在现实主义的描写中不闪避自然主义，人物事件均被一层生活原色所笼罩，给人以更为自然、逼真的艺术感受。创作既重视发挥故事的功能，又不排斥各种现代新手法。小说语言善于吸收武汉地域的方言俚语，或幽默俏皮，或质朴凝重，有着独特的风格。不久前的一部中篇小说《来来往往》被改编为电视剧而红遍国内，她又紧接着创作了另一部中篇《小姐你好》。读池莉的作品，一个强烈的感觉就是——真、实在。她写的都是些琐碎的生活片段，可她一样能把你带进去读，让你感动，感动于生活本身的庸常、平凡、苦恼和淡淡的、然而却持久的温情。她一边注视着生活，一边贴心贴肺地倾诉，一桩桩、一件件直说到你的心坎里去，说出了你的、我的、他的日复一日、细水长流、又爱又恨的日子……

星期天赵胜天去逛了书店。

就在赵胜天满怀豪情壮志逛书店时，家里出事了。

李小兰分明是看了朝阳一眼下楼去的。朝阳好好的躺在床上，小菊在给她换尿布。仅仅是晾了一床被单回来，朝阳就是满脸鲜血的可怕模样了。小菊骇得在朝阳脸上乱擦一气，越发涂得触目惊心。

"朝阳！我的朝阳！"李小兰失声痛哭，两手乱抖，不知如何摆弄床上的女儿。

"小菊，你怎么她了？"

"我没有。"

"快说实话小菊！"

李小兰揪住小菊使劲摇箏，小菊哇地哭了。

"我没有，真的没有。"

"怎么可能呢？我的天！"

李小兰抓过自己的镀金小手表，半跪在小菊面前。

"求求你小菊，说实话，我不怪你。这是三百多块钱的小表，说了我送给你！"

"我不要。我没有。"

赵胜天进房时，房里大小三个女人都在嚎哭，李小兰看见他便扑过来连捶带打。

"我的孩子，你把我的——你死到哪里去了！"

乍一见朝阳，赵胜天的双膝直往下软。到底是男人，他没有倒下去。

"快！上医院！"

他抱起女儿就跑。李小兰也醒了，抓了尿布毛毯跟着跑。

血好像是从鼻子嘴巴里面流出来的，原因不得而知。赵胜天跑啊跑啊，心里催促自己：快！再快点！女儿呵，你可别有个三长两短啊！你可别出什么事哪！我们已经在一起生活得这么好，我不能没有你哪！不能不能不能！

李小兰披头散发呜呜地哭，小菊也追上来，煞白着脸，一个劲说："我没有，没有。"

大马路上的行人被惊呆了，汽车为他们纷纷紧急刹车。警察默许他们在马路中央不顾红灯绿灯地往前跑。

一辆摩托飞来，嗤地刹在赵胜天身边。

"快上！"摩托车手说。

人行道上爆发出热烈的掌声。

到了医院又是一番紧张。一个小时后，朝阳吊上了液体，慢慢睡着了。赵胜天李小兰左右守护着女儿。

"你逛到哪儿玩去了，今天要是朝阳有个好歹，我这辈子就不会饶你。"

"我没有去玩。"

赵胜天注视着药瓶里的液体一滴一滴往下落。

"喂，我说话你听见了没有？"

"没有。我在想那个摩托车手，他带着头盔，我连他的脸都没有看清，真遗憾啊！"

李小兰忽然觉得丈夫变了。完全不是那个在新婚时刻打架的人。

"是啊，真遗憾。"她说。当然不是遗憾赵胜天的变化。

医生尽量通俗地告诉这对完全没有医学常识的年轻夫妇：婴儿的血是鼻腔黏膜小血管破裂流出来的，婴儿没什么大病。原因是今冬气候太枯燥，而婴儿又是吃的火气大的奶粉，再加上你们给婴儿的纯阳之体包裹得太厚了。

治疗没有什么特效药。金银花露两瓶。孩子需要的是接近母乳的奶粉、新鲜果汁、菜汁、蜂蜜和适当的衣服。

市面上什么牌号的奶粉接近母乳？

医生说我推荐一种：英国雀巢公司的NANI婴儿奶粉，汉语叫做能恩婴儿奶粉。我孙子吃它，效果挺好。

英国？夫妻俩说谢谢您啦。

赵胜天李小兰在武昌最大的中南商业大楼食品柜找到了"能恩"听装450克。装潢十分美观。说明书上写着：能恩（NANI）婴儿奶粉，提供婴儿最佳发育所需的各种维他命及矿物质，其品质由雀巢公司保证，全球母亲均熟悉及一致信赖。

作为全球母亲之一的李小兰不熟悉"能恩"，但她信赖。

"小赵，我们买吧。"

"二十六块八毛一听，一听只有九两。根据这上边的喂哺表，朝阳大概一个星期就吃完了。"

"一星期二十六块八，加果汁蜂蜜什么的，是不是太贵了点儿？"

"是啊，奶粉总归是奶粉，又不是金子。洋鬼子就会骗我们的钱。"

"嗯，我们用不着上当。"

朝阳吃的是武汉市民们信赖的本市"扬子江"牌全脂奶粉。因为吃了鼻子出血改喂婴儿奶粉。婴儿奶粉不干净，每次煮奶都浮起许多细渣，又改喂黑龙江优质奶粉。可是朝阳拒绝吃黑龙江。大家百思不得其解，最后李小兰尝了两口，原来橡胶味很浓，于是再改用沙市出的奶粉。朝阳倒是一口气吃了一百二十毫升，但第二天就没有大便。用了开塞露，肛门还是裂了。一连三天肛门都裂，李小兰说：

"小赵，咱们还是试试'能恩'吧？"

"试试。"

赵胜天去买了一听。淡蓝色的听子，一看就令人赏心悦目。

朝阳可不懂钱的问题，她偏偏爱喝"能恩"，喝了一切正常。赵胜天李小兰也尝到了"能恩"的甜头，半夜起床的时间大大缩短。80℃的开水一冲即好，摇一摇完全溶化，孩子喝完奶大人接着睡觉梦还可以续上。小菊对"能恩"也赞不绝口。她不必为煮潽奶担心，不必害怕点煤气炉。简便卫生安全，一旦谁挨上谁也离不开。不尽人意的只有一点，那就是一听"能恩"只够朝阳吃三天，而不是赵胜天估计的一个星期。

他们下决心使用"能恩"奶粉。

售货员一听顾客开口就要十听"能恩"，神态立刻变谦恭了。他殷勤地向他们介绍："吃这种高级奶粉一般配高级果珍。"他拿出一瓶美国进口的而不是中美合资的果珍，与十听"能恩"奶粉放在一块，就像宝马配金鞍。

"这儿有商标，您瞧。美国宇航局特别选定——"

赵胜天说："太空时代的饮料，划时代的享受。"

"对极了！买了吗？先生。"

柜台边已经围满了看热闹的人，人们都看"先生"。

赵胜天首次在公开场合正式被人尊为先生，李小兰很为之骄傲。她说："买了。"

又加了二十七块五毛。一共三百零五块五。朝阳一个月的主要开销。

李小兰的父母不同意女儿的这种做法。他们认为没有必要崇洋媚外，也没有必要这么奢华，爱慕虚荣是年轻人最坏的品质，结婚时他们就看出了这一点，只不过照顾新婚情绪没指出罢了。有了孩子还这个样就不行。

李小兰说多谢父母大人指教。结婚时不说过期作废。现在和过去不同，不一回事了。

"兰兰！"做母亲的厉声说，"都做妈的人了，还嬉皮涎脸，我们说的是正经话。"

"天！我不是正经话吗？你没看见自从生了朝阳我就没买过衣服，没上过美容厅？可我有权买奶粉给我女儿吃，我爱她，剜我的肉她吃也不与你们相干！"

赵胜天连忙出来打圆场。向岳父岳母展开现身说法。他出生在饥荒年，父亲挺有志气给他取名叫人定胜天。他胜了天吗？没有。缺钙使他成了鸡胸罗圈腿，三岁才蹒跚学步。学习成绩不好，因为营养不良使他上课老犯困，瞧瞧小朝阳，吃了一个月"能恩"，不缺钙不缺锌，三个多月就可以稳稳坐住，还会故意仰倒逗大人笑，智力发育多好！

小菊就让朝阳表演坐在床上然后仰倒然后瞅着大人们咯咯咯直笑。

一对老人承认朝阳养得很不错。但还是坚持认为：吃进口奶粉不是中国人养孩子的发展方向。不过后来赵胜天送他们下楼时，他们硬给了赵胜天一百五十块钱。只嘱咐赵胜天不要告诉李小兰，别的什么没说。因为他们觉得赵胜天比李小兰懂事多了。

赵家也因"能恩"和果珍轰动了，很少光临的大嫂二嫂结伴而来，借看朝阳为名参观洋奶粉。

老太婆在牌桌上向她的牌友们大发感慨。

"往日我也养娃，没花一分钱，光凭我这两只奶袋，六个娃长得人高马大。如今怪事多，不喝人奶喝牛奶，还喝洋牛奶，真是钱发烧了！不能娶时髦风流的媳妇哇，花花点子多，败家精，我那么杂种儿子算是卖罗。"

赵胜天李小兰的同事也多有议论，当作一桩新闻到处讲。还有人对他们钱的来路提出了质疑。

"太多人注意我们了。小赵，你怕不怕？"

"你怕吗？"

"不怕。"

"就是，有什么可怕的。不过是女儿喝了点'能恩'。"

"社会可真复杂。"

"领教了吧？"

朝阳喝什么奶粉好，他们就给她买，决不选择奶粉的国籍，决不在乎人们怎么说。在这一点上，赵胜天李小兰完全一致。

是的，他们从小喝稀饭米汤也长大成人了。他们的父母只要儿女长大成人就行了，就尽到责任了。赵胜天李小兰可不只是要女儿存活下来。他们要女儿有第一流的体质，第一流的智商，以便将来在那激烈竞争的时代里成为强者。到朝阳这一代人，中华民族不能再缺钙缺铁缺什么微量元素啦，要身强力壮地去创造去发明，富强我们的祖国，富强我们的民族，富强我们的小家庭。多少年多少代，穷得太久，该过过好日子了！

"同志，请拿盘磁带。"

李小兰听见自己的声音相当悦耳。

几个月以来第一次穿戴整齐逛大商场，真有重见天日之感。身边没有丈夫，没有孩子，没有保姆原来是如此轻松自由。商场到处都是大镜子，李小兰从中看见自己又娇小苗条了。她真高兴。她一高兴就想买点东西。朝阳开始注意上音乐了。前天听收音机朝阳随着音乐慢慢扭动，好像那是《天鹅湖》吧？

李小兰敲敲柜台："同志，买盘磁带。"

"乱敲什么？买谁的说呀。"

"买冼星海的《天鹅湖》？"

"噢，我的妈！"女售货员把眉毛挑得老高，"《天鹅湖》是柴可夫斯基的，冼星海是《黄河》，你从哪家扯到了哪家？"

磁带柜里外全是时髦少男少女，他们毫无顾忌地哄笑起来。李小兰简直无地自容。

她根本没注意自己的什么。她是随口说的。都是现在风气该死，喜欢说谁的歌，谁谁的歌。要是过去，李小兰准不服输，抢白人家是她的拿手好戏。她会说："是的我狗屁不懂，我又不是他妈音乐学院毕业的，当心笑掉了门牙嫁不出去。"勇于承认自己狗屁不懂，这就是现在年轻人的潇洒。这次李小兰却潇洒不起来，不知是为什么。

李小兰垂头丧气急急往家奔。此时此刻她只想回到女儿身边。她叮嘱小菊别告诉赵胜天说她今天去商场了。赵胜天一定会奇怪她怎么空手而归。

小菊很听李小兰的话，赵胜天却还是注意到了妻子的异常。

"今天你怎么啦？"

"不舒服。"

"哪儿不舒服？"

"哪儿都不舒服。"

"肯定是因为月子没坐好。只怪我们没经验。据说月子里的病要在月子里治，看来我们还得怀一次。"赵胜天被自己的话逗笑了。李小兰没笑。她认为一点也不好笑。

赵胜天又告诉她一个好消息，他报考成人大学，厂里不仅没为难，并且主动提出为他交纳学费，只要他毕业后不提出调动。

这的确不是个坏消息。赵胜天长进好快，要当大学生了。谈恋爱时李小兰对赵胜天最大的遗憾就是他没有大学文凭。现在婚都结了，文凭也不时兴了，赵胜天却忽然睡醒了。李小兰勉强一笑，说："醒了？可喜可贺。"

她想我呢？你读书我牺牲，我这辈子就带孩子算了！买盘磁带都遭人耻笑。

"你到底怎么啦？安？"

李小兰再也忍不住了。

"你说我怎么啦？你天天有好消息：发奖金了。项目搞成了。产品打进某国市场了。赛球赢了。读大学了。我呢，也天天都有好消息：朝阳不吃手了。小菊打酱油多找了一块钱回来了。朝阳只尿湿了三块尿布，把到五泡尿了。朝阳的大便由两次变为每日一次，松软，黄色，成条索状，臭味更浓，多好的消息，你的女儿开始拉大人的屎了。"

赵胜天悠悠叹了一口气："你到底厌烦朝阳了。"

"胡说八道。我没厌烦！"

李小兰委屈的泪水顺流而下。她摊开一双手让赵胜天看。这双手一点儿没有女性的美。冻疮，裂口，菜刀划破的伤口，别针扎的小洞重重叠叠，此起彼伏。

"我用这双手天天侍候你们父女，任劳任怨。可是凭什么要把我一连几个月关在家里？像个聋子，哑巴，对外面的一切一无所知。和所有的朋友都断绝了来往。电影都没看过一场。为什么！"

李小兰夺门而逃。她怕自己控制不住嚎啕大哭吓坏了女儿。

赵胜天追出门来，挽住了妻子的胳膊，陪着她在路边慢慢前行。除了默默陪着她，赵胜天无话可说。李小兰说的也是他想说的，他也有双做家务洗尿布冻坏了的手，他也几个月没看一场电影。也许李小兰没想到，而他早就在想：他们夫妻几乎没在一起过性生活了。他也想哭。

谁理解他们？

谁为他们着想？

谁看重这年轻夫妻路边的饮泣？

正是穿着打扮，交朋结友，学习长进，见识世界的年纪可又正是生孩子的年纪。就连他们的老人都不愿助他们一臂之力，还有什么办法？死结子。永远的矛盾，哭个痛快再说吧。

赵胜天建议李小兰每天抱朝阳去儿童公园晒晒太阳。走一走，呼吸呼吸新鲜空气。

《育儿大全》上说五个月的婴儿每天至少要有两个小时以上的户外活动以锻炼他们呼吸道黏膜的抵抗力。

儿童公园里也有许多大人，你可以和他们聊聊天。饭菜就随便小菊做成什么样子，横竖都是吃。以后我们就逐渐好起来了。

赵胜天刚上大学就已经显得很有知识。他是从家庭大学丈夫父亲专业毕业的男人。再不愉快的妻子也不好冲这样的男人发火。

【注释】

[1] 本文节选自池莉中篇小说《太阳出世》的第十三章部分和第十四章、十五章。

【导读】

《太阳出世》最早于1990年发表于《钟山》。小说中的主人公是家住武昌的李小兰与赵胜天。李小兰在区图书馆的资料室工作，赵胜天是某厂技术革新小组的副组长。他们二人在元旦那天结婚，迎亲路上，由于交通堵塞，他们和另外一支迎亲队伍打了一架。作为弥补，这对新婚小夫妻在大哥的赞助下外出蜜月旅行。在经过反复商量决定去重庆并买好机票之后又碰上了有雾的天气，飞机一再推迟起飞时间。还没有等到重庆的雾散去，李小兰意外发现自己怀孕了。刚刚结婚没几天就怀孕总是件不大光彩的事，同时李小兰与赵天胜还没有做好为人父母的人力财力的准备：双方的父母都表了态不会给他们带孩子，而他们小夫妻两人的工资又少得可怜养不起保姆。无奈之下，他们选择放弃这个孩子。从此李小兰与赵天胜开始了学习如何为人父母的生活。在学习中他们感受到了酸甜苦辣，在琐屑的生活中他们开始走向成熟。

本文选取的内容主要讲述了孩子出世后发生的三件事：一是孩子出鼻血事件；二是买洋奶粉事件；三是李小兰到商场买"冼星海的《天鹅湖》"事件。在三件寻常的小事件背后，令读者看到的是一个孩子成长的点点滴滴过程中父母的忐忑不安、无私忘我，以及困惑迷茫。有了孩子之后，孩子成为父母生活的中心、太阳，为了让太阳永远灿烂，父母变得憔悴，甚至放弃了自己的生活。所幸的是恩爱的夫妻总能够携手相牵，历经磨难，走出人生的风雨，迎接彩虹。小说以平实的语言、普通的生活故事、真诚的情感让人感受到普通老百姓生活中的无奈、自得其乐、在困境中的顽强品格。

【思考练习题】

1.读《太阳出世》原著，分析李小兰与赵天胜的性格特点。

2.试分析池莉作品中的"小市民"形象。

3.试分析池莉艺术特点。

4.从近几年池莉发表的小说中，分析她的创作风格有什么变化？

【阅读篇目】

1.罗贯中《三国演义》

2.鲁迅《风波》

3.沈从文《边城》

4.莫言《红高粱家族》

5.陀思妥耶夫斯基《被侮辱与被损害的》

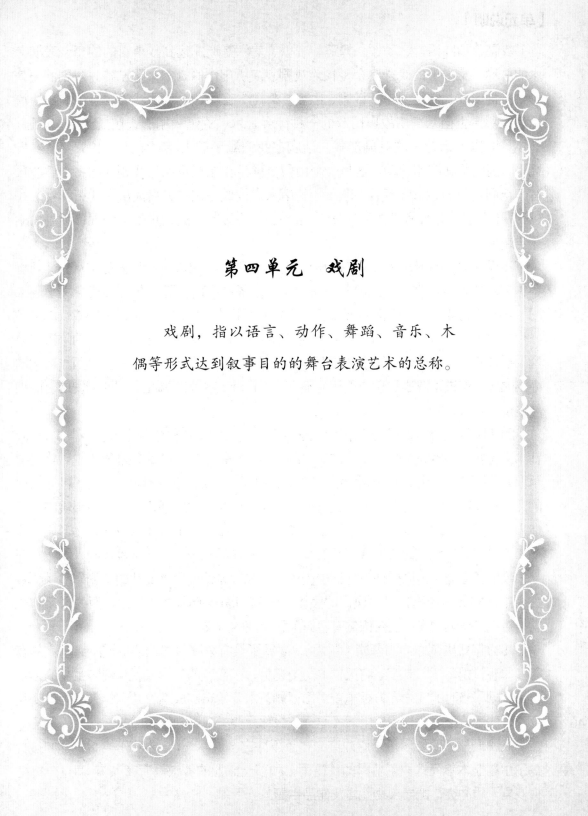

第四单元　戏剧

　　戏剧，指以语言、动作、舞蹈、音乐、木偶等形式达到叙事目的的舞台表演艺术的总称。

【单元说明】

　　戏剧，指以语言、动作、舞蹈、音乐、美术等形式达到叙事目的的舞台表演艺术的总称。文学上的戏剧概念是指为戏剧表演所创作的脚本，即剧本。戏剧的表演形式多种多样，常见的包括话剧、歌剧、舞剧、音乐剧、木偶戏等。是由演员扮演角色在舞台上当众表演故事情节的一种综合艺术。我国戏剧形式包括戏曲和话剧。话剧，即以说话为主的戏剧形式。话剧在我国属于舶来品，肇始于1907年"春柳社"的创立及其演剧活动。这是一个由留日学生在东京组织的戏剧社团，主要成员有李叔同、曾孝谷、陆竟若、欧阳予倩等人。他们在东京先后演出了《茶花女》和《黑奴吁天录》等所谓"文明新戏"，结果引起了轰动。这也正是中国现代话剧的萌芽与起始。

　　1917年后，随着胡适《文学改良刍议》、陈独秀《文学革命论》等文章在《新青年》杂志的发表，文学革命成为新文化运动中最中心的一环。与此相连，文学各部门、各文体的变革讨论也都如火如荼。其中关于旧戏改良的讨论，以及挪威戏剧家易卜生的引入，是中国现代戏剧产生重大变革的基础。前者对中国旧戏内容的陈旧与封建、形式的"野蛮遗留"等诸多方面，都进行了坚决的批判；后者通过对西洋戏剧的介绍倡导，促进了戏剧观念的更新，确立了近代现实主义戏剧在中国话剧发展上的指导地位。

　　20世纪初，中国的文学家把话剧这种西方的文学体式移植到中国，但曹禺之前，基本上还属于探索和实验阶段，作品也以情节和结构相对单纯的独幕剧为主。曹禺继承前人的探索，以他经典的剧作把中国戏剧推向成熟，也使中国戏剧走向了世界。他的几大剧作都是结构复杂、但是完美的多幕剧，而且把中国现代话剧的中心转向了塑造人物和探索人的灵魂，为中国乃至世界文学史贡献了一批典型的戏剧人物形象。曹禺对西方古典和现代的戏剧有深厚的修养，他的作品从结构、舞台设计到人物塑造都从中吸取了营养。但同样他也熟谙中国的文学和戏剧传统，因此他的戏剧作品融会着古今中外的文学传统，建构现代的民族文学的问题。曹禺作品在这方面的探索和成功，对中国戏剧的发展至今依然有着典范和示范的意义。

　　1933年曹禺创作的四幕剧《雷雨》，暴露了具有浓厚封建性的资产阶级家庭的腐朽和罪恶，揭示了旧制度必将灭亡的历史趋势，以高度的艺术成就和现实主义的艺术力量震动了当时的戏剧界，标志着中国话剧艺术开始走向成熟，几十年来成为最受观众欢迎的话剧之一。与《日出》《原野》被称为曹禺戏剧创作三部曲。

　　戏剧最核心的要素是矛盾冲突，在矛盾冲突中展示一个个性格鲜明的人物形象，揭示主题。本单元选取了曹禺的《雷雨》和莎士比亚的《威尼斯商人》。通过分析把握戏剧矛盾冲突，把握人物性格及作品主题。

雷雨（选场）

曹禺

《雷雨》创作于20世纪30年代，它以1923年前后的中国社会为背景，描写了一个以周朴园为代表的带有浓厚的封建色彩的资产阶级家庭的生活悲剧。通过周鲁两家的复杂的人物关系和尖锐的矛盾冲突，生动地勾勒出现实社会的阶级关系。作者怀着被压抑的愤懑和对受侮辱受迫害的善良的人民的深切同情，揭露了旧中国旧家庭的种种黑暗罪恶的现象，以及地主资产阶级的专横、冷酷与伪善，预示了旧制度必然崩溃的命运。

这场戏，在有限的舞台空间和时间里，包容了广阔的生活空间和时间，剧情发展层次清楚，矛盾冲突尖锐激烈，人物语言能充分地反映出鲜明的个性，阅读时要仔细体会。

午饭后，天气更阴沉，更郁热，低沉潮湿的空气，使人异常烦躁……

周朴园　（点着一支吕宋烟，看见桌上的雨衣，向侍萍）这是太太找出来的雨衣吗？

鲁侍萍　（看着他）大概是的。

周朴园　（拿起看看）不对，不对，这都是新的。我要我的旧雨衣，你回头跟太太说。

鲁侍萍　嗯。

周朴园　（看她不走）你不知道这间房子底下人不准随便进来么？

鲁侍萍　（看着他）不知道，老爷。

周朴园　你是新来的下人？

鲁侍萍　不是的，我找我的女儿来的。

周朴园　你的女儿？

鲁侍萍　四凤是我的女儿。

周朴园　那你走错屋子了。

鲁侍萍　哦。——老爷没有事了？

周朴园　（指窗）窗户谁叫打开的？

鲁侍萍　哦。（很自然地走到窗户，关上窗户，慢慢地走向中门。）

周朴园　（看她关好窗门，忽然觉得她很奇怪）你站一站，（侍萍停）

周朴园　你——你贵姓？

鲁侍萍　我姓鲁。

周朴园　姓鲁。你的口音不像北方人。

鲁侍萍　对了，我不是，我是江苏的。

周朴园　你好像有点无锡口音。

鲁侍萍　我自小就在无锡长大的。

周朴园　（沉思）无锡？嗯，无锡（忽而）你在无锡是什么时候？

鲁侍萍　光绪二十年，离现在有三十多年了。

周朴园　哦，三十年前你在无锡？

鲁侍萍　是的，三十多年前呢，那时候我记得我们还没有用洋火呢。

周朴园　（沉思）三十多年前，是的，很远啦，我想想，我大概是二十多岁的时候。那时候我还在无锡呢。

鲁侍萍　老爷是那个地方的人？

周朴园　嗯，（沉吟）无锡是个好地方。

鲁侍萍　哦，好地方。

周朴园　你三十年前在无锡么？

鲁侍萍　是，老爷。

周朴园　三十年前，在无锡有一件很出名的事情——

鲁侍萍　哦。

周朴园　你知道么？

鲁侍萍　也许记得，不知道老爷说的是哪一件？

周朴园　哦，很远的，提起来大家都忘了。

鲁侍萍　说不定，也许记得的。

周朴园　我问过许多那个时候到过无锡的人，我想打听打听。可是那个时候在无锡的人，到现在不是老了就是死了，活着的多半是不知道的，或者忘了。

鲁侍萍　如若老爷想打听的话，无论什么事，无锡那边我还有认识的人，虽然许久不通音信，托他们打听点事情总还可以的。

周朴园　我派人到无锡打听过。——不过也许凑巧你会知道。三十年前在无锡有一家姓梅的。

鲁侍萍　姓梅的？

周朴园　梅家的一个年轻小姐，很贤惠，也很规矩，有一天夜里，忽然地投水死了，后来，后来，——你知道么？

鲁侍萍　不敢说。

周朴园　哦。

鲁侍萍　我倒认识一个年轻的姑娘姓梅的。

周朴园　哦？你说说看。

鲁侍萍　可是她不是小姐，她也不贤惠，并且听说是不大规矩的。

周朴园　也许，也许你弄错了，不过你不妨说说看。

鲁侍萍　这个梅姑娘倒是有一天晚上跳的河，可是不是一个，她手里抱着一个刚生下三天的男孩。听人说她生前是不规矩的。

周朴园　（苦痛）哦！

鲁侍萍　这是个下等人，不很守本分的。听说她跟那时周公馆的少爷有点不清白，生了两个儿子。生了第二个，才过三天，忽然周少爷不要她了，大孩子就放在周公馆，刚生的孩子抱在怀里，在年三十夜里投河死的。

周朴园　（汗涔涔地）哦。

鲁侍萍　她不是小姐，她是无锡周公馆梅妈的女儿，她叫侍萍。

周朴园　（抬起头来）你姓什么？

鲁侍萍　我姓鲁，老爷。

周朴园　（喘出一口气，沉思地）侍萍，侍萍，对了。这个女孩子的尸首，说是有一个穷人见着埋了。你可以打听得她的坟在哪儿么？

鲁侍萍　老爷问这些闲事干什么？

周朴园　这个人跟我们有点亲戚。

鲁侍萍　亲戚？

周朴园　嗯，——我们想把她的坟墓修一修。

鲁侍萍　哦——那用不着了。

周朴园　怎么？

鲁侍萍　这个人现在还活着。

周朴园　（惊愕）什么？

鲁侍萍　她没有死。

周朴园　她还在？不会吧？我看见她河边上的衣服，里面有她的绝命书。

鲁侍萍　不过她被一个慈善的人救活了。

周朴园　哦，救活啦？

鲁侍萍　以后无锡的人是没见着她，以为她那夜晚死了。

周朴园　那么，她呢？

鲁侍萍　一个人在外乡活着。

周朴园　那个小孩呢？

鲁侍萍　也活着。

周朴园　（忽然立起）你是谁？

鲁侍萍　我是这儿四凤的妈，老爷。

周朴园　哦。

鲁侍萍　她现在老了，嫁给一个下等人，又生了个女孩，境况很不好。

周朴园　你知道她现在在哪儿？

鲁侍萍　我前几天还见着她！

周朴园　什么？她就在这儿？此地？

鲁侍萍　嗯，就在此地。

周朴园　哦！

鲁侍萍　老爷，你想见一见她么？

周朴园　不，不，谢谢你。

鲁侍萍　她的命很苦。离开了周家，周家少爷就娶了一位有钱有门第的小姐。她一个单身人，无亲无故，带着一个孩子在外乡什么事都做，讨饭，缝衣服，当老妈，在学校里伺候人。

周朴园　她为什么不再找到周家？

鲁侍萍　大概她是不愿意吧？为着她自己的孩子，她嫁过两次。

周朴园　以后她又嫁过两次？

鲁侍萍　嗯，都是很下等的人。她遇人都很不如意，老爷想帮一帮她么？

周朴园　好，你先下去。让我想一想。

鲁侍萍　老爷，没有事了？（望着朴园，眼泪要涌出）

周朴园　啊，你去告诉四凤，叫她把我樟木箱子里那件旧雨衣拿出来，顺便把那箱子里的几件旧衬衣也拣出来。

鲁侍萍　旧衬衣？

周朴园　你告诉她在我那顶老的箱子里，纺绸的衬衣，没有领子的。

鲁侍萍　老爷那种纺绸衬衣不是一共有五件？您要哪一件？

周朴园　要哪一件？

鲁侍萍　不是有一件，在右袖襟上有个烧破的窟窿，后来用丝线绣成一朵梅花补上的？还有一件，——

周朴园　（惊愕）梅花？

鲁侍萍　旁边还绣着一个萍字。

周朴园　（徐徐立起）哦，你，你，你是——

鲁侍萍　我是从前伺候过老爷的下人。

周朴园　哦，侍萍！（低声）怎么，是你？

鲁侍萍　你自然想不到，侍萍的相貌有一天也会老得连你都不认识了。

周朴园 你——侍萍？（不觉地望望柜上的相片，又望侍萍。）

周朴园 （忽然严厉地）你来干什么？

鲁侍萍 不是我要来的。

周朴园 谁指使你来的？

鲁侍萍 （悲愤）命！不公平的命指使我来的。

周朴园 （冷冷地）三十年的工夫你还是找到这儿来了。

鲁侍萍 （愤怨）我没有找你，我没有找你，我以为你早死了。我今天没想到到这儿来，这是天要我在这儿又碰见你。

周朴园 你可以冷静点。现在你我都是有子女的人，如果你觉得心里有委屈，这么大年纪，我们先可以不必哭哭啼啼的。

鲁侍萍 哼，我的眼泪早哭干了，我没有委屈，我有的是恨，是悔，是三十年一天一天我自己受的苦。你大概已经忘了你做的事了！三十年前，过年三十的晚上我生下你的第二个儿子才三天，你为了要赶紧娶那位有钱有门第的小姐，你们逼着我冒着大雪出去，要我离开你们周家的门。

周朴园 从前的旧恩怨，过了几十年，又何必再提呢？

鲁侍萍 那是因为周大少爷一帆风顺，现在也是社会上的好人物。可是自从我被你们家赶出来以后我没有死成，我把我的母亲可给气死了，我亲生的两个孩子你们家里逼着我留在你们家里。

周朴园 你的第二个孩子你不是已经抱走了么？

鲁侍萍 那是你们老太太看着孩子快死了，才叫我抱走的。（自语）哦，天哪，我觉得我像在做梦。

周朴园 我看过去的事不必再提起来吧。

鲁侍萍 我要提，我要提，我闷了三十年了！你结了婚，就搬了家，我以为这一辈子也见不着你了；谁知道我自己的孩子个个命定要跑到周家来，又做我从前在你们家做过的事。

周朴园 怪不得四凤这样像你。

鲁侍萍 我伺候你，我的孩子再伺候你生的少爷们。这是我的报应，我的报应。

周朴园 你静一静。把脑子放清醒点。你不要以为我的心是死了，你以为一个人做了一件于心不忍的事就会忘了么？你看这些家具都是你从前顶喜欢的东西，多少年我总是留着，为着纪念你。

鲁侍萍 （低头）哦。

周朴园 你的生日——四月十八——每年我总记得。一切都照着你是正式嫁过周家的人看，甚至于你因为生萍儿，受了病，总要关窗户，这些习惯我都保留着，为的是不忘你，弥补我的罪过。

鲁侍萍　（叹一口气）现在我们都是上了年纪的人，这些傻话请你不必说了。

周朴园　那更好了。那么我们可以明明白白地谈一谈。

鲁侍萍　不过我觉得没有什么可谈的。

周朴园　话很多。我看你的性情好像没有大改，——鲁贵像是个很不老实的人。

鲁侍萍　你不要怕。他永远不会知道的。

周朴园　那双方面都好。再有，我要问你的，你自己带走的儿子在哪儿？

鲁侍萍　他在你的矿上做工。

周朴园　我问，他现在在哪儿？

鲁侍萍　就在门房等着见你呢。

周朴园　什么？鲁大海？他！我的儿子？

鲁侍萍　他的脚趾头因为你的不小心，现在还是少一个的。

周朴园　（冷笑）这么说，我自己的骨肉在矿上鼓励罢工，反对我！

鲁侍萍　他跟你现在完完全全是两样的人。

周朴园　（沉静）他还是我的儿子。

鲁侍萍　你不要以为他还会认你做父亲。

周朴园　（忽然）好！痛痛快快地！你现在要多少钱吧？

鲁侍萍　什么？

周朴园　留着你养老。

鲁侍萍　（苦笑）哼，你还以为我是故意来敲诈你，才来的么？

周朴园　也好，我们暂且不提这一层。那么，我先说我的意思。你听着，鲁贵我现在要辞退的，四凤也要回家。不过——

鲁侍萍　你不要怕，你以为我会用这种关系来敲诈你么？你放心，我不会的。大后天我就会带四凤回到我原来的地方。这是一场梦，这地方我绝对不会再住下去。

周朴园　好得很，那么一切路费，用费，都归我担负。

鲁侍萍　什么？

周朴园　这于我的心也安一点。

鲁侍萍　你？（笑）三十年我一个人都过了，现在我反而要你的钱？

周朴园　好，好，好，那么你现在要什么？

鲁侍萍　（停一停）我，我要点东西。

周朴园　什么？说吧？

鲁侍萍　（泪满眼）我——我只要见见我的萍儿。

周朴园　你想见他？

鲁侍萍　嗯，他在哪儿？

周朴园　他现在在楼上陪着他的母亲看病。我叫他，他就可以下来见你。不过是——

鲁侍萍　不过是什么？

周朴园　他很大了。并且他以为他母亲早就死了的。

鲁侍萍　哦，你以为我会哭哭啼啼地叫他认母亲么？我不会那么傻的。我难道不知道这样的母亲只给自己的儿子丢人么？我明白他的地位，他的教育，不容他承认这样的母亲。这些年我也学乖了，我只想看看他，他究竟是我生的孩子。你不要怕，我就是告诉他，白白地增加他的烦恼，他自己也不愿意认我的。

周朴园　那么，我们就这样解决了。我叫他下来，你看一看他，以后鲁家的人永远不许再到周家来。

鲁侍萍　好，希望这一生不至于再见你。

周朴园　（由衣内取出皮夹的支票签好）很好，这是一张五千块钱的支票，你可以先拿去用。算是弥补我一点罪过。

　　　　侍萍接过支票，把它撕碎。

周朴园　侍萍——

鲁侍萍　我这些年的苦不是你那钱就算得清的。

周朴园　可是你——

　　　　〔外面争吵声。鲁大海的声音："放开我，我要进去。"三四个男仆声："不成，不成，老爷睡觉呢。"门外有男仆等与大海的挣扎声。〕

周朴园　（走至中门）来人！（仆人由中门进）谁在吵？

仆　人　就是那个工人鲁大海！他不讲理，非见老爷不可。

周朴园　哦。（沉吟）那你叫他进来吧。等一等，叫人到楼上请大少爷下楼，我有话问他。

仆　人　是，老爷。

　　　　〔仆人由中门下。〕

周朴园　（向侍萍）侍萍，你不要太固执。这一点钱你不收下，将来你会后悔的。

鲁侍萍　（望着他，一句话也不说。）

[仆人领着大海进，大海站在左边，三四个仆人立一旁。]

大　海　（见侍萍）妈，您还在这儿？

周朴园　（打量鲁大海）你叫什么名字？

大　海　（大笑）董事长，您不要向我摆架子，您难道不知道我是谁么？

周朴园　你？我只知道你是罢工闹得最凶的工人代表。

大　海　对了，一点儿也不错，所以才来拜望拜望你。

周朴园　你有什么事吧？

大　海　董事长当然知道我是为什么来的。

周朴园　（摇头）我不知道。

大　海　我们老远从矿上来，今天我又在您府上大门房里从早上六点钟一直等到现在，我就是要问问董事长，对于我们工人的条件，究竟是答应不答应？

周朴园　哦，那么——那么，那三个代表呢？

大　海　我跟你说吧，他们现在正在联络旁的工会呢。

周朴园　哦，——他们没告诉旁的事情么？

大　海　告诉不告诉于你没有关系。——我问你，你的意思，忽而软，忽而硬，究竟是怎么回子事？

[周萍由饭厅上，见有人，即想退回。]

周朴园　（看萍）不要走，萍儿！（视侍萍，侍萍知萍为其子，眼泪汪汪地望着他。）

周　萍　是，爸爸。

周朴园　（指身侧）萍儿，你站在这儿。（向大海）你这么只凭意气是不能交涉事情的。

大　海　哼，你们的手段，我都明白。你们这样拖延时候不就是想去花钱收买少数不要脸的败类，暂时把我们骗在这儿。

周朴园　你的见地也不是没有道理。

大　海　可是你完全错了。我们这次罢工是有团结的，有组织的。我们代表这次来并不是来求你们。你听清楚，不求你们。你们允许就允许；不允许，我们一直罢工到底，我们知道你们不到两个月整个地就要关门的。

周朴园　你以为你们那些代表们，那些领袖们都可靠吗？

大　海　至少比你们只认识洋钱的结合要可靠得多。

周朴园　那么我给你一件东西看。

[朴园在桌上找电报，仆人递给他；此时周冲偷偷由左书房进，在旁偷听。]

周朴园 （给大海电报）这是昨天从矿上来的电报。

大　海 （拿过去看）什么？他们又上工了。（放下电报）不会，不会。

周朴园 矿上的工人已经在昨天早上复工，你当代表的反而不知道么？

大　海 （惊，怒）怎么矿上警察开枪打死三十个工人就白打了么？（又看电报，忽然笑起来）哼，这是假的。你们自己假作的电报来离间我们的。（笑）哼，你们这种卑鄙无赖的行为！

周　萍 （忍不住）你是谁？敢在这儿胡说？

周朴园 萍儿！没有你的话。（低声向大海）你就这样相信你那同来的代表么？

大　海 你不用多说，我明白你这些话的用意。

周朴园 好，那我把那复工的合同给你瞧瞧。

大　海 （笑）你不要骗小孩子，复工的合同没有我们代表的签字是不生效力的。

周朴园 哦，（向仆）合同！（仆由桌上拿合同递他）你看，这是他们三个人签字的合同。

大　海 （看合同）什么？（慢慢地，低声）他们三个人签了字。他们怎么会不告诉我就签了字呢？他们就这样把我不理啦？

周朴园 对了，傻小子，没有经验只会胡喊是不成的。

大　海 那三个代表呢？

周朴园 昨天晚车就回去了。

大　海 （如梦初醒）他们三个就骗了我了，这三个没有骨头的东西，他们就把矿上的工人们卖了。哼，你们这些不要脸的董事长，你们的钱这次又灵了。

周　萍 （怒）你混账！

周朴园 不许多说话。（回头向大海）鲁大海，你现在没有资格跟我说话——矿上已经把你开除了。

大　海 开除了？

周　冲 爸爸，这是不公平的。

周朴园 （向周冲）你少多嘴，出去！（周冲愤然由中门走下）

大　海 哦，好，好。（切齿）你的手段我早就领教过，只要你能弄钱，你什么都做得出来。你叫警察杀了矿上许多工人，你还——

周朴园 你胡说！

鲁侍萍 （至大海前）别说了，走吧。

大　海 哼，你的来历我都知道，你从前在哈尔滨包修江桥，故意在叫江堤出险——

周朴园 （厉声）下去！

　　　[仆人等拉大海，说"走！走！"]

大　海 （对仆人）你们这些混账东西，放开我。我要说，你故意淹死了二千二百个小工，每一个小工的性命你扣三百块钱！姓周的，你发的是绝子绝孙的昧心财！你现在还——

周　萍 （冲到大海面前，重重地打他两个嘴巴。）你这种混账东西！

　　　（大海立刻要还手，但被周宅的仆人们拉住。）

周　萍 打他！

大　海 （向萍高声）你，你！（仆人一起打大海。大海头流血。）

周朴园 （厉声）不要打人！（仆人们停止打大海，仍拉着大海的手。）

大　海 （挣扎）放开我，你们这一群强盗！

周　萍 （向仆人们）把他拉下去！

鲁侍萍 （大哭起来）哦，这真是一群强盗！（走至周萍前，抽咽）你是萍，……凭——凭什么打我的儿子？

周　萍 你是谁？

鲁侍萍 我是你的——你打的这个人的妈。

大　海 妈，别理这东西，您小心吃了他们的亏。

鲁侍萍 （呆呆地看着萍的脸，又大哭起来）大海，走吧，我们走吧！
　　　大海为仆人们拥下，侍萍随下。

【导读】

曹禺（1910—1996），原名万家宝，字小石，祖籍湖北潜江，生于天津一个没落的封建官僚家庭，中国现代杰出的戏剧家，著有《雷雨》、《日出》、《原野》、《北京人》等著名作品，他一生共写过8部剧本。

曹禺在《雷雨》中，描写五四以后一个带有封建性的资产阶级家庭的黑暗生活，以封建家长和资本家周朴园为中心，展开了他所直接和间接造成的各种复杂尖锐的矛盾冲突，揭露了旧中国的家庭和社会的罪恶。

《雷雨》是四幕悲剧（初版本有"序幕"和"尾声"）。它通过周、鲁两个家庭，8个人物，前后30年间复杂的纠葛，写出旧家庭的悲剧和罪恶。在作者看来，这场悲剧和罪恶的制造者正是那些威严体面、道貌岸然的封建阶级和资产阶级。当时作者虽还不能从理论上清楚认识他的人物的阶级属性和特性，但具体描写上，已经接触到了现实阶级关系的某些本质方面。周朴园与侍萍的矛盾分明带有阶级对立的性质，周朴园与鲁大海的冲突，更可看出社会阶级斗争对作者的直接影响。剧本虽然从性爱血缘关系的角度写了一出家庭的悲剧，但客观上也反映出中国半封建半殖民地社会的某些侧面。充满不义和邪恶的旧家庭正是整个旧社会旧制度的缩影。

　　《雷雨》在艺术上达到了很高的成就。作者对旧家庭的生活非常熟悉，对所塑造的人物有着深切的了解，对人物性格的把握相当准确。周朴园的专横伪善、繁漪的乖戾不驯，都给人以鲜明的印象。《雷雨》接受了希腊命运悲剧的影响，洋溢着一种不可名状的悲剧气氛。作者善于把众多的人物纳入统一的情节结构之中，制造出一个又一个紧张的场面和强烈的戏剧冲突，再加上语言的活泼和生动，使《雷雨》获得空前的成功。1935年4月《雷雨》首次在日本东京演出，同年秋在国内上演；从此，《雷雨》成了最受群众欢迎的话剧之一，一直保持旺盛的艺术生命力。

【思考练习题】

1.曹禺的作品很讲究戏剧冲突。周朴园、鲁侍萍、周萍、鲁大海四人之间各是什么关系？他们之间的矛盾，从亲缘关系角度看是什么矛盾？从阶级角度看又是什么关系？

2.剧中人物的语言（也叫"台词"）是交代情节、展开矛盾、刻画人物、表现主题的主要手段，有的台词背后还含有丰富的言外之意。请从周朴园、鲁侍萍、鲁大海的台词中各选几例加以分析，说明他们各是怎样的人。

威尼斯商人（选场）
莎士比亚

　　《威尼斯商人》是莎士比亚早期的重要作品，是一部具有极大讽刺性的喜剧。大约作于1596—1597年。剧本的主题是歌颂仁爱、友谊和爱情，同时也反映了资本主义早期商业资产阶级与高利贷者之间的矛盾，表现了作者对资产阶级社会中金钱、法律和宗教等问题的人文主义思想。这部剧作的一个重要文学成就，就是塑造了夏洛克这一唯利是图、冷酷无情的高利贷者的典型形象。《威尼斯商人》第四幕"法庭"一场是全剧的高潮。剧中情节线索到这里会合，主要人物全部登场；矛盾冲突双方正面交锋，决定了胜负；全剧的两个主要人物——夏洛克和鲍西娅的形象以及全剧的主题思想在这一场都得到充分的表现。

　　　　　威尼斯　　法庭

公爵、众绅士、安东尼奥、巴萨尼奥、葛莱西安诺、萨拉里诺、萨莱尼奥及余人等同上。

公　　　爵　安东尼奥有没有来？

安东尼奥　有，殿下。

公　　爵　我很为你不快乐；你是来跟一个心如铁石的对手当庭质对，一个不懂得怜悯、没有一丝慈悲心的不近人情的恶汉。

安东尼奥　听说殿下曾经用尽力量劝他不要过为已甚，可是他一味坚持，不肯略作让步。既然没有合法的手段可以使我脱离他的怨毒的掌握，我只有用默忍迎受他的愤怒，安心等待着他的残暴的处置。

公　　爵　来人，传那犹太人到庭。

萨拉里诺　他在门口等着；他来了，殿下。

夏洛克上。

公　　爵　大家让开些，让他站在我的面前。夏洛克，人家都以为——我也是这样想——你不过故意装出这一副凶恶的姿态，到了最后关头，就会显出你的仁慈恻隐来，比你现在这种表面上的残酷更加出人意料；现在你虽然坚持着照约处罚，一定要从这个不幸的商人身上割下一磅肉来，到了那时候，你不但愿意放弃这一种处罚，而且因为受到良心上的感动，说不定还会豁免他一部分的欠款。你看他最近接连遭逢的巨大损失，足以使无论怎样富有的商人倾家荡产，即使铁石一样的心肠，从来不知道人类同情的野蛮人，也不能不对他的境遇发生怜悯。犹太人，我们都在等候你一句温和的回答。

夏　洛　克　我的意思已经向殿下告禀过了；我也已经指着我们的圣安息日起誓，一定要照约执行处罚；要是殿下不准许我的请求，那就是蔑视宪章，我要到京城里去上告，要求撤销贵邦的特权。您要是问我为什么不愿接受三千块钱，宁愿拿一块腐烂的臭肉，那我可没有什么理由可以回答您，我只能说我喜欢这样，这是不是一个回答？要是我的屋子里有了耗子，我高兴出一万块钱叫人把它们赶掉，谁管得了我？这不是回答了您吗？有的人不爱看张开嘴的猪，有的人瞧见一头猫就要发脾气，还有人听见人家吹风笛的声音，就忍不住要小便；因为一个人的感情完全受着喜恶的支配，谁也做不了自己的主。现在我就这样回答您：为什么有人受不住一头张开嘴的猪，有人受不住一头有益无害的猫，还有人受不住咿咿唔唔的风笛的声音，这些都是毫

无充分的理由的，只是因为天生的癖性，使他们一受到刺激，就会情不自禁地现出丑相来；所以我不能举什么理由，也不愿举什么理由，除了因为我对于安东尼奥抱着久积的仇恨和深刻的反感，所以才会向他进行这一场对于我自己并没有好处的诉讼。现在您不是已经得到我的回答了吗？

巴萨尼奥　你这冷酷无情的家伙，这样的回答可不能作为你的残忍的辩解。

夏　洛　克　我的回答本来不是为了讨你的欢喜。

巴萨尼奥　难道人们对于他们所不喜欢的东西，都一定要置之死地吗？

夏　洛　克　哪一个人会恨他所不愿意杀死的东西？

巴萨尼奥　初次的冒犯，不应该就引为仇恨。

夏　洛　克　什么！你愿意给毒蛇咬两次吗？

安东尼奥　请你想一想，你现在跟这个犹太人讲理，就像站在海滩上，叫那大海的怒涛减低它的奔腾的威力，责问豺狼为什么害母羊为了失去它的羔羊而哀啼，或是叫那山上的松柏，在受到天风吹拂的时候，不要摇头摆脑，发出谡谡的声音。要是你能够叫这个犹太人的心变软——世上还有什么东西比它更硬呢？——那么还有什么难事不可以做到？所以我请你不用再跟他商量什么条件，也不用替我想什么办法，让我爽爽快快受到判决，满足这犹太人的心愿吧。

巴萨尼奥　借了你三千块钱，现在拿六千块钱还你好不好？

夏　洛　克　即使这六千块钱中间的每一块钱都可以分做六份，每一份都可以变成一块钱，我也不要它们；我只要照约处罚。

公　　　爵　你这样一点没有慈悲之心，将来怎么能够希望人家对你慈悲呢？

夏　洛　克　我又不干错事，怕什么刑罚？你们买了许多奴隶，把他们当作驴狗骡马一样看待，叫他们做种种卑贱的工作，因为他们是你们出钱买来的。我可不可以对你们说，让他们自由，叫他们跟你们的子女结婚？为什么他们要在重担之下流着血汗？让他们的床铺得跟你们的床同样柔软，让他们的舌头也尝尝你们所吃的东西吧，你们会回答说："这些奴隶是我们所有的。"所以我也可以回答你们：我向他要求的这一磅肉，是我出了很大的代价买来的；它是属于我的，我一定要把它拿到手里。您要是拒绝了我，那么你们的法律去见鬼吧！威尼斯城的法令等于一纸空文。我现在等候着判决，请快些回答我，我可不可以拿到这一磅肉？

公　　　爵　我已经差人去请培拉里奥，一位有学问的博士，来替我们审判这件案子；要是他今天不来，我可以有权宣布延期判决。

萨 拉 里 诺　殿下，外面有一个使者刚从帕度亚来，带着这位博士的书信，等候着殿下的召唤。

公　　　爵　把信拿来给我；叫那使者进来。

巴 萨 尼 奥　高兴起来吧，安东尼奥！喂，老兄，不要灰心！这犹太人可以把我的肉、我的血、我的骨头、我的一切都拿去，可是我决不让你为了我的缘故流一滴血。

安 东 尼 奥　我是羊群里一头不中用的病羊，死是我的应分；最软弱的果子最先落到地上，让我也就这样结束了我的一生吧。巴萨尼奥，我只要你活下去，将来替我写一篇墓志铭，那你就是做了再好不过的事。

尼莉莎扮律师书记上。

公　　　爵　你是从帕度亚培拉里奥那里来的吗？

尼 莉 莎　是，殿下。培拉里奥叫我向殿下致意。（呈上一信。）

巴 萨 尼 奥　你这样使劲儿磨着刀干吗？

夏 洛 克　从那破产的家伙身上割下那磅肉来。

葛莱西安诺　狠心的犹太人，你不是在鞋口上磨刀，你这把刀是放在你的心口上磨；无论哪种铁器，就连刽子手的钢刀，都赶不上你这刻毒的心肠一半的锋利。难道什么恳求都不能打动你吗？

夏 洛 克　不能，无论你说得多么婉转动听，都没有用。

葛莱西安诺　万恶不赦的狗，看你死后不下地狱！让你这种东西活在世上，真是公道不生眼睛。你简直使我的信仰发生摇动，相信起毕达哥拉斯所说畜生的灵魂可以转生人体的议论来了；你的前生一定是一头豺狼，因为吃了人给人捉住吊死，它那凶恶的灵魂就从绞架上逃了出来，钻进了你那老娘的腌臜的胎里，因为你的性情正像豺狼一样残暴贪婪。

夏 洛 克　除非你能够把我这一张契约上的印章骂掉，否则像你这样拉开了喉咙直嚷，不过白白伤了你的肺，何苦来呢？好兄弟，我劝你还是让你的脑子休息一下吧，免得它损坏了，将来无法收拾。我在这儿要求法律的裁判。

公　　爵　培拉里奥在这封信上介绍一位年轻有学问的博士出席我们的法庭。他在什么地方？

尼　莉　莎　他就在这儿附近等着您的答复，不知道殿下准不准许他进来？

公　　爵　非常欢迎。来，你们去三四个人，恭恭敬敬领他到这儿来。现在让我们把培拉里奥的来信当庭宣读。

书　　记　（读）"尊翰到时，鄙人抱疾方剧；适有一青年博士鲍尔萨泽君自罗马来此，致其慰问，因与详讨犹太人与安东尼奥一案，遍稽群籍，折衷是非，遂恳其为鄙人庖代，以应殿下之召。凡鄙人对此案所具意见，此君已深悉无遗；其学问才识，虽穷极赞辞，亦不足道其万一，务希勿以其年少而忽之，盖如此少年老成之士，实鄙人生平所仅见也。倘蒙延纳，必能不辱使命。敬祈钧裁。"

公　　爵　你们已经听到了博学的培拉里奥的来信。这儿来的大概就是那位博士了。

鲍西娅扮律师上。

公　　爵　把您的手给我。足下是从培拉里奥老前辈那儿来的吗？

鲍　西　娅　正是，殿下。

公　　爵　欢迎，欢迎；请上坐。您有没有明了今天我们在这儿审理的这件案子的两方面的争点？

鲍　西　娅　我对于这件案子的详细情形已经完全知道了。这儿哪一个是那商人，哪一个是犹太人？

公　　爵　安东尼奥，夏洛克，你们两人都上来。

鲍　西　娅　你的名字就叫夏洛克吗？

夏　洛　克　夏洛克是我的名字。

鲍　西　娅　你这场官司打得倒也奇怪，可是按照威尼斯的法律，你的控诉是可以成立的。（向安东尼奥）你的生死现在操在他的手里，是不是？

安东尼奥　他是这样说的。

鲍　西　娅　你承认这借约吗？

安东尼奥　我承认。

鲍　西　娅　那么犹太人应该慈悲一点。

夏　洛　克　为什么我应该慈悲一点？把您的理由告诉我。

鲍　西　娅	慈悲不是出于勉强，它是像甘霖一样从天上降下尘世；它不但给幸福于受施的人，也同样给幸福于施与的人；它有超乎一切的无上威力，比皇冠更足以显出一个帝王的高贵：御杖不过象征着俗世的威权，使人民对于君上的尊严凛然生畏；慈悲的力量却高出于权力之上，它深藏在帝王的内心，是一种属于上帝的德性，执法的人倘能把慈悲调剂着公道，人间的权力就和上帝的神力没有差别。所以，犹太人，虽然你所要求的是公道，可是请你想一想，要是真的按照公道执行起赏罚来，谁也没有死后得救的希望；我们既然祈祷着上帝的慈悲，就应该按照祈祷的指点，自己做一些慈悲的事。我说了这一番话，为的是希望你能够从你的法律的立场上作几分让步；可是如果你坚持着原来的要求，那么威尼斯的法庭是执法无私的，只好把那商人宣判定罪了。
夏　洛　克	我自己做的事，我自己当！我只要求法律允许我照约执行处罚。
鲍　西　娅	他是不是无力偿还这笔借款？
巴萨尼奥	不，我愿意替他当庭还清；照原数加倍也可以；要是这样他还不满足，那么我愿意签署契约，还他十倍的数目，拿我的手、我的头、我的心做抵押；要是这样还不能使他满足，那就是存心害人，不顾天理了。请堂上运用权力，把法律稍为变通一下，犯一次小小的错误，干一件大大的功德，别让这个残忍的恶魔逞他杀人的兽欲。
鲍　西　娅	那可不行，在威尼斯谁也没有权力变更既成的法律；要是开了这一个恶例，以后谁都可以借口有例可援，什么坏事情都可以干了。这是不行的。
夏　洛　克	一个但尼尔来做法官了！真的是但尼尔再世！聪明的青年法官啊，我真佩服你！
鲍　西　娅	请你让我瞧一瞧那借约。
夏　洛　克	在这儿，可尊敬的博士；请看吧。
鲍　西　娅	夏洛克，他们愿意出三倍的钱还你呢。
夏　洛　克	不行，不行，我已经对天发过誓啦，难道我可以让我的灵魂背上毁誓的罪名吗？不，把整个儿的威尼斯给我，我都不能答应。

鲍 西 娅	好，那么就应该照约处罚；根据法律，这犹太人有权要求从这商人的胸口割下一磅肉来。还是慈悲一点，把三倍原数的钱拿去，让我撕了这张约吧。
夏 洛 克	等他按照约中所载条款受罚以后，再撕不迟。您瞧上去像是一个很好的法官；您懂得法律，您讲的话也很有道理，不愧是法律界的中流砥柱，所以现在我就用法律的名义，请您立刻进行宣判，凭着我的灵魂起誓，谁也不能用他的口舌改变我的决心。我现在但等着执行原约。
安 东 尼 奥	我也诚心请求堂上从速宣判。
鲍 西 娅	好，那么就是这样：你必须准备让他的刀子刺进你的胸膛。
夏 洛 克	啊，尊严的法官！好一位优秀的青年！
鲍 西 娅	因为这约上所订定的惩罚，对于法律条文的涵义并无抵触。
夏 洛 克	很对很对！啊，聪明正直的法官！想不到你瞧上去这样年轻，见识却这么老练！
鲍 西 娅	所以你应该把你的胸膛袒露出来。
夏 洛 克	对了，"他的胸部"，约上是这么说的；——不是吗，尊严的法官？——"附近心口的所在"，约上写得明明白白的。
鲍 西 娅	不错，称肉的天平有没有预备好？
夏 洛 克	我已经带来了。
鲍 西 娅	夏洛克，去请一位外科医生来替他堵住伤口，费用归你负担，免得他流血而死。
夏 洛 克	约上有这样的规定吗？
鲍 西 娅	约上并没有这样的规定；可是那又有什么相干呢？肯做一件好事总是好的。
夏 洛 克	我找不到；约上没有这一条。
鲍 西 娅	商人，你还有什么话说吗？
安 东 尼 奥	我没有多少话要说；我已经准备好了。把你的手给我，巴萨尼奥，再会吧！不要因为我为了你的缘故遭到这种结局而悲伤，因为命运对我已经特别照顾了：她往往让一个不幸的人在家产荡尽以后继续活下去，用他凹陷的眼睛和满是皱纹的额角去挨受贫困的暮年；这一种拖延时日的刑罚，她已经把我豁免了。替我向尊夫人致意，告诉她安东尼奥的结局；对她说我怎样爱你，又怎样从容就死；等到你把这一段故事讲完以后，再请她判断一句，巴萨尼奥是

不是曾经有过一个真心爱他的朋友。不要因为你将要失去一个朋友而懊恨，替你还债的人是死而无怨的；只要那犹太人的刀刺得深一点，我就可以在一刹那的时间把那笔债完全还清。

巴萨尼奥　安东尼奥，我爱我的妻子，就像我自己的生命一样；可是我的生命、我的妻子以及整个的世界，在我的眼中都不比你的生命更为贵重；我愿意丧失一切，把它们献给这恶魔做牺牲，来救出你的生命。

鲍　西　娅　尊夫人要是就在这儿听见您说这样话，恐怕不见得会感谢您吧。

葛莱西安诺　我有一个妻子，我可以发誓我是爱她的；可是我希望她马上归天，好去求告上帝改变这恶狗一样的犹太人的心。

尼　莉　莎　幸亏尊驾在她的背后说这样的话，否则府上一定要吵得鸡犬不宁了。

夏　洛　克　这些便是相信基督教的丈夫！我有一个女儿，我宁愿她嫁给强盗的子孙，不愿她嫁给一个基督徒，别再浪费光阴了；请快些儿宣判吧。

鲍　西　娅　那商人身上的一磅肉是你的；法庭判给你，法律许可你。

夏　洛　克　公平正直的法官！

鲍　西　娅　你必须从他的胸前割下这磅肉来；法律许可你，法庭判给你。

夏　洛　克　博学多才的法官！判得好！来，预备！

鲍　西　娅　且慢，还有别的话哩。这约上并没有允许你取他的一滴血，只是写明着"一磅肉"；所以你可以照约拿一磅肉去，可是在割肉的时候，要是流下一滴基督徒的血，你的土地财产，按照威尼斯的法律，就要全部充公。

葛莱西安诺　啊，公平正直的法官！听着，犹太人；啊，博学多才的法官！

夏　洛　克　法律上是这样说吗？

鲍　西　娅　你自己可以去查查明白。既然你要求公道，我就给你公道，而且比你所要求的更地道。

葛莱西安诺　啊，博学多才的法官！听着，犹太人；好一个博学多才的法官！

夏　洛　克　那么我愿意接受还款；照约上的数目三倍还我，放了那基督徒。

巴萨尼奥　钱在这儿。

鲍　西　娅　别忙！这犹太人必须得到绝对的公道。别忙！他除了照约处罚以外，不能接受其他的赔偿。

葛莱西安诺　啊，犹太人！一个公平正直的法官，一个博学多才的法官！

鲍　西　娅　所以你准备着动手割肉吧。不准流一滴血，也不准割得超过或是不足一磅的重量；要是你割下来的肉，比一磅略微轻一点或是重一点，即使相差只有一丝一毫，或者仅仅一根汗毛之微，就要把你抵命，你的财产全部充公。

葛莱西安诺　一个再世的但尼尔，一个但尼尔，犹太人！现在你可掉在我的手里了，你这异教徒！

鲍　西　娅　那犹太人为什么还不动手？

夏　洛　克　把我的本钱还我，放我去吧。

巴萨尼奥　钱我已经预备好在这儿，你拿去吧。

鲍　西　娅　他已经当庭拒绝过了；我们现在只能给他公道，让他履行原约。

葛莱西安诺　好一个但尼尔，一个再世的但尼尔！谢谢你，犹太人，你教会我说这句话。

夏　洛　克　难道我单单拿回我的本钱都不成吗？

鲍　西　娅　犹太人，除了冒着你自己生命的危险割下那一磅肉以外，你不能拿一个钱。

夏　洛　克　好，那么魔鬼保佑他去享用吧！我不打这场官司了。

鲍　西　娅　等一等，犹太人，法律上还有一点牵涉你。威尼斯的法律规定：凡是一个异邦人企图用直接或间接手段，谋害任何公民，查明确有实据者，他的财产的半数应当归受害的一方所有，其余的半数没入公库，犯罪者的生命悉听公爵处置，他人不得过问。你现在刚巧陷入这一条法网，因为根据事实的发展，已经足以证明你确有运用直接间接手段，危害被告生命的企图，所以你已经遭逢着我刚才所说起的那种危险了。快快跪下来，请公爵开恩吧。

葛莱西安诺　求公爵开恩，让你自己去寻死吧；可是你的财产现在充了公，一根绳子也买不起啦，所以还是要让公家破费把你吊死。

公　　爵　让你瞧瞧我们基督徒的精神，你虽然没有向我开口，我自动饶恕了你的死罪。你的财产一半划归安东尼奥，还有一半没入公库；要是你能够诚心悔过，也许还可以减处你一笔较轻的罚款。

鲍　西　娅　这是说没入公库的一部分，不是说划归安东尼奥的一部分。

夏　洛　克　不，把我的生命连着财产一起拿了去吧，我不要你们的宽恕。你们拿掉了支撑房子的柱子，就是拆了我的房子；你们夺去了我的养家活命的根本，就是活活要了我的命。

【导读】

　　《威尼斯商人》第四幕"法庭"一场是全剧的高潮。这场戏围绕着要不要"照约执行处罚"展开戏剧冲突。剧中情节线索到这里会合，主要人物全部登场；矛盾冲突双方正面交锋，决定了胜负；全剧的两个主要人物——夏洛克和鲍西娅的形象以及全剧的主题思想在这一场都得到充分的表现。这场戏以鲍西娅上场为转机，分前后两半，前半场主要是夏洛克的戏，后半场主要是鲍西娅的戏。莎士比亚精心设计的这场戏，以其扣人心弦的情节，合情合理地展示了人物形象及矛盾冲突。马克思和恩格斯曾赞扬过莎士比亚戏剧情节的生动性和丰富性。从"法庭"一场来看，它写法庭审判，并没有曲折离奇的情节，但在莎士比亚的笔下，却把这场戏写得波澜起伏，引人入胜，有很强的艺术魅力。作者运用层层铺垫的手法，推波助澜，将矛盾的双方推向白热化，然后奇峰突起，使剧情急转直下。这种大开大合、曲折有致的情节安排，显示了莎士比亚杰出的戏剧才能。

【课后练习题】

1.仔细阅读课文，把握全篇的戏剧情节。说说鲍西娅是在什么情况下出场，又是怎样解决这场冲突的，从中可以看出她怎样的性格特点？

2.《威尼斯商人》既是一部话剧又是诗剧，语言既富于个性化又生动优美，文采斐然。试从课文中找出一些片段，反复朗读，细心体会。

3.外国文学的人物画廊中，一般被认为有著名的四大吝啬鬼，他们是法国戏剧家莫里哀笔下的阿巴贡，法国小说家巴尔扎克笔下的葛朗台，俄国作家果戈里笔下的泼留希金，还有一位是本文中的夏洛克。课外了解这几个人物形象，说说他们吝啬的表现各有什么不一样。

【阅读篇目】

1.曹禺《日出》

2.莎士比亚《哈姆雷特》

3.易卜生《玩偶之家》

第二编　职业素养

第一单元　汉字书写

【单元说明】

正确规范地书写汉字是大学生必备的一项基本素质，但随着科技的日益发达，人们已习惯了电脑打字，汉字书写能力逐步下降。本单元明确了当代大学生在汉字书写方面的问题，使之树立规范书写汉字的意识。通过对书写姿势及重要笔画的讲解，使学生能够正确规范地书写汉字。

【教学目标】

1. 明确大学生汉字书写方面存在的问题。
2. 培养大学生规范汉字书写的意识。
3. 使大学生掌握汉字的规范和标准。

【技能目标】

1. 熟记汉字书写的基本知识。
2. 能够规范书写汉字。

【材料】

<h1 style="text-align:center">大学生汉字书写状况不容乐观</h1>

曲慕娴　刘晓航

全国政协常委苏士澍曾提出"使用电脑打字代替汉字手写，传统书写技能有被完全替代的趋势"的质疑。正如这位政协常委所说，大学生汉字书写能力正在下降。记者在最近举行的几次招聘会中了解到，越来越多的企业开始关注应聘者的汉字书写能力。用人单位认为：应聘者的书写能力差，对成功入选造成一定阻碍。随着电脑的不断发展，键盘逐渐代替了钢笔，打字逐渐代替了书写。但是对于中华传统的汉字，我们是否有必要写好，并且该怎样写好？为了解当代大学生对汉字书写的态度，记者对来自计算机、外国语、数学以及中文四个学院的40名学生进行了一次问卷调查。汉语言文学院大一的张同学这学期买了一台电脑，除了上课、吃饭、睡觉，他几乎每时每刻都泡在网上。"没电脑之前还写几个字，有了电脑，就很少写字了。开学两周了，只动笔记过一个人名，还是因为刚起床，电脑没打开。现在我的通讯簿、笔记什么的都存在电脑里。"张同学告诉记者。

如今大学里电脑正在逐步普及，写字变成了打字，写日记变成了发博客，写信变成了聊QQ，毕业论文清一色都是打印的。而据调查统计，人均周写字量只有20！

政法学院的王同学说："三年前我还经常写信，但因为电脑速度快，即时性也高，所以就不写信了。以前很难的字都能写出来，现在就是很简单的字有时也会忘记。"

像王同学这样长期使用电脑的人很容易得"电脑失写症"，即提笔忘字。一位大四的学姐说："如果不用拼音打一遍，还真不知道里脊肉的脊怎么写，辣椒的辣怎么看都像写反了。"电脑的过度使用不仅使人提笔忘字，还使大学生写出来的字越来

第二编　职业素养

069

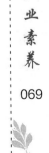

难看。

而另一位长期用电脑的同学表示"现在都不知道拿笔是什么滋味"，他说："有时都不好意思写自己的名字，因为写得太难看了。"

对大学生书写能力差的现状，一些老师也无奈地表示，每年都会检出十来份"疑难卷"，不是因为"字写得太潦草"，就是因为"错别字太多"。

长期跟汉字的"疏远"使不少人的汉字应用能力也出现下滑。经常编辑学生稿件的曾老师对此感受很深："不但是理科生，文科同学的错别字现在也很多。一位文学院的女生文章在改了三遍后还能找出十个错别字，真不知道如果她将来当了老师，会怎么教她的学生。"

一些同学从小就受父母功利思想的灌输，他们认为学好英语、学好数理化最重要，字写得好坏并不影响升学。而如今到了大学，计算机有二级证、三级证，英语有四级证、六级证，却没听过汉字书写也有考级的说法。也许他们没有想到这种片面的思想会给他们造成多大影响。不过也有同学对汉字书写表达了他们的关注。"电脑发展影响写字水平，我看是一个借口。"汉语言文学院书法协会会长王晓对记者说。他爽朗的笑容、直率的性格和那刚劲的字体很好得诠释了"字如其人"的含义。他继续说"我也经常用电脑打字，但如果有时间我就会拿出笔和纸练一会儿，大一那年每天晚上都要练上半小时左右，出于对汉字的热爱，我并没有把练字当成一种负担。"其实练字不仅可以写好字以至于在将来的考试或应聘中取得优势，它也是修身养性的一种好方法，可以缓解压力，放松心情。在学习和工作竞争如此激烈的今天，练练字也是一剂解放身心的良药。手写字很土？据对四个学院同学的调查显示，所有同学都认为"写字很重要"，其中85%的人认为"字如其人"，50%的人认为汉字是中华民族的传统文化，应该继承发扬。虽然大家的思想觉悟很高，但汉字却还是"热"不起来。

刚在一家国企找到工作的王某说："现在凡事都得讲个大环境。人家都在用电脑传文件，就你还在用笔抄文件，不是各色吗？"她接着说，"我们在一起都会比较谁的电脑配置好，外形漂亮，如果谁还在写字，就会觉得他很土。"的确，电脑代表信息化时代，但是并不是说就要取代"笔时代"了。电脑与手写本没有冲突，只是看人们如何来对待这个问题。

也有不少在校生抱着一种实用的心态，"我们只是觉得写字没用。像英语四六级，计算机等级考试都是必过的，但没有说谁写字不好就不能就业的。"一位计算机系的大一女生讲到，"而且现在英语四级网上答题正在搞试点，说不定以后所有的考试都实行网上阅卷呢！"

一位理科老师也讲道："我觉得课程设置也是一个原因。我们系的课，除了专业课就是英语，学了英语反倒不学汉语，这是不是有点滑稽？"

在写字被社会忽略的大环境下，政府的引导就显得至关重要。像日本有八千万支手机，其中三分之二可传输汉字短信，日本青年人为了发短信拼命学汉字。而韩国的多位前总理联名上书现任总统李明博，要求在小学实施汉字教育。但我国似乎有点"意识缺失"，一位考研的同学愤慨地说，"为什么考研的英语水平要求那么高，对汉语却几乎没有要求呢？"

写字是一种爱国行为，苏士澍委员提议师范类院校广泛设立书法专业，综合类大学艺术院系必须开设书法专业。国家语委已经开始设立"汉字书写等级考试"，对大中小学生都将有不同标准性的要求，而且每人"必过"。武汉科技大学中南分校率先将写字纳入考试范围，并记学分。从整个国家的角度看，书写从来没有被这样强调过，不知是该喜还是该悲。可不论怎样，高校和政府毕竟已经重视起来了，书写也已经出现了回暖的趋势。

不仅如此，社会也开始重视汉字的书写和素质的联系。在前不久在我校刚刚结束师范生招聘会上，面对清一色的"打印简历"，用人单位的一位老师要求应聘者当场书写一份个人简历。他说："我一直相信字是一个人性格的体现。这次面试，我们会优先录取那些字写得好的同学。"

汉语言文学院的吕永进老师也提出了自己的建议："可以在学院楼里展示一些比较好的书法，展示爱好书法老师和字写得比较好同学的作品，这至少可以营造一种好的氛围，提高同学们汉字书写的意识，让他们知道，写字不仅仅是为了写字。"

是的，写字不仅仅是为了写字，更是一种爱国的行为。汉语言的曲同学如是说："汉字流传了千年，早已脱离了单纯的传递信息的手段和职能，而是上升为文化传承的意识，国家的财富。如果我们不加以保护而任其灭绝，以其为载体的中华文化也将面临着重大考验。"

对于有些同学经常抱怨时间少、学习忙，没时间练字，汉语言文学院的吕永进老师说："时间不是问题，作为一个大三的学生，在不影响学习的情况下，每天可以拿出半小时的时间练字，那么对于大一、大二的学生时间就更不成问题了。"他还告诉记者，"如果觉得自己的字体不够好，可以买一本字帖，这对练出一手好字是很有帮助的。"

【说明】

这段文字说明在当今这个现代化的社会里，人们普遍忽视了汉字的书写，提笔忘字、书写不规范，甚至有的人忘记了拿笔的姿势。文字书写能力是最基本的能力之一，对大学生而言无论是在学习还是在今后的工作中都有重要意义。

第一节　正确的书写姿势与执笔方法

写好汉字首先要从正确的姿势开始。王羲之的启蒙老师卫夫人说过"凡学书字，先学执笔"。正确的执笔是写好汉字的一个关键，正确的书写姿势不仅能减少疲劳，保护视力，保障身心健康，而且能端正学习态度，"写字如做人"，正确的书写姿势是写好汉字的前提。

硬笔书写的姿势，多以坐势为常见。要求头正，身直，脚平，胸挺，两肘平放，视线一尺，左手按纸，右手书写，力求自然。

头正，是指头要放正，微微下低，不要歪斜。

身正，是指上身挺直，臀位略往后坐，身子略向前倾。

脚平，是指双脚膝盖弯曲，脚掌平行落地。

胸挺，是指前胸挺起，胸部与桌子离开一拳。

两肘平放，是指两肘同时弯曲，平放于桌面之上。

视线一尺，是指眼睛与笔尖的视线保持一尺的距离。左手按纸，右手书写，是指用左手轻轻按住书写用纸，不使纸张上下左右移动，以便于右手书写。

力求自然，是指在个人生理情况的基础上，按照上述要求，做到姿势自然，筋脉放松，不宜拘谨，避免刻板。

执笔方法的正确与否，直接关系到工具使用得得当与否，它与笔法有着密切的联系。

1."三指虎口"执笔法

所谓"三指虎口"执笔法，即以大拇指第一关节和食指第一关节的前端，从左右两面夹住笔杆；以中指第一关节的侧面，从下往上抵住笔杆（三个手指在笔杆上的高低位置应基本一致）；笔杆的尾部靠在虎口上。无名指和小指不触及笔杆，但须紧抵中指，五个手指均向手心微微弯曲，切忌紧握拳头，要做到指实，掌虚。虎口处能见到一对"凤眼"。

2.执笔角度与执笔高低的关系

执笔角度的大小及执笔部位的高低，与笔画的粗细有关（圆珠笔例外，因为圆珠笔笔尖是一颗360度的圆球，任何角度书写时，只要轻重不变，粗细都是一样的）。当笔杆以不同角度倾斜于纸面时，笔尖接触纸面的部分便随之增大或减小，从而产生笔画粗细的效果。

执笔的角度通常以45度左右为宜，执笔的高低随执笔角度而定。执笔高，角度小，书写范围大，笔画粗；执笔低，角度大，书写范围小，笔画细。当然，执笔的高低还应视笔杆粗细和手的大小而定，笔杆细或手小，则可略低，笔杆粗或手大则可略高。但无论笔杆的粗细、手的大小、执笔的或高或低，其执笔角度一般应保持在45度左右。

3.轻重缓急与粗细变化的关系

笔画的粗细变化，除了与执笔角度有关系之外，还有赖于用笔时的轻重缓急。在执笔角度和高低相同的情况下，若用力不同，快慢有别，笔画便能产生不同的粗细效果，甚至达到中和的效果。执笔要强调角度与高低，用笔须讲究轻重与缓急，两者相辅相成，缺一不可。

第二节　硬笔楷书的书写

钢笔楷书的基本笔画主要有点、横、竖、钩、挑、撇、捺、折等。它们是构成楷书的基本要素，因此，我们要准确地掌握其表现手法。

汉字的特点是由笔画组成，笔画是构成汉字的最小结构单位。钢笔楷书的笔画以单线条为其表现形式。由于汉字结构的千变万化，不同的笔画表现的线条形态不同，同一种笔画在不同字的结构中又表现为不同形态的线条。概括起来，主要有以下特点。

（1）直与弧　一般横、竖为直；撇、捺、钩为弧。书写时，做到直如线，弧如弓，直而不僵、弧而不弱。

（2）弯与折　一般带有弯的笔画，如竖弯、竖弯钩的弯处为弯；折画的折处为折。书写时，弯处要圆转，用提笔；折处要折中带圆，用顿笔。做到弯而不软，折而无死角。

（3）长与短　这是笔画之间相比较而言的，是由于字的结构需要决定的。如长横相对短横为长，短横相对长横为短；长竖相对短竖为长，短竖相对长竖为短；长撇与短撇也是同理。等等。

（4）粗与细　这也是笔画之间相比较而言的，是因笔尖用力大小不同而形成的。如横、竖下笔和收笔较重，线条粗；行笔较轻、线条较细、带有尖状的笔画，如撇、钩、捺、提画的下笔和行笔较重，线条较粗，收笔时（捺画的下笔处）用提笔，线条细、出尖。

（5）斜与正　这是指汉字笔画形态的可变性。同一种笔画在不同结构类型的字中形态会发生一些变化，以求得结构的平稳。比如撇画，在"人"字中写成斜撇，而在"月"字中就要写成竖撇；横画在"上"字中要平，而在"七"字中就要写成左低右高的斜横。这样"七"字的笔画才均匀，重心才平稳。

上述笔画的这些特点，反映了钢笔楷书线条的丰富性、可变性，从不同的角度体现了汉字笔画线条的动态美和力度美，为钢笔书法的艺术创作奠定了基础。

第三节　笔画书写

一、点

点，在字中就像人的眼睛，是神采的体现，具有一定的装饰作用。点可以分布在一个字的各个部位，可以说是汉字中变化最多的笔画。无论哪一种点，都要注意厚实有力，沉着雄浑，笔画小，运笔速度可稍快。在一个字中，点与其他部件一般是分离关系。各种点的写法是一样的，只有大小、方向不同而已。

点的种类划分很多，这里我们把钢笔楷书的点分为右点、左点、长点三种，其他形态的点可以由此举一反三。

1.右点（又称侧点）

（1）写法要点　下笔较轻，然后渐重，向右下侧顿笔，最后向左下方回锋收笔。

（2）病笔　下笔重或轻重不分，收笔向左下方钩出或竹节式。

2.左点（又称垂点）

（1）写法要点　下笔较轻，逐渐由轻到重向左下方按笔，最后顿笔向上挑呈回锋收笔。

（2）病笔　轻重不分，取势不当，出现短竖式或对钩式。

3.长点（近于反捺）

（1）写法要点　起笔写法与右点相同，只是中间部分行笔用力并向右下方侧锋按笔，使笔画逐渐加粗，整体取势略呈弧形。

（2）病笔　收笔向左出锋，整体取势过大。

二、横

钢笔楷书的横画主要有两种，即长横和短横。长横与短横的划分没有绝对标准，主要根据字的整体结构的需要和变化来决定横画的长短。

1.长横

（1）写法要点　向右下呈45度角轻落笔，然后轻提并均匀行驶，行笔接近右端时，边行笔边逐渐加力按笔，接近终端，略向右下方顿笔回锋。长横的运笔应是两端略重而缓，中间稍轻而快，其笔势应是两端略粗，中间稍细略微向上呈拱状。

（2）病笔　下笔、收笔轻重不分出现木棍式；下笔、收笔只注意顿笔，而中间行笔轻浮出现柴担式；取拱势过大出现凸式。

2.短横

（1）写法要点　短横一般写成左轻右重的左尖横，并且向右上取势，有的向右上取斜势更大，如"尧"等。写法是下笔稍轻，然后向右上方行笔，逐渐加力按笔，使笔画均匀加粗至终端轻顿回锋收笔。

（2）病笔　下笔轻重出现右尖横；下笔、收笔轻重一致出现木节式；过于平直显得呆板。

三、竖

钢笔字的竖画主要有悬针、垂露和短竖三种，凡竖画在左旁者用"垂露竖"，而绝不可用"悬针竖"；凡一个字最后一笔是竖画的用"悬针竖"，根据字的需要也可写成"垂露竖"，如"甲"；凡下用横托的中间之竖或有"曰"下旁的两端竖用短竖，形体一般短粗，用在字中间且带横托的短竖要略呈右弓状。短竖一般不垂直，而"悬针竖"、"垂露竖"必须垂直，且挺拔有力。短竖在汉字结构中分布的位置不同，所以，它的形态各异，在书写时必须注意因字取势，切忌千字一面。

1.悬针竖

（1）写法要点　起笔右侧式顿笔，然后稍微提笔顺势下行，中间蓄势，再快速出锋呈悬针状。整个笔画要求写得圆满丰润，露锋不宜过长过细。

（2）病笔　下笔不顿笔，中间用力，出锋较快，出现粗肚尖头状；顿笔后，提笔下行过快，露锋过长形成鼠尾状；均匀用力，起笔、收笔不分，出现木棍状。

2.垂露竖

（1）写法要点　起笔与"悬针竖"相同，行笔至中间用力稍轻，使中间部分略微

细一些，行笔到下端后稍用力顿笔回锋收笔，切记"垂露竖"要写得挺拔有力。

（2）病笔　起笔顿笔过重，形成针头式；回锋方向向左上，出现钩状，失去了"垂露竖"的含蓄。

3.短竖

短竖形状很多，归结起来有三种：尖垂露，多用于字的左边，其形态是下部向字心倾斜，如"里"字的第一笔；短中竖，多用于字的中间部位，如"志"；短垂露竖，其形态是下部稍左倾斜，多用于字的右边，如"山"。

（1）写法要点　尖垂露起笔较轻，边向右微倾边行笔，笔画由细到粗，至终端回锋收笔。短中竖与垂露竖起笔相同，但收笔不回锋，要求形短体壮，或略右弓形。短垂露竖起笔、收笔与垂露竖相同，只是下部向左略微倾斜，且粗壮有力。

（2）病笔　起笔取势过大形如拐棍；或斜直倾向，显得生硬。

四、撇

撇的种类大体分为直撇与弧撇两类。由于撇的斜度、长度与弧度不同，而产生了各种形态不同的撇法，名称因形而定。归纳起来主要有四种，即短撇、平撇、斜撇、竖撇。书写撇画时要求取势准确、运笔明快、柔中有刚、干净利落。

1.短撇（又称短直撇）

（1）写法要点　起笔稍重，从右上向左下，顿笔后迅速向左下撇出，运笔明快锋利，要求快而有节，犹如飞鸟啄食，以疾取胜。

（2）病笔　顿笔后行笔而无节形成鼠尾；顿笔后行笔拖拉形成斜棍。

2.平撇

（1）写法要点　落笔稍顿，顺势向左方掠出，行笔比短撇缓，画末尾如剑锋锐利。

（2）病笔　取势不当，中间行笔轻浮出现钉头；或者行笔快而无节出现鼠尾。

3.斜撇（又称长撇）

（1）写法要点　轻笔起笔或稍顿起笔，然后顺势向左下方缓行蓄势，最后迅速提笔出锋，整个笔画中间部分略向右下弓。要求力送笔尖，以轻疾取胜。

（2）病笔　运笔过于僵死出现僵直笔画；出锋弯曲无力，未能力到笔端。

4.竖撇

（1）写法要点　竖撇取势较直，轻斜顿，顺势向下缓行蓄势，然后圆转向左迅速掠过，整个笔画成竖弧形，撇尾要饱满潇洒。

（2）病笔　撇下部转弯过于僵硬，出现明显转折或过于轻飘或软而无力。

五、捺

捺有斜捺、平捺和反捺三种，斜捺据字的需要又有长、短之分，捺画主要是掌握行笔的提按和波浪起伏的取势，书写时要注意提按结合，姿势多变。

1.斜捺

（1）写法要点　起笔宜轻，且略微向上滑动，然后一边向右下方行笔，一边按

第二编　职业素养

笔，使笔画由细均匀加粗，至捺脚处顿笔，转向右逐渐提笔出锋。整个斜捺取势要一波三折，斜捺一般与斜撇相呼应，其斜度多为45度。

（2）病笔　没有掌握一波三折的取势，起笔直向右下行笔，出现直劲状；或弯曲度过大，出现曲棍状。

2.平捺

平捺与斜捺的写法基本相同，最大的区别是斜捺取斜势较大，而平捺取斜势较小，几乎接近平势，一般在15度左右，大都用于"走之"旁。

（1）写法要点　起笔稍轻（或稍重）并提笔向右上微仰再转笔向右下行，而渐加力使笔画逐渐加粗，至捺脚处，稍驻作顿，蓄势提笔向右出锋捺出，捺尾丰润且较长。整体上看要有水波起伏之状。

（2）病笔　取势过平或上仰弧度过大；或到捺脚处向右猛用力，像镰刀掠出去。

3.反捺

反捺的写法由长点变化而来。反捺有时作长点的写法；有时在长点的基础上尾部略向左下取势。凡字有两捺笔者，一般有一笔用反捺。究竟哪一捺写成反捺，要根据具体的字而定，如"食"字的第二笔要写成斜捺，而末笔要写反捺，不可颠倒，因为"人"作头的字均为覆盖字，若两捺写法交换位置，则又不符合覆盖的原则；有时为取姿态，单捺的字也写成反捺，如"香""歌"等。

六、钩

钢笔字钩画，由于在字的结构上所处的位置不同，形成了钩的方向有所不同。大体可分为横钩、竖钩、斜钩、弧钩、卧钩、竖弯钩、竖右钩、矮折钩等。书写时要求出锋快，干净利落，形似鹰嘴。

1.横钩

（1）写法要点　起笔与长横相同，行笔到钩处，先向右上略提笔，然后顿笔蓄势，再轻提笔向左下方向快速钩出，钩不宜长。

（2）病笔　钩处提按过大或没有提按动作，不注意钩前的蓄势。

2.竖钩

（1）写法要点　写法与"垂露竖"相同，起笔右斜侧顿，然后提笔顺势向下并逐渐提笔，使笔画由粗变细，至钩处再变粗，中间宜向左微拱，使竖画显得挺拔有力，钩前要蓄势，提笔并翻转笔锋向左上快速钩出，钩不宜过长。

（2）病笔　起笔不顿笔、竖过直，显得僵硬。

3.斜钩（又称戈字钩）

斜钩的关键在于钩的弯度，弯度过大，则显得软弱无力；弯度太小，则又显得挺硬而乏力感。所以，书写时应注意弯度圆而劲，斜度随字形而定。斜钩的整体形态一般写得较长。

（1）写法要点　起笔稍重，然后逐渐提笔，使笔画渐细，并向右下微弯而行，至钩处稍驻蓄势向右斜上钩出，钩宜小不宜大。

（2）病笔　斜钩整体形态较短，钩的取向不当。

4.弧钩

弧钩实际上就是竖弯钩的起笔略伸向左作弧形长颈，从整体上看像人的驼背状。常用于书写"象"、"家"以及反犬旁等字。

（1）写法要点　起笔要轻，然后徐徐向右下作弧形，要曲中有直，至钩处顿笔蓄势，迅速向左上提笔出锋，使钩笔短而健。

（2）病笔　驼背处不圆滑或弯曲度过大，显得无力。

5.卧钩（又称心字钩）

（1）写法要点　轻起笔，然后边行边按笔，使笔画渐粗，并呈下弧状，至出钩处略顿笔后翻笔向左上快速出锋，钩不宜大。

（2）病笔　下弯弧度大或平拖无弧状或写成竖弯钩或出钩的取向不当。

6.竖弯钩

（1）写法要点　起笔与竖画相同，行至折笔处，轻笔圆转向右徐行。并渐稍加力，至钩处稍驻蓄势，轻快地垂直向上挑出，钩宜小且饱满。要求底部圆中求平。

（2）病笔　竖弯处呈直角状或底部呈水平状或钩取向左上方向，显得呆板无韵味。

7.竖右钩（又称右上钩）

（1）写法要点　起笔稍重或轻笔，然后均匀向下行笔，使整个笔画向右微拱，至钩处向左稍宕，稍顿笔后再向右上方向挑出，钩宜大不宜小。

（2）病笔　竖写得过于直并且钩小，显得呆。

8.矮折钩

（1）写法要点　横画略呈拱形，折处稍顿笔，然后向左略倾斜行笔，斜竖略呈右拱状至钩处稍驻，提笔向左上出锋，钩宜小。

（2）病笔　横平竖直，折处呈直角。

七、折

钢笔字的折画大体有横折、竖折、斜折、撇折四种。

1.横折

写法要点　起笔略轻，至折处要稍驻后向右上微昂再顿笔转锋向下或左下行笔。

2.竖折

写法要点　起笔略轻，下行笔稍微左倾，至折处稍顿后再折笔向右行笔，折角呈85度，折后的横微上拱。

3.斜折

写法要点　起笔与撇画相同，至撇端翻笔折锋向右下，边行笔边按笔，使笔画渐粗，呈向右上微拱形，最后左上回锋收笔。

4.撇折

写法要点　起笔与撇画相同，至撇端稍顿笔后，翻笔向右上轻挑出（或向右上横出回锋）。

八、挑

挑画实际上是短撇的反方向写法。由于挑画在汉字结构中有各种不同的斜度，所以，就出现了长挑、短挑、平挑几种姿态，但写法都是一样的。这里讲一下挑画的共同特点。

写法要点：起笔用力稍向右下顿，然后向右上提笔。要求势足，切忌轻飘。

【知识延伸】

什么是规范汉字？

规范汉字对于现代汉语来说，包括经过整理简化的字和未整理简化的字两部分。经过整理简化的字是指经国务院或国家主管部门批准，以字表等形式正式颁布的现代汉字规范。未整理简化的字是指历史流传下来的，沿用至今，未经过整理简化或不需要整理简化的传承字，如人、山、川、日、水、火等字。

规范汉字的使用范围是什么？

规范汉字是国家的通用语言文字，在全国范围内使用。

我国现行的语言文字的通用范围有所不同，分为国家通用语言文字和民族自治地方和少数民族聚居地方通用语言文字两个层次。普通话和规范汉字是国家通用语言文字，在全国范围内通用，包括民族自治地方和少数民族聚居地方。

规范汉字的法律依据什么？

2001年1月1日起施行的《中华人民共和国国家通用语言文字法》第二条规定："本法所称的国家通用语言文字是普通话和规范汉字。"

规范汉字与汉字有什么不同？

规范汉字与汉字不是同一个概念。汉字是记录汉语的文字。已有6000多年历史，现用的汉字是从甲骨文、金文演变而来。在不同的历史时期形成各种不同的表现形态，并存于今天的现实生活中，为人们所使用。而规范汉字是新中国成立后，对汉字进行了整理和简化而形成的。规范汉字的标准由国务院颁布实施。

规范汉字的主要依据有哪些？

（1）简化字以1986年10月经国务院批准重新发表的《简化字总表》（该表共收简化字2235个）为准。

（2）异体字中的选用字以1955年12月文化部和中国文字改革委员会联合发布的《第一批异体字整理表》（该表实际淘汰异体字1027个）为准。

（3）字形以1988年3月国家语委和新闻出版署联合发布的《现代汉语通用字表》（该表共收字7000个）为准。

（4）更改的县以上地名生僻字以1955年至1964年国务院分九次公布的为准。（共更改地名生僻字37个）。

（5）更改的部分计量单位名称用字以1977年7月中国文字改革委员会和国家标准计量局联合发布的《关于部分计量单位名称统一用字的通知》（该表淘汰了旧译名中的20个复音字、生僻字）为准。

国家推行规范汉字的重点是什么？

国家推行规范汉字的重点是：学校的教育教学用字，机关公务用字，新闻出版、广播、影视等媒体用字，公共场所的标牌、宣传标语、广告等用字。

什么是汉字的规范化？

所谓汉字规范化，是指根据文字发展的规律和社会交际的需要，为汉字的应用确定各方面的标准，把那些符合文字发展规律的新成分、新用法固定下来，加以推广；对不符合文字发展规律和没有必要存在的歧义成分及用法，妥善加以处理，使汉字更好地为社会交际和现代化建设服务。

什么是汉字的标准化？

所谓汉字的标准化，是指在对现行汉字进行全面、系统、科学整理的基础上，做到现行汉字的"四定"，即定量、定形、定音和定序。

（1）定量　定量就是确定现代汉语常用、通用汉字的数量，即对现代汉语用字作一个全面、精确的统计，确定数量，并使之合法化。

（2）定形　定形就是规定汉字使用的统一字形，即对每一个汉字定形，做到一字一形，不能一字多形。

（3）定音　定音就是规定每一个现行汉字规范化的标准读音。

（4）定序　定序就是确定现行汉字的排列顺序，规定标准的检字法。

我国古代是如何进行汉字规范化工作的？

我国历史上的政府所做的汉字规范化工作主要表现在以下几个方面。

（1）通过整理汉字，订出标准字体，推出规范教本，并用此进行识字教学。如秦始皇统一全国后，首先对秦国文字进行了一番整理，订出了标准字体，《仓颉篇》、《爰历篇》、《博学篇》三本规范字书就是这次整理的产物。

（2）通过刊刻石经，刊正经书字体，进行字体规范。石经是指在碑石上刻的经书。东汉灵帝熹平四年（公元175年）所刻的《诗经》、《尚书》、《仪礼》、《易经》、《春秋》、《公羊传》、《论语》七种经书，是我国最早的石经，通常称作熹平石经。石经既有便于传写、校正经书文字的作用，同时也起到了规范字形的作用。

（3）通过编写字书，整理异体，辨别俗伪，订正经典中的文字，起到统一字形的作用。如明朝梅膺祚的《字汇》就是一本规范字形的书。

规范汉字书写定级考核标准

一级：掌握了一定的运笔方法及基本笔画的书写，结构基本合理，整件作品完整，卷面没有涂改痕迹。

二级：掌握了基本的运笔方法，笔画工整，结构合法，布局基本合理，卷面干净。

三级：运笔正确，笔画合体、规范，掌握了一定的结构方法，布局合理，卷面整洁。

四级：运笔得法，笔画合体、规范，掌握了一定的结构规律，字距适宜，行距合度，章法布局较好。

五级：运笔较为熟练，笔画标准、规范，结构得法，字形较美观，行款较整齐，章法较自然。

六级：运笔熟练，笔画结体有变化，结构匀称，字形美观，行款较整齐，正文与落款协调一致、章法自然。

七级：笔法灵活有变，笔画有一定力度、形态自然，结构严谨有法度、章法自然大方，作品能反映出一定程度的创作意识和创作技能，并有一定的观赏性。

八级：运笔使转灵活，有节奏感，笔画优美生动，有质感，笔势呼应、行气连贯，章法灵便有新意，作品个体较突出，能反映出一定的艺术水平。

九级：运笔娴熟，笔画有韵律感，结构自然有致，章法新颖而富有变化，作品形神兼备有风格，有感染力。

第二单元　口语表达

【单元说明】

　　口语表达能力是指用口头语言来表达自己的思想、情感，以达到与人交流的目的的一种能力。在生活、工作中都离不开口语表达。本单元重点讲解口语表达的特点、基本要求及口语表达的技巧和方法，使学生能够在日常的生活、工作中准确与人交流、沟通。针对学生面临的求职面试，本单元特设立一个小节来讲解面试口语。

【教学目标】

　　1.了解口语表达的特点。
　　2.掌握口语表达的基本要求。
　　3.掌握口语表达的方法和技巧。

【技能目标】

　　1.能够正确表达自己见解、观点。
　　2.能够在面试求职中说普通话，表达准确，条理分明。
　　3.能够正确与人交流、沟通。

【材料】

　　某大型招聘会上，记者在某知名公司招聘摊位旁驻足。不到1分钟，就见有求职者向招聘负责人递上简历，双方的面谈由此开始。招聘官看了简历后频频点头：某重点大学市场营销专业，1年工作经验，性格外向，有团队合作精神和沟通能力，要求应聘市场营销、销售等相关工作……快速浏览完简历后，招聘官开始提问。数轮回合之后，招聘官基本提问完毕，从他的表情看，对面试者的回答应该是满意的。这时招聘官突然问道："你老家在河南？来上海多久了？""是河南农村的，来上海近一年了，"求职者回答说。"好了，今天的面试到这里，如果录取会在一周内通知。"招聘官结束了对话。求职者走后，记者上前询问。招聘官告诉记者，此人基本符合岗位条件，只可惜普通话发音不标准，个别常用语吐字不准，乡音浓重。他应聘的职位是整天接触客户的销售工程师，如果普通话不标准，会影响公司形象，进而影响销售工作。虽然公司在招聘时对本地和外地求职者一视同仁，但如果语言能力太弱，是不会录取的。采访了数家招聘公司负责人后记者发现，大部分公司都对求职者的语言规范有潜在要求。招聘方普遍表示，如果求职者有浓重乡音，一般不会考虑。销售、客户服务、主持、礼仪、公关、技术支持以及公共服务业的各类职位，对语言的要求更高，比如许多外国银行理财经理职位要求中就写明需掌握"标准普通话"。虽然大多招聘广告上没有明确指出此项要求，但在面试过程中，流利的标准普通话是入行的基本门槛。公司招聘方表示，目前求职者人人知道英语口语能力的重要性，可大多忽视了母语的重要性。其实说一口标准且流利的普通话，能给招聘官良好的第一印象，表现出自身优秀的职业素质。此外，这也是职业人思维能力、自信心和沟通能力的体现。

【说明】

这个案例告诉我们语言表达在求职中的重要性。日常生活中我们往往忽视口语表达的重要性，口语表达能力是指用口头语言来表达自己的思想、情感，以达到与人沟通、交流的目的的一种能力。在日常交往中，人们使用最多的是口头语言，因此，口头语言比书面语言发挥着更直接的、更广泛的交际作用。电话沟通、商务谈判、产品推介、自我介绍与推荐等，随时都要用到口语表达能力。现实生活中很多人不讲普通话、不能正确地阐述自己的观点、甚至因表达不当而造成误解。因此我们必须重视口语表达能力的提高。

第一节 口语交际的特点及要求

一、口语交际的特点

第一，更直接，更便捷。口语交际是一种面对面的交流与沟通，说者直接面对听者，说话的针对性比较强，并且随时可以了解到受话者的反应。因此，运用口语沟通和交流更直接、更便捷。与此同时，说话的人边讲述、边观察、边判断，随时倾听对方的谈话，十分敏捷地做出相应的回答，这样可以使交流更加深入，使意思表达更加充分。

第二，更富于感染力。口头语言富有激励性，容易触发受话人的情感。说话人不仅可以用声调和节奏强调重点词句，还可以借助表情、手势、姿态或动作表情达意。这就增强了交际活动的情境性和感染力。

第三，对思维能力的要求更高。口语交际过程中，说话者的言语活动都是在瞬间内完成的，没有足够的时间反复推敲和修改。要做到用词准确，语无歧义，说话人必须思维敏捷，反应迅速，判断准确；要善于调动全部的感性语言积累，在瞬间找到恰当的词，准确地表达自己的思想和情感。

第四，使用的范围广、频率高。在日常生活中，口头语言是人们交流思想的主要工具。作为一个正常人，一生中可以不写、不读，但不能不说、不听，因此，口语交际相对于书面交际而言，具有更大的使用人群。

第五，口语交际是一种双向交流活动。参与交际的人不仅认真倾听，还要适时接过话题，谈自己的意见和想法，你来我往，言语交锋，在双向互动中实现信息的交流和思想的沟通。

第六，口语交际需要更全面的表达技巧。既然是面对面的接触、交流，就不仅需要听说技巧，还需要待人处事、举止谈吐、临场应变、传情达意方面的能力和素养。

口语交际的特点决定了它必须由多种因素构成，其中主要因素是：良好的语言组织能力、敏捷的思维能力、得体的举止谈吐、为人处世的能力等，这些都是口语交际

训练的目标。

二、口语交际的基本要求

对于口语交际最基本的要求是：言之有理，言之有情，言之有物，言之有序，言之有文。说话要说普通话，力求发言准确，吐字清晰，运用恰当的语调，注意句子停顿，控制说话速度，使口头表达的语调、语速等自然合度，大方得体。与此同时，还要讲得生动、形象、活泼，让别人愿意听。概括起来讲，主要有以下几点。

（1）口齿清楚。要说普通话，声音洪亮，口齿清楚，发音吐字正确，语气连贯，表达清楚。

（2）中心明确。明确说话中心，围绕中心进行说话；善于抓住关键性的概念，有的放矢地展开话题和准确贴切地答话；合乎逻辑地论述问题，发表见解。

（3）层次清楚。"说话"有头有尾，主旨鲜明，重点突出，思路清晰严密，条理清楚，层次分明。这样，才能言之有序，有利于阐明己见，说服对方。

（4）感情真挚。说话时姿态自然，大方得体，有表情地说话。并处理好语调高低，节奏快慢，语气轻重，或激昂低沉、或委婉深沉、或风趣幽默，感情真挚。

（5）能认真倾听别人的谈话，了解主要内容，并能就不理解的地方向人请教，就不同的意见与人商讨。

（6）能清楚明白地讲述见闻，并说出自己的感受和想法。

（7）有表达的信心，能发表自己的意见，并用语言打动人。

（8）与人交谈，态度自然大方，有礼貌。

第二节　影响口语交际能力的几个主要因素

人的口语交际能力的强弱主要是由其思维水平、思想修养、知识基础和语言感受力决定的。

一、思维能力

"语言是直接与思维联系的，它把人的思维活动的结果，认识活动的成果，用词及由词组成的句子记载下来，巩固起来，这样就使人类社会中思想交流成为可能的了。"（斯大林. 马克思主义与语言学问题. 北京：人民出版社，1957.）没有思维，不会有语言的产生和发展；没有语言，思维活动也就失去了赖以存在的基础；语言是思维的工具，思维的内容和方式是通过语言具体表现出来的。思维的发展对语言的发展起着积极的作用。

1.思维能力决定着语言表达能力

思维的内容是通过语言表达出来的，但表达出来的内容是由思维内容和形式所决定的。想不到的事情自然不会说出来——思维能力决定着语言能力。

2.思维的发展推动语言的发展

人类的思维发展，经过了直接行为思维、具体形象思维、抽象思维、逻辑思维等几个主要的阶段，而语言的发展正是这几个阶段的直接反映。词意表达、词语的形成、语法构造等，都在不同程度上受思维形式发展的制约。人们的思维水平或思维形式，制约着他具体的语言表达方式和内容。

二、思想修养

思想是语言的内核，失去了思想意蕴，语言就变成了毫无意义的空壳。只有思想内涵十分丰富的语言才真正称得上富有表现力的语言。同样，只有思想丰富，人的语言表达能力才可能很强。因此，加强思想修养是培养和提高口语能力最根本的一条途径。

三、语言直觉能力

在口语交际过程中，正确理解对方话语的意思是理顺自己话语头绪、找准谈话切入点、迅速展开话题和提高言语针对性的前提。不论是正确理解对方话语的意思，还是准确表达自己的思想，都需要良好的语言直觉能力，即人们所说的语感。什么是语感？语感是人在接触语言的瞬间对语言的整体直觉和领悟能力，是感性思维与理性思维协同作用，在极短的时间里对语言进行认知与理解，准确把握语言的一种能力。

语言感受是从感知开始的，整个过程包括感受、知觉、记忆、联想、思维等复杂的心理因素，对口头语言、书面文字符号的敏锐感知是构成语感的首要条件。语感的形成过程正如列宁所说："人的实践经过千百次的重复，它在人的意识中，以逻辑的格固定下来。"经过长时间自觉或不自觉的语言实践，词句的含义、词语的搭配规则等以"格"的形式巩固和积累下来，储存在大脑里形成一种语言潜规则。大脑中的语言潜规则一旦形成，人们在重新接受言语信息时，这些潜规则就会起到一种"标准"的作用，对新的言语信息迅速作出处理和评判。因此，语感强的人听别人讲话，一听就明白；表达自己的思想，一说就让人心领神会；阅读文章，一读就懂；写文章，下笔千言，文从字顺。语感不仅能感受语言的形式，而且能够洞察语言的内涵。

四、丰富的语料积累

语言能力的形成有其自身的特殊规律——语言的感性积累越丰富，语言能力的形成与提高速度越快。因此，加强语料积累是提高口语交际能力的一条重要途径。语料积累主要包括这么几个方面。

一是词汇的积累。词汇是语言的建筑材料，词汇贫乏，说话和写文章常常找不到合适的词来表达自己的意思，就会出现词不达意的问题；词汇积累丰富了，使用起来就会得心应手，左右逢源，这样一来，说话和写文章不仅能够准确、生动地表达自己的意思，而且语言也会更富于魅力。

二是格言、警句、谚语等人们惯用语的积累。格言和谚语以通俗浅易的语言形式

表现厚重的思想，具有启人心智、使人明理、催人奋进等作用，在口语交际中善于使用格言和谚语不仅可以增强语言的表现力，而且在一定程度上能够提升谈话者的个人魅力，使交际取得理想的效果。要熟练、恰当地使用格言和谚语，必须加强这方面的积累。

三是经典语段的积累。在口语交际过程中，适当地引用经典语段不仅能够使谈话内容更加充实、使谈话更具有说服力，而且可以提升谈话者的个人魅力。如和别人讲做人的道理，不妨引用冯玉祥将军给张学良的赠语："要小心，要谨慎，学吃亏，学让人，遇事能忍，生活俭勤；不自夸，不骗人，诚诚实实、厚厚纯纯乃是根本"。像这样的经典语段的引用，可以大大增加语言魅力。因此，在平时的阅读中，要注意有意识地积累一些经典的语段。

五、遣词造句的能力

说和写的能力首先表现为遣词造句的能力。遣词造句能力强，口语交际能力就强。因此，要提高口语交际能力，必须加强遣词造句能力的训练。

不论说话还是写文章，对遣词造句的基本要求是"通达"。"通达"就是"文从字顺"，也就是说出来的话或写出来的句子能准确表达自己的意思，别人一看就能明白，并且不会产生误解。这就是说，加强遣词造句能力的训练，一是要培养恰到好处地使用词语的能力，二是要训练把句子写通顺的能力。

第三节　口语交际的基本技巧

常言说得好："话有三说，巧说为妙。"要获得口语交际的成功，必须讲究谈话的技巧。谈话的技巧多种多样，最基本的有以下几种。

一、有话直说

"良药苦口利于病，忠言逆耳利于行。"当我们对他人有所忠告、劝诫、批评、建议时，不妨有话直说。只要是发自肺腑，直言往往也能平中见奇，收到良好的效果。

二、委婉迂回

委婉迂回是指避开对方正面的心理防线，旁敲侧击，由远及近，由彼及此，使对方在不知不觉中接受你的思想。日本某公司总裁遇到一桩极为棘手的生意纠纷，他打算让资深部长张先生去处理，又恐张先生误认为是将他降职使用。于是，这位总裁将张先生请到他的办公室，先把那桩棘手的纠纷大概介绍了一番，然后让张先生推荐办理此事的合适人选。张先生一连推荐了几位总裁都不甚满意。接着总裁探询式地提出了几个人选，张先生又觉得都难当此任。最后，不出总裁所料，张先生主动提出由自己去处理这桩生意纠纷。

这就是委婉迂回的妙用，那位总裁不是借权势简单地下命令，而是从强调工作的

重要性和其他下属的难以胜任入手，婉转地表达了对张先生的能力的信任和肯定，从而使其毛遂自荐，自动承担这项工作。

三、动之以情，晓之以理

口语交际在很多时候是与人讲道理，这就要求讲话者首先明理，在此基础上将道理与人讲明白。不仅如此，在口语交际过程中，情感的力量是不容忽视的。由于说服别人或多或少地会给对方造成一些心理压力，因而使对方产生冷漠、反感等抵触情绪。因此，仅仅有"理"不一定能服人，还需辅之以"情"，用"情"来使对方感到自尊，平衡对方的心理，拉近与对方的情感距离，情通而后理达。人非草木，动之以情，往往能打消对方对立的情绪。凡善说者，总是调动一切有利于说服对方的情感因素，或慷慨陈词，或苦口婆心，用自己的真情实感、肺腑之言去感化对方，使其接受自己的观点。《战国策》中的《触龙说赵太后》就是一个经典的例子。

四、让事实说话

在口语交际中，很多时候我们都要想方设法说服别人，而说服人的最好办法就是让事实说话。让事实说话就是在口语交际过程中，援引对方认可、不可辩驳的事实，使对方心服口服。

五、取比设喻

比喻具有深入浅出、化繁为简的作用。在口语交际过程中采用比喻说理的方式，能够将抽象的道理讲得具体、明白、深入浅出，使人们一听就明白。

战国时期，有人对梁惠王说："惠施这人爱比喻，倘若限制他，他就说不明事理。"

一日，梁惠王对惠施说："往后说话请直截了当，不必借喻。"

惠施含笑答："如果有人不知何物是'弹'，而臣解释，'弹的形状便像弹'，他能明白吗？"

惠王说："那怎么会明白！"

惠施说："如果臣告诉他，弹的形状像弓，只是用竹片做弓梁，用丝绳做弓弦。这样说会怎样呢？"

梁惠王："那当然会明白。"

惠施道："取喻明理，用人们已知的触发未知的，这本是一种艺术，有艺在手，怎能弃而不用呢？"梁惠王点头同意。

六、欲擒故纵

欲擒故纵就是先不急于对对方的观点或行为发表不同的看法，而是先认同对方的一些处于从属地位的观点，让对方失去心理戒备和抵触情绪，然后，话锋陡转，直指对方观点的错误之处，使其认同自己的观点。

第四节　怎样提高口语交际能力

一、培养良好的倾听习惯

　　口语交际是一种双向交流活动，不能单纯地向别人灌输自己的思想，还应该学会积极地倾听对方的谈话。说是一门艺术，而听更是艺术中的艺术。倾听，是对他人的一种恭敬，一种尊重，一份理解，一份虔诚，是对友人最宝贵的馈赠。倾听，是心的接受，是爱的传递，诚挚的情感在祥和中奉献。倾听，是智者的宁静，犹如秋日葱茏，深邃的思想于无声中获得收成。我们不必抱怨自己不善言辞，只要我们认真倾听，我们就会赢得友谊，赢得尊重。交际中没有什么比做一名听众能更有效地帮助你获得成功。

　　懂得倾听，你才能更深刻地了解他人，了解自己，客观地辩证地看待自己，取他人之长，补自己之短。聆听越多，你就会变得越聪明，你掌握的信息也就越多，就会被更多的人喜爱和接受，就会成为更好的谈话伙伴。

　　训练口语交际能力，首先要培养良好的倾听习惯，学会倾听。良好的倾听习惯包括以下几个。

　　（1）专心地听对方谈话，用你虔诚的目光让他感到你的虔诚，赢得他的赞许，获得他的信任。不要做无关动作：收看手机短信、修指甲、打哈欠……人人都希望自己讲话能引起别人的注意，否则，他讲话还有什么兴趣，还有什么用呢？

　　（2）要善于通过体态语言，靠近说话者，身体前倾，专心致志地听。一定要让人感觉到你对他所说的内容的渴求，不愿漏掉任何一个字。让说话者觉得你在聚精会神、专心致志地听。在听的过程中，随时用语言或其他方式给予必要的反馈。例如：赞成对方说话时，可以轻轻地点一下你的头；对他所说的话感兴趣时，展露一下你的笑容；用"嗯""噢"等表示自己确实在听和鼓励对方说下去，等等。

　　（3）巧妙、恰如其分地提问。凭着你所提出的问题，让对方知道，你是仔细地在听他说话。而且通过提问，可使谈话更深入地进行下去。提问一定要巧妙，恰到好处，切忌盲目或过多的提问。在允许的情况下，精炼、简短的提问会使说话者知道你在认真仔细地听。如："后来怎么样呢？"、"您的结论是……"。请记住，提问题也是一种较高形式的奉承。

　　（4）不要打断说话者的话题。无论你多么渴望一个新的话题，多么想发发表自己的见解，都不要去打断说话者的话题，你要默默地将想说的话记在心中，直到他自己结束为止，再发表自己的见解。讲话者最讨厌的就是别人打断他的讲话。因为这样在打断他的思路的同时，又让他体会到你不尊重他。

　　（5）适时地帮助对方引入新话题。谈话者总是喜欢别人从头到尾安静地听他说话，而且更喜欢被引出新的话题，以便能借机展示自己的魅力。你可以试着在别人说话时，适时地加一句："你能不能再谈谈对某个问题的意见呢？"

　　（6）忠于对方所讲的话题。无论你多么想把话题转到别的事情上去，达到你和他

对话的预期目的，但你还是要等待对方讲完以后，再岔开他的话题。

（7）要巧妙地表达你的意见，不要表示出或坚持明显与对方不合的意见，因为对方希望的是听的人"听"他说话，或希望听的人能设身处地地为他着想，而不是给他提意见。你可以配合对方的证据，提出你自己的意见，比如对方说完话时，你可以重复他说话的某个部分，或某个观点，这不仅证明你在注意他所讲的话，而且可以以下列的答话陈述你的意见。如："正如你指出的意见一样，我认为"，"我完全赞成你的看法"。

（8）要听出言外之意。一个聪明的倾听者，不能仅仅满足了表层的听和理解，而要从说话者的言语中听出话中之话，从其语情语势，身体的动作中演绎出隐含的信息，把握说话者的真实意图。只有这样，才能做到真正的交流、沟通。

在交际场中，能说会道的人不一定是善交际的人，善于倾听的人才是真正会交际的人。会说的，有锋芒毕露的时候，也常有言过其实之嫌，话说多了，言多必有失。静心倾听不仅没有这些弊病，而且还有兼听则明的好处。认真听，少作不成熟的评论，避免不必要的误解。大量事实证明，人际关系失败的原因，很多时候不在于你说错了什么，或是应该说什么，而是因为你听得太少，或者不注意听所致。比如，别人的话还没有说完，你就抢口强说，讲出些不得要领、不着边际的话；别人的话还没有听清，你就迫不及待地发表自己的见解和意见；对方兴致勃勃地与你说话，你却心荡魂游，目光斜视，手上还在不断拨弄这个那个，有谁愿意与这样的人在一起交谈？有谁喜欢和这样的人做朋友？因此，以理解的心情倾听别人的谈话，是维系人际关系，保持友谊的最有效的方法。

二、强化思维能力

语言和思维存在着互相依存、不可分割的关系。语言活动离不开思维。语言是思维的内容或结果，又是思维的工具。思维的水平往往影响着语言的水平。语言是思维的外衣，人们只有想得清楚、明白，才能说得清楚、明白；说的过程，又能锻炼思维的敏捷、条理和精确。在培养口语交际能力的过程中，语言训练和思维训练始终是紧密联系着的。人们在思维时，要借助语言；人们表达思想，也要借助语言。没有语言，思维无法进行；思维停止了，语言也就消失了。思维与语言的关系就是这样密切，所以，要培养语言能力，就要从发展思维能力入手。人们的思维能量是很大的，开发思维资源，使人们的思维潜能得到更大发挥，口语交际能力将得到更快发展。进行思维训练要点有二。

1.训练思维的条理性和敏捷性

口语训练与思维训练的关系是密不可分的——口语与思维的发展是同步的，说话的条理性、层次性、逻辑性，都反映在思维活动上，思维敏捷则语畅，思维钝缓则语塞。同样，丰富的想象不仅使人有话可说，而且能把内容说得生动有趣。

2.培养良好的思维习惯

一个简单的方法，找上两三篇思想性强、艺术性高的短文进行默读。这样做有什么好处呢？默读的时候，可以仔细体会这篇文章的主题是什么？用了什么材料来说明这个中心呢？怎么开头的？怎么结尾的？语言方面有什么特点？默读过程中，要思考，要琢磨，从中获得借鉴，得到思维训练，使我们说话有中心、有逻辑、有材料、有内容。这是默读的好处。

三、加强语言的感性积累

1.加强感性积累，丰富口语素材

学习语言最有效的方法是感受、领悟和积累语言材料。语料积累丰富了，不仅有话可说，而且说起话来左右逢源，应对自如。因此，加强语言的感性积累，丰富口语素材是口语交际能力训练的一项重要内容。

2.加强生活积累，提高思想认识

言之有物是口语富有魅力的关键——或给人以启示，或给人以鼓舞，或使人获得审美愉悦，这就需要谈话者不仅有丰富的生活积累，而且要有思想、有见识。思想和见识哪里来？一是从阅读中来，二是从生活经验中来。注意观察自己身边的事物，对看到的、听到的事情进行一番分析和思考，可以增强认识事物的能力；积极地投身到生活中去，用心地体验生活，丰富生活阅历，增加生活积累，才能增强表现生活的能力。

四、加强口语实践

1.叙说古今故事

古今中外的神话传说、寓言、轶闻趣事、笑话，都可作为训练口头表达能力的话题。在与他人一起聊天、逗乐时，不要总是扮演听众的角色，要善于寻找适当的机会，把自己大脑中储备的各种故事讲给别人听。在讲述时努力做到情节完整，描述生动，富有激情。同时要注意语气、语调、语速、节奏和手势语的配合等。

2.探讨社会热点问题

加强思想修养，增强认识问题、分析问题的能力，是培养和提高语文能力的根本途径。而要提高分析问题和认识问题的能力，最有效的办法是关心和积极探讨社会热点问题。因为我们当前所面临的社会热点问题，是为大家所普遍关心的问题，人们对这些问题有着各种各样不同的看法。从人们对这些问题的不同看法中，我们可以获得很多的感悟与启示，从而使我们的思想得以丰富，见识增加，视野开阔。

3.加强朗读和背诵

朗读、背诵是把书面语言用口头语言表达出来的一种方式。它可以使人们的口语受到严格的训练，是提高口头表达能力的有效手段。朗读、背诵除了具有深入理解课文内容、增强记忆的作用以外，还能够提高人正确而有表情地表达思想的能力。此外，朗读还可以增强人们的语感，增加词汇量，接触多种多样的句式，提高口语的表达能力。

朗读首先要确定适当的语调。句读要分明。要用声音的高低、轻重、快慢表达出诗文的思想情感。要做到这一点，必须通过想象再造进入诗文所描绘的情境，对诗文的基本思想有比较深刻的理解。对诗文的内容理解越深，朗读背诵的表情达意

就越好。

4.听说读写全面兼顾

口语交际能力是语文能力的一个重要方面，它和其他语文能力相互渗透、相互促进、协调发展。听的能力越强，不仅能够获得更丰富的说话材料，使自己的言谈内容更丰富，而且能加深对对方话语意思的理解，使自己的口语更有针对性，表达更准确。读既可以积累语言素材，又可以积累语法等知识，使语言表达更自如、更规范。而写的严密性与条理性，能够矫正说话过程中常出现的语病，提高说话质量。听说读写的能力是紧密联系、相互制约而又相互促进的。因此，口语训练不能孤立进行，要注意听说读写全面兼顾。

5.培养观察事物的良好习惯

观察是认识客观事物、获取感性材料的一条重要途径。只有细致地观察，才能了解事物的具体特点和事情的诸多联系，才能把内容说完整、说具体、说准确。因此，培养良好的观察习惯，提高认识事物的能力，是口语交际能力训练的一项重要内容。

6.在日常交际中学习语言，培养口语交际能力

日常生活是人们运用口语最广泛、最频繁的领域。在日常生活中学习语言，利用日常口语交际实践有意识地培养口语交际能力是口语交际能力训练的一条重要途径。

7.加强遣词造句能力训练

口语表达能力首先表现为遣词造句能力，其中包括两个方面：一是准确、恰当地使用词语，将意思表达清楚；二是所造句子既要符合语法规范，又必须表意准确、贴切、生动。遣词能力训练的常用方法有组词、同义词置换、词组搭配、逻辑归类等；造句训练的主要方法有连词组句、用词造句、扩充句子、补充句子、选择句子、回答问题等。

8.复述

复述就是用自己的口头语言叙述阅读文本的内容。这样做有助于深入理解文章的内容，增加词汇量，培养概括能力，提高口头表达能力，特别是培养有条理的连贯的说话技能和有选择的突出重点的说话能力。复述的方式主要有三种。

第一，详细的复述。即按文章的顺序作清楚、明白、连贯的复述。

第二，简要的复述。即按照文章的顺序，删去那些次要的解释性或描写性的部分，抓住文章中主要的东西来复述。

第三，创造性的复述。即不仅要求复述文章内容，而且要求在复述过程中加上自己的想象和见解。创造性的复述可以较多地运用自己的语言叙述，有利于口语能力的快速发展。

9.加强语感训练

语感是口语能力的核心性因素，要提高口语能力，必须加强语感的训练。训练语感最有效的方法是朗读，而朗读又可以直接强化口语能力。因此，加强朗读是培养和提高口语能力最有效的一条途径。

第五节　面试

面试是一种经过组织者精心设计，在特定场景下，以考官对考生的面对面交谈与观察为主要手段，由表及里测评考生的知识、能力、经验等有关素质的一种考试活动。面试是公司挑选职工的一种重要方法。因此面试中口语表达至关重要。

一、面试口语

面试中，每一位被面试者的时间都有限定，因此在有限的时间内将面试问题回答好，就对被面试者的口语表达提出了更高的要求。

1.语音标准

求职者在面试时，应尽量用标准的普通话和招聘人员交流，避免使用方言，对一些易混的字词，一定要咬字清晰，避免误解。

2.语速适当

交流时，求职者常会因为紧张而导致语速过快，没有停顿，影响自己的表达。要用流畅的语言与对方交流。语速适中。音量也要有控制，过低的声音易使人听不清，太大的声音又易使人生厌。

3.语言得体

求职者要用文明得体的语言来表达自己的思想，忌用粗话、脏话，以及太过自负的话。表达意思时要简明，条理清楚。忌反复啰唆，没有逻辑性。

4.扬长避短

求职者在面试中会被问到各种各样的问题，需要灵机作答，要尽量展示自己的优势，缺点不是没有，但没有必要细说。在回答较为刁钻的问题时，求职者应灵活应对，避免直接作答，不要将自己陷入两难境地。

二、面试中语言禁忌

1.“以我为轴”的夸夸其谈

面试中对自己经历及能力的表述应该简明扼要，适可而止，千万不要像打开话匣子般没完没了地夸夸其谈，自吹自擂，甚至主次不分的“以我为主”。求职者要讲究实在，言简意赅，不可大包大揽地做太多的口头承诺，说得太多了容易引起考官的反感。

夸夸其谈说到底就是想回避问题的实质，因而用不诚实、不坦率的吹捧方式来为自己遮羞。比如求职者常常被主考官问及为何会失去过去的职业，有些人为了回避正题，便故意顾左右而言他，大谈理想抱负或过去的工作所学非所用；若实在还过不了关，便对过去的工作单位大加痛砭，言下之意就是说原来的工作单位庙太小，容不下他这个大和尚而已。面对这样夸夸其谈的面试者，主考官十有八九会在心里做如此反应：你以为你谁？本庙更用不上你这种华而不实的“大和尚”。

2.迫不及待地抢话或争辩

有的求职者为了获得主考官的好感，就会试图通过语言的"攻势"来"征服"对方。这种人自我表现欲极强，在面试时根本不管主考官究竟买不买他的账，没说上三句两句话，就迫不及待地拉开"阵势"，卖弄口才。抢话或爱插话者都是浅薄者，人们往往非常讨厌这种"不管嘴"的现象。因而，在求职面试时，无论自己的见解是多么的卓尔不群，无论别人对你的看法或观点有多大的偏差，在对方把话说完之前，千万不可插嘴，这也是对主考官最起码的尊重。即使主考官的话偏差太大，说明主考官对你已经持有成见，在这个时候，无论你再插话、抢话也已经于事无补，只能会增加人家对你的反感。

赢得一场争辩而失去一份好的工作，可谓是"因小失大"。面试的目标不是在谈话中取胜，也不是去开辩论会，而是要得到工作。如果你在谈话中过于和主考官"较真儿"，使得主考官对你很伤脑筋，认为你"根本不是来找工作的，而是故意来找碴儿的"，可想而知，事情的结果将会是多么的糟糕！

3.关键时刻反应木讷

主考官提出一些很关键的问题时，如果你"惜言如金"，那你还面什么试呢？主考官定会认为你这叫反应木讷、迟钝。如果你给主考官留下的是这个印象的话，那么可以说你的求职使命将就此宣告失败，因为没有任何一家公司愿意录用反应迟钝的人。

面试对话不仅要用头脑，还得用心灵。当你两脚往主考官面前一站，看着对方一副大模大样的姿态，你莫名地垂下了眼睑，无地自容，早先为自己设计好了的答问词竟荡然无存。越是如此，你越发慌，致使你说起话来鬼使神差地词不达意、语无伦次。这都是反应迟钝的表现。

反应迟钝者大多容易产生自卑心理，越是自卑，就越迟钝，这就叫恶性循环。人一旦既自卑又迟钝，就会不敢正眼看主考官，以致消极、冷漠、烦闷，而这些足以摧毁主考官对你的热忱和信心。

4.恬不知耻的好为人师

求职就是求职，求职和在职可不一样。在职者要有主人翁的态度一点儿也不假，但求职时，你的地位还不是主人翁，即使你感觉自己装了一肚子的好想法，但这绝不足以打动主考官。

新点子并不是人人都有，有好想法、新点子的人却不可处处好为人师，尤其是不能对陌生者施以"指点"。所谓的新点子当中或多或少含有忠告成分，而大部分忠告都是批评，批评对于某人而言是难以接受的，尤其是来自陌生人的批评，不可能受到欣赏、遵从，更不可能产生好感。

在主考官眼里，让求职者谈想法、提建议本身就是一把"双刃剑"，一方面考察你的思维，同时也为你挖了一个陷阱，它会立马使你变成"好为人师"、"好耍嘴皮子"的家伙。所以，在面试中，最忌讳提些带忠告性质的建议。不管你的建议多么中肯、多么优秀，最好留着，到录用后再说，不要在求职时急于卖弄。

5.提低级问题

求职面试不是入学面试。主考官要考察的是你的综合素质，而同时你也可以问一些与你所学的专业相关的问题，或者问一些企业工作制度等问题。但在发问之前，你必须好好想想你将要问的问题是否有现实意义，尤其不要提一些低级的甚至是幼稚的问题。比如像单位里是否24小时供热水、办公室内是否有卫生间、单位平常是否组织大家旅游，等等，这些很可能使很好的面试砸了锅。

6. 目中无人

这是平常爱自高自大、目中无人的人最容易犯的毛病。不得不承认，这种人可能有些比他人高出一筹的资本，但这种资本很可能因为你的狂傲而显得"举重若轻"。古人说"厚积薄发"、"深藏不露"，这才叫能力资本的真正积淀。纵然你有再大的资本，在应聘时你也是处在屈于人下的地位。在主考官面前大谈自己的阅历有多么丰富，恰恰说明你这个人缺乏教养，根本不把别人放在眼里，谁都敢得罪。目中无人的求职者大多有一种莫名的控制欲，一心想压着别人，以显示自己的优势。殊不知带着这种心态去面试，主考官生杀大权在握，让他毕恭毕敬地听你"指点江山"，这样的面试结果，可想而知。

7. 滥用时尚语

年轻人追求时尚并不是件坏事，但时尚从某种角度上反映了一个人对现实的反叛心理。有些年轻人知识能力比较一般，但对时尚却很着迷，平常说话也总喜欢使用时尚用语，结果到求职面试时也像"上网吹泡泡"一样无所顾忌，动辄用很时髦的网络时尚用语和主考官"兜话题"，以为这样做既能弥补自己知识能力上的不足，又能让主考官认为自己很"前卫"，很可人，因此而被录用。殊不知敢当主考官的人大多数都不是一般的人。你的轻浮语言又怎能挡得住他那锐利的眼睛呢？另外，有些人在面试时喜欢时不时地夹杂一两个英语单词，以显摆自己的英语能力，但这样卖弄是很危险的：若是碰到主考官随即用英语和你接碴儿，你岂不搬起石头砸了自己的脚？

8. 不分对象地乱倒苦水

求职不是诉苦会，更不是救助会。有些求职者在面试时没有摆正自己的位置，人家一提问，便借回答之际大倒苦水，又是自己曾经历这样那样的不幸，又是难忍家庭负担之重云云，以为这样能引起主考官的同情，殊不知这样做不但得不到人家的同情，反倒让人倒起胃口！人都有倒霉的时候。有的人心理承受能力差，一遇到倒霉事就唏嘘感叹，这样做或许能换取别人的同情心，但把这一手法一厢情愿地运用到求职面试上，那一定会惨败。当然，主考官也有同情心，但称职的主考官绝不滥用这种同情心。逢得面试时大倒苦水者，主考官一般都会一言不发地点点头，看上去好像很耐心地听你倾诉，待你把苦诉完了，主考官充其量会一脸热情地告诉你：请您回去等通知吧。这一"等"，不定是何年哪月呢？

三、求职面试中的常见问题

（一）"请你自我介绍一下"

思路：①这是面试的必考题目；②介绍内容要与个人简历相一致；③表述方式上尽量口语化；④要切中要害，不谈无关、无用的内容；⑤条理要清晰，层次要分明；

⑥事先最好以文字的形式写好背熟。

（二）"谈谈你的家庭情况"

思路：①这对于了解应聘者的性格、观念、心态等有一定的作用，这是招聘单位问该问题的主要原因；②简单地罗列家庭人口；③宜强调温馨和睦的家庭氛围；④宜强调父母对自己教育的重视；⑤宜强调各位家庭成员的良好状况；⑥宜强调家庭成员对自己工作的支持；⑦宜强调自己对家庭的责任感。

（三）"你有什么业余爱好？"

思路：①业余爱好能在一定程度上反映应聘者的性格、观念、心态，这是招聘单位问该问题的主要原因；②最好不要说自己没有业余爱好；③不要说自己有那些庸俗的、令人感觉不好的爱好；④最好不要说自己仅限于读书、听音乐、上网，否则可能令面试官怀疑应聘者性格孤僻；⑤最好能有一些户外的业余爱好来"点缀"你的形象。

（四）"你最崇拜谁？"

思路：①最崇拜的人能在一定程度上反映应聘者的性格、观念、心态，这是面试官问该问题的主要原因；②不宜说自己谁都不崇拜；③不宜说崇拜自己；④不宜崇拜一个虚幻的、或是不知名的人；⑤不宜说崇拜一个明显具有负面形象的人；⑥所崇拜的人最好与自己所应聘的工作能"搭"上关系；⑦最好说出自己所崇拜的人的哪些品质、哪些思想感染着自己、鼓舞着自己。

（五）"你的座右铭是什么？"

思路：①座右铭能在一定程度上反映应聘者的性格、观念、心态，这是面试官问这个问题的主要原因；②不宜说那些易引起不好联想的座右铭；③不宜说那些太抽象的座右铭；④不宜说太长的座右铭；⑤座右铭最好能反映出自己某种优秀品质；⑥参考答案——"只为成功找方法，不为失败找借口"。

（六）"谈谈你的缺点"

思路：①不宜说自己没缺点；②不宜把那些明显的优点说成缺点；③不宜说出严重影响所应聘工作的缺点；④不宜说出令人不放心、不舒服的缺点；⑤可以说出一些对于所应聘工作"无关紧要"的缺点，甚至是一些表面上看是缺点，从工作的角度看却是优点的缺点。

（七）"你为什么选择我们单位？"

思路：①面试官试图从中了解你求职的动机、愿望以及对此项工作的态度；②建议从行业、企业和岗位这三个角度来回答；③参考答案——"我十分看好贵公司所在的行业，我认为贵公司十分重视人才，而且这项工作很适合我，相信自己一定能做好。"

（八）"对这项工作，你有哪些可预见的困难？"

思路：①不宜直接说出具体的困难，否则可能令对方怀疑应聘者不行；②可以尝试迂回战术，说出应聘者对困难所持有的态度——"工作中出现一些困难是正常的，也是难免的，但是只要有坚忍不拔的毅力、良好的合作精神以及事前周密而充分的准备，任何困难都是可以克服的。"

（九）"如果我录用你，你将怎样开展工作"

思路：①如果应聘者对于应聘的职位缺乏足够的了解，最好不要直接说出自己开展工作的具体办法；②可以尝试采用迂回战术来回答，如"首先听取领导的指示和要求，然后就有关情况进行了解和熟悉，接下来制定一份近期的工作计划并报领导批准，最后根据计划开展工作。"

（十）"与上级意见不一时，你将怎么办？"

思路：①一般可以这样回答"我会给上级以必要的解释和提醒，在这种情况下，我会服从上级的意见；②如果面试你的是总经理，而你所应聘的职位另有一位经理，且这位经理当时不在场，可以这样回答："对于非原则性问题，我会服从上级的意见，对于涉及公司利益的重大问题，我希望能向更高层领导反映。"

（十一）"我们为什么要录用你？"

思路：①应聘者最好站在招聘单位的角度来回答；②招聘单位一般会录用这样的应聘者：基本符合条件、对这份工作感兴趣、有足够的信心；③如"我符合贵公司的招聘条件，凭我目前掌握的技能、高度的责任感和良好的适应能力及学习能力，完全能胜任这份工作。我十分希望能为贵公司服务，如果贵公司给我这个机会，我一定能成为贵公司的栋梁！"

（十二）"你能为我们做什么？"

思路：①基本原则上"投其所好"；②回答这个问题前应聘者最好能"先发制人"，了解招聘单位期待这个职位所能发挥的作用；③应聘者可以根据自己的了解，结合自己在专业领域的优势来回答这个问题。

（十三）"你是应届毕业生，缺乏经验，如何能胜任这项工作？"

思路：①如果招聘单位对应届毕业生的应聘者提出这个问题，说明招聘单位并不真正在乎"经验"，关键看应聘者怎样回答；②对这个问题的回答最好要体现出应聘者的诚恳、机智、果敢及敬业；③如"作为应届毕业生，在工作经验方面的确会有所欠缺，因此在读书期间我一直利用各种机会在这个行业里做兼职。我也发现，实际工作远比书本知识丰富、复杂。但我有较强的责任心、适应能力和学习能力，而且比较勤奋，所以在兼职中均能圆满完成各项工作，从中获取的经验也令我受益匪浅。请贵公司放心，学校所学及兼职的工作经验使我一定能胜任这个职位。"

（十四）"你希望与什么样的上级共事？"

思路：①通过应聘者对上级的"希望"可以判断出应聘者对自我要求的意识，这既是一个陷阱，又是一次机会；②最好回避对上级具体的希望，多谈对自己的要求；

③如"作为刚步入社会新人，我应该多要求自己尽快熟悉环境、适应环境，而不应该对环境提出什么要求，只要能发挥我的专长就可以了。"

【知识延伸】

一、如何克制面试紧张

面试紧张是很多大学生所困扰的问题，因为人在紧张的情况下，会发挥失常，不能正常地表现自己，那么应该如何克服呢？

（1）要保持平常心在竞争面前，人人都会紧张，这是一个普遍的规律，面试时你紧张，别人也会紧张，这是客观存在的，要接受这一客观事实。这时你不妨坦率地承认自己紧张，也许会求得理解。同时要进行自我暗示，提醒自己镇静下来，常用的方法是或大声讲话，把面对的考官当熟人对待；或掌握讲话的节奏，"慢慢道来"；或握紧双拳、闭目片刻、先听后讲；或调侃两三句，等等，都有助于消除紧张。

（2）不要把成败看得太重"胜败乃兵家常事"要这样提醒自己，如果这次不成，还有下一次机会；这个单位不聘用，还有下一个单位面试的机会等着自己；即使求职不成，也不是说你一无所获，你可以在分析这次面试过程中的失败，总结经验，得出宝贵的面试经验，以新的姿态迎接下一次的面试。在面试时不要老想着面试结果，要把注意力放在谈话和回答问题上，这样就会大大消除你的紧张感。

（3）不要把考官看得过于神秘并非所有的考官都是经验丰富的专业人士，可能在陌生人面前也会紧张，认识到这一点就用不着对考官过于畏惧，精神也会自然放松下来。

（4）要准备充分。实践证明，面试时准备得越充分，紧张程度就越小。考官提出的问题你都会，还紧张什么？知识就是力量，知识也会增加胆量。面试前除了进行道德、知识、技能、心理准备外，还要了解和熟悉求职的常识、技巧、基本礼节，必要时同学之间可模拟考场，事先多次演练，互相指出不足，相互帮助、相互模仿，到面试时紧张程度就会减少，尤其是在校生。

（5）要增强自信心。面试时应聘者往往要接受多方的提问，迎接多方的目光，这是造成紧张的客观原因之一。这时你不妨将目光盯住主考官的脑门，用余光注视周围，既可增强自信心又能消除紧张感；在面试过程中，考官们可能交头接耳，小声议论，这是很正常的，不要把它当成精神负担，而应作为提高面试能力的动力，你可以想象他们的议论是对你的关注，这样你就可以增加信心，提高面试的成功概率；面试中考官可能提示你回答问题时的不足甚至错误，这也没有必要紧张，因为每个人都难免出点差错，能及时纠正就纠正，是事实就坦率承认，不合事实还可婉言争辩，关键要看你对问题的理解程度和你敢于和主考官争辩真伪的自信的程度。面试是一种机会平等的面谈，不要过多理会主试者的态度。一开始就与你谈笑风生的主试者几乎是没有的，多数人的表情是正儿八经的。但应聘者还是应该把自己解放出来，不要担当被审察的角色。这样才利于自己正常的发挥，才能赢得主考官的认可。

二、语言交际中的态势语

握手，这是你与面试官的初次见面。如果他/她伸出手，却握到一只软弱无力、湿乎乎的手，这肯定不是好的开端。握手应该坚实有力，但不要太使劲，而且手应当是干燥、温暖的。如果你刚刚赶到面试现场，用凉水冲冲手，使自己保持冷静。如果手心发凉，就用热水捂一下。

坐姿，"站如松，坐如钟"，面试时也应该如此。要表现出精力和热忱，松懈的姿势会让人感到你疲惫不堪或漫不经心。面试前可照照镜子，或拍段录像审视一下自己。

眼神，面试时应看着面试官，但不要瞪视，因为这样显得太有进攻性。不要不停地环视房间，会显得缺乏自信或对所谈话题缺乏兴趣。

手势，说话时做些手势是很自然的，可手势太多也会分散人的注意力。避免说话时摸你的嘴。平时打电话时，可以在镜子前看看自己，因为你在面试中很可能使用同样的手势。

仪态，没什么比抚弄头发、按笔帽、脚拍地，或不由自主地触摸身体某部分更糟糕了。准备好你的发言，面试时镇定自若地说出来。

【思考与练习】

1.面试中的口语表达应注意哪些问题？

2.以班级为单位，虚拟招聘公司，举行一次模拟面试。

第三单元　实用写作

【单元说明】

实用写作与我们的学习、工作、生活密切相关，掌握实用文体的写作不仅是适应未来工作岗位的需求，也是自身人文素质提高的表现。本单元结合职业教育的特点，本着实用、有用的原则选取了与职业结合最紧密的实用文体进行讲解。

【教学目标】

1.明确实用写作对高职生的重要性及必要性。

2.了解"求职信"等几种应用文文体特点及写作格式。

3.能根据实际需要写出规范的应用文。

【技能目标】

能根据实际需要规范写出相应的应用文。

【材料】

对高职生来讲，掌握实用文体的写作知识至关重要。实用文体的写作广泛地应用于社会生活的各个方面，例如请假时需要写请假条；应聘时需要写求职信、个人简历；对某一方面情况的调查需要写调查报告等。因此，作为一名高职生应该掌握实用文体写作的特点及格式，具备一些常用实用文体的写作能力。而实际上，学生对实用文体的写作并不重视，或者说，平时不重视，真到用起来就捉襟见肘，漏洞百出。殊不知具有较高的实用文体的写作能力，也许会让你得到意想不到的结果。曾有一位叫曹袁军的求职者，在写作求职信前对应聘单位做了周详的了解和研究，凭借一封求职信在1200多名竞争者中脱颖而出，其经验颇值得求职者借鉴。

曹袁军在求职信中这样介绍自己：

我是一名经历过坎坷，尝过酸甜苦辣的人。因为敢于冒险，品尝过成功的丰硕成果，因为探索冒险，也体验过触礁的震荡与凄凉。但是，这一切锤炼了我作为企业人员所必须具备的成熟和胆识，做文秘，我有文章见报；做驾驶，已有20万公里行程；做经营，我已摒弃了不切实际的梦想而变得自信和有主见。我的过去，正是为了明日的发展而准备、而蕴积。我的未来，正是准备为公司而奋斗、而拼搏、而奉献！现在正是公司招兵选将待机而发的重要关头，我不想仅是锦上添花，我不想在凉爽的空调房里坐享其成！我想雨中送伞，我想雪中送炭，我想亲自去闯、去干……

初出茅庐的求职者虽不失工作的热情与激情，但缺乏工作经验，失之于幼稚，招进公司须几年的培养打造，而许多有丰富工作经验的人又往往因为"经历过坎坷，尝过酸甜苦辣"而磨蚀掉创业的激情与热情。相较之下，象曹袁军这样工作经历丰富、工作能力全面又不失创业的激情与热情的人，一个屡战屡败仍屡败屡战的人，当然是求职大军中的难求之才。最重要的是曹袁军的求职信在字里行间树立起一个与职位需求相当的鲜明形象，相信会给任何一位读过该求职信的招聘者都留下深刻的印象，从而为自己赢得面试机会。

【说明】

这段材料说明了当前学生在实用文体写作方面存在的一些问题和不足，并以实例阐明了掌握实用文体写作的重要性。

第一节　求职信

一、求职信的概念、特点及种类

1.求职信的概念

求职信也叫自荐信或自荐书，它是求职者以自我推荐的方式向用人单位表达求职意愿，提出求职请求，并要求用人单位考虑答复的专用书信。

2.求职信的特点

（1）自荐性　求职信其实就是自荐信，求职者要毛遂自荐，以期被用人单位看中并聘用。

（2）针对性　求职信要针对用人单位的不同岗位、不同职务的不同要求来写作。还要针对求职者自己的知识技能、业绩、阅历等情况向用人单位展示自己的能力与优势。

（3）竞争性　求职面临很激烈的竞争，要在竞争中胜出，就要突出自己的优势。能力与优势就成为求职信写作的重点。这些优势不是编造出来的，而是经过实践检验的，求职信要附上能证明自己能力与优势的各种证明材料。

3.求职信的种类

求职信的分类有两种不同的分法。

（1）按求职者的社会成分分类

① 毕业生求职信。我国每年有几百万的大中专毕业生，其中大部分求职都通过求职信的形式进行。

② 下岗、待业人员求职信。下岗工人、待业人员再就业除了进行相应的技能培训之外，还要靠自己向用人单位毛遂自荐，求职信成为他们再就业的一个非常重要的工具。

③ 在岗者求职信。有些已经有工作岗位的人，由于不适应现有的工作岗位，或学无所有，或潜能得不到发挥，或为了谋求更好的职位，用求职信向用人单位推荐自己也是他们常用的方式。

（2）按求职对象的情况分

① 应聘信。求职者通过招聘广告等渠道清楚了解用人单位招聘的岗位及相关要求，这时写的求职信应该有针对性地谋求一个明确的目标岗位，这样的求职信其实就是应聘信。

② 自荐信。这样的求职信是指求职者没有确定的求职单位，求职信是写给所有同类性质的单位，属于投石问路性质的。这样的求职信只能根据自己的专长与技能，凭借用人单位通常的用人标准来进行写作。

二、求职信的写作格式

求职信的写作遵守书信体的格式，主要有标题、称谓、正文、结语、落款几部分构成。

1.标题

一般直接写"求职信"或"应聘信"即可，也可以省略标题。

2.称谓

求职信一般的读信人为用人单位的负责人，求职者不知其姓名，一般可以用"尊敬的××局局长"、"尊敬的××厂厂长"、"尊敬的××公司经理"等称呼。

3.正文

正文一般应该包括以下内容。

（1）引语。说明求职的缘由，如果是应聘信应该说明消息来源，比如"近日在《××报》上看到贵公司的招聘广告，获悉贵公司正在拓展业务，招聘新人，我有意角逐经理助理一职……"。如果不知道对方是否招聘新人，也可以投石问路，如"久闻贵公司实力雄厚，声誉卓著，故冒昧写信自荐，希望加盟贵公司……"。

（2）介绍个人背景，包括与应聘职位有关的学历、经历、成绩等，关键在于打动对方，引起对方的兴趣。当然这不能代替简历，较详细的个人简历可以作为附件附在求职信之后。

（3）展示自己能胜任竞聘职位的各种能力。这是求职信的核心内容，应该表明自己具有专业知识与社会实践经验，具有与工作要求相关的特长、兴趣、性格与能力。主要是让对方感到你能胜任这个工作，主要是针对招聘条件突出自己的优势，与招聘条件无关的不谈。

4.结语

结语主要是以诚恳的态度提出自己的愿望与要求，如希望对方能给自己一个面试的机会、盼望答复、静候回音等。然后写上表示敬意、祝福之类的词语，如"祝贵公司财源广进"、"顺祝愉快安康"，等等。

5.落款

署上自己的姓名和成文日期。

一般求职信还需要附件，在信后附上有关材料，包括简历和能够证明自己的身份和能力的证明材料，如身份证、学历证书、职业资格证书、各种获奖证书等。

三、求职信的写作要求

1.目的要明确

求职人要根据用人单位的需求选择陈述内容，不要没有重点地泛泛而谈，如"本人爱好广泛，能胜任各种工作"之类。要注意突出技术专长，根据用人单位的选拔条件，抓住重点，有的放矢，否则只会弄巧成拙。

2.内容要真实

写求职信必须实事求是，不能夸大其词，更不可虚构材料，编造历史。

3.语言表述要谦和、诚恳

求职者充满自信地推销自己是必要的，但要注意态度谦和、言词恳切、不卑不亢、情真意切。实践证明，只有那些既有真才实学，又言词得体的求职者才受人欢迎，易被录用。

4.文面整洁，杜绝错别字

求职信中若出现错别字、文面涂改等情况，会严重影响到求职效果，因为它反映求职者工作态度不严谨，给招聘方留下不好印象。如果写得一手好字，手写的求职信一般效果会更好些。

【例文】

求职信

××进出口公司：

我叫徐××，××大学国际贸易系2005级本科毕业生，中共党员。四年大学苦读，我在德智体各方面都取得了较全面的发展，学习成绩一直在年级前三名，综合积分专业排名第一。2007年通过国家计算机二级等级考试，2008年通过全国大学英语六级等级考试，具有良好的英语写作与会话能力。连续四年获得省级优秀三好学生称号。

大学四年，我先后担任国际贸易05（1）班班长、系学生会主席、校《学生通讯》主编，承办"校园十大青年歌手"、"月光书会"等多项校园活动，业余时间我特别注重计算机能力培养，选修、自学了各类计算机课程。能熟练运用C++语言、Fortran语言、VFP50数据库语言、Windows等操作。

2008年暑假实习期间，参与××公司对俄罗斯畜产品贸易谈判工作，获得实习单位的好评。

贵公司从事国际贸易，正是我向往的工作单位，如果能到贵公司工作，我相信我的工作能力一定不会让你们失望，我一定会珍惜这一难得的机会，努力作出自己的贡献。

此致

敬礼！

徐××

2009年×月×日

第二节　个人简历

一、个人简历概念

个人简历也称个人履历，是求职者在求职、评聘时向用人单位或评审团提供个人情况的一种应用文书。

二、个人简历的基本内容

标准的个人简历主要有四个基本内容构成。

1.基本情况

列出自己的姓名、性别、年龄、籍贯、政治面貌、毕业院校及专业、婚姻状况、健康状况、身高、爱好与兴趣、家庭住址、联系方式等。

2.教育背景

按时间顺序列出自己曾经读过的学校、学科或专业，同时列出所学的具体课程及学习成绩；在学校、班级担任过的职务；在校期间获得的各种奖励；获得的技能证书情况。

3.工作资历情况

按时间顺序列出参加工作至今所有的从业经历，包括单位名称、所在岗位、就任及离任时间。应该突出所在岗位的职责、性质。

4.业绩与成就

写自己取得的成绩、获得的奖励，以及在本学科的著述、建树和影响力。

三、个人简历的编写原则

1.真实性

简历是你交给企业的第一张"名片"，不可以撒谎，更不可以掺假，但我们可以进行优化处理。专家告诉我们，优化不等于掺假，我们可以选择把强项进行突出，将弱势进行忽略。比如你是一个应届毕业大学生，可以重点突出在校时的学生会工作和实习、志愿者、支教等工作经历，不单单是陈述这些经历本身，更重要的是提炼出自己从中得到了什么具有价值的经验，而这些收获能让你在今后持续发挥效用。如此一来，HR便不会用"应届生没有工作经验"为由而拒你于千里之外了。

2.针对性

一份简历打天下的海投方式早已经被淘汰了，如果你还固执地坚持着，不对自己进行职业定位，不经思考就投送了简历，不去了解用人单位的聘任条件，也不事先了解企业的招聘情况，随大流地盲目投递，结果自然就会造成简历屡屡石沉大海没有回音了。做简历时可以事先结合职业规划确定出自己的求职目标，做出有针对性的版本，运用专门的语言对不同企业进行求职递送简历，这样做往往更容易得到HR的认可，而不是看着千篇一律的海投简历感觉到索然无味。

3.价值性

把最有价值的内容放在简历中，无关痛痒的不需要浪费篇幅，使用语言讲究平实、客观和精练，太感性的描述不宜出现。通常简历的篇幅为A4纸版面1～2页，不宜过长，也不宜有半页，出现一页半的情况时，最好能压缩为一页。简历中尽量提供能够证明自己工作业绩的量化数据，比如拓展了多少个新的市场客户，年销售业绩达到多少万元，每年发表学术论文多少篇等。最好还可以提供能够提高职业含金量的成功经历，比如完成了一个很难的项目、拿下了一个很大的客户等。对于自己独有的经历一定要保留，在著名公司工作、参加著名培训、与著名人物接触等都可以重点突出处理。

4.条理性

将公司可能雇佣你的理由用自己过去的经历有条理地表达出来，最重点的内容有：个人基本资料、工作经历（职责和业绩）、教育与培训经历，次重要的信息有：职业目标（这个一定要标示出来）、核心技能、背景概述、语言与计算机能力以及奖励和荣誉信息，其他的信息可不作展示，对于自己的最闪光点可以点到即止，不要过于详细，留在面试时再作详尽的展开。

四、个人简历编写注意的问题

（1）简历要简，一到两页就够了，无关紧要的东西不要附，格式要有创新，不要让我们觉得是在填表格。

（2）简历要突出重点，你最想传递的信息一定要重点突出一下，让招聘人员一眼就能看到。简历不是你的个人自传，与你申请的工作无关的事情要尽量不写，而对你申请的工作有意义的经历和经验绝不能漏掉。

（3）简历中不要有明显字词句错误。要仔细检查简历中是否有错别字或语法错误。否则会使对方产生反感。

（4）用事实说话，空洞的词语少写。一定要用积极的语言，切忌用缺乏自信和消极的语言写你的个人简历，不能凭空编造你的经历。

【例文】

姓　　名：×××

性　　别：女

民　　族：汉族

政治面貌：党员

出生日期：19××年××月

户　　口：广州市

婚姻状况：未婚

学　　历：本科

毕业院校：××师范学院求真学院

毕业时间：20××年6月

所学专业：广告学

外语水平：大学英语四级

电脑水平：熟练

工作年限：实习/应届

联系电话：

求职意向

工作类型：全职

单位性质：不限

期望行业：市场、广告、公关、艺术、文化传播、互联网、电子商务、建筑、房地产、服务业

期望职位：广告创意与策划/文案、文案创意、公关与媒介专员、市场专员/助理、部门助理/秘书/文员

工作地点：杭州市

期望月薪：2000～4000元

教育经历

2005/09—2009/06　××师范学院求真学院广告学

市场调查与分析、广告编辑、广告经典作品评析、广告心理学、广告媒体研究、行政管理学、广告策划与创意、广告文案写作、市场营销学、广告学概论、大众传播学、公共关系学等

工作经验

2008/07—2008/08　侬侬魅力广告有限公司企划部 实习生

实习期间，日常工作如下。

（1）协助企划部经理撰写"主题秀"活动文案策划，参与主题秀活动前期准备工作；

（2）协助设计"主题秀"系列相关广告宣传：DM单、贵宾卡、邀请函、KT板、喷绘等；

（3）从公司企业文化中不断认识广告、了解广告，并有陪同经理接待公司客户的经历。

实习结束，部门经理及设计总监给予书面评价如下：此学生为人开朗，应变能力较强，悟性较高，思维创新，做事认真负责；缺点即经验不足，望今后继续努力，进一步增强广告意识。

2008/03—2008/05　大学生家教服务网站策划部 兼职

（1）2008年3月拟定"杭州大学生家教服务中心"合作策划书并试用于活动实践，取得成功；

（2）2008年5月拟定"杭州大学生家教服务中心"家教活动策划书，并协同成功举办三届"新起点"暑假文化培训中心；

（3）至今仍在为其做后续策划活动。

2008/03—2008/03　"畅游蓝光"科技工作室设计部　兼职

参与"畅游蓝光"工作室装饰设计系列，初步了解设计理念并试用于实践

2007/05—2007/05　颐高数码广场卖场部　兼职

假期兼职　协助"SONY电视"柜台销售，初次销售量一天售出6台。

2007/03—2007/04　龙鼎丽人健身中心 宣传人员　兼职

为健身中心进行为期一个月的广告宣传，并撰写POP广告若干。

工作业绩

① 2005学年××师范学院求真学院学生专业奖学金　三等奖

② 2006/09　求真学院人文教科系2005级百篇文　优秀奖

③ 2006/09　2005—2006学年第一学期专业课程论文　三等奖

④ 2006/10　首届"统力杯"校园话剧大赛　最佳演员奖

⑤ 2006/12　普通话等级证书　87.80（二级甲）

⑥ 2007/01　第一届校园广告大赛公益类作品　三等奖

⑦ 2007/12　全国计算机等级一级　合格

⑧ 2008/04　全国计算机等级三级网络技术　合格

⑨ 2008/11　第三届校园广告大赛公益类作品　优秀奖

⑩ 2008学年××师范学院求真学院学生专业奖学金　二等奖

自我评价

（1）对广告行业感兴趣并立志在文案/策划、市场、公关方面发展；

（2）具有文案/策划/设计等广告实习经验，获实习单位好评；

（3）担任四星级社团社长职位一年，有丰富的社团活动策划经验，如成功策划"×师院大型周末舞会"；

（4）个性开朗，接受新知识、适应新环境能力较强；

（5）乐观、自信，具有良好的人际交往、沟通及应变能力。

第三节　调查报告、实习报告

一、调查报告

（一）调查报告的概念

调查报告是对某一情况、某一事件、某一经验或问题，经过在实践中对其客观实际情况的调查了解，将调查了解到的全部情况和材料进行"去粗取精、去伪存真、由此及彼、由表及里"的分析研究，揭示出本质、寻找出规律、总结出经验，最后以书面形式陈述出来的一种事务文书。调查报告亦有别称，像考察报告、调研报告及××调查等都是常见的。

调查报告的核心是实事求是地反映和分析客观事实。调查报告主要包括两个部分：一是调查，二是研究。调查，应该深入实际，准确地反映客观事实，不凭主观想象，按事物的本来面目了解事物，详细地占有材料。研究，即在掌握客观事实的基础上，认真分析，透彻地揭示事物的本质。至于对策，调查报告中可以提出一些看法，但不是主要的。因为，对策的制定是一个深入的、复杂的、综合的研究过程，调查报告提出的对策是否被采纳，能否上升到政策，应该经过政策预评估。

（二）调查报告的特点

1.针对性

调查报告的针对性体现在撰写目的上，撰写调查报告，一是为了给决策者提供决

策的依据；二是发现典型，总结经验，指导工作；三是为领导机关了解情况，处理实际问题。因此，从实际出发，有针对性地调查研究，总结经验，回答人们最关心的问题，提出现实生活中迫切需要解决的问题是调查报告的关键所在。调查报告的针对性越强，社会作用越大。

2.真实性

调查报告的主旨是调查研究后所揭示的客观事物的本质和规律。因此，写调查报告必须是自己亲自调查了解到的情况，绝不能道听途说、东拼西凑一些虚伪的材料。在调查报告中，不仅主要人物和事实要真实，就是事件的时间、地点、过程及各种细节，也要绝对真实，不能有半点浮夸和歪曲。叙议结合，调查报告的表达采用叙议结合的方式，简明扼要、条理清楚地叙述事实。调查报告不追求事件的曲折波澜，只求叙述清楚。调查报告还要对调查材料中得出的结论进行适当地分析、议论，但只是画龙点睛式的，点到即止，不作展开，不反复论证，有时甚至观点寓于事实之中，用事实说话。

3.典型性

调查报告的典型性表现为：通过对大量事实的介绍、分析、综合，总结出具有方向性的普遍经验，推动实际工作的开展。运用典型指导一般，是领导基本的工作方法。越是典型性的东西，越具有可操作性，越有普遍的指导意义。调查报告的作用大小，取决于反映内容的典型程度。调查报告的典型性主要表现在两个方面：一是在观点和主题的体现上要有典型性；二是在所介绍的做法上要有典型性。

4.指导性

调查报告是制定方针、政策、措施的重要依据，是检验路线、方针、政策贯彻执行情况，借以解决和回答一个时期上级提出的问题的一种有效方法。调查报告通过典型事例的分析、总结，得出具有方向性和普遍意义的经验来，对未来的工作起到指导性作用。

5.时效性

调查报告的时效性特点表现在两个方面：首先，调查的对象应该是当前或者特定时期的典型事物，否则没有现实意义；其次，调查报告的指导和借鉴作用也是有时效性的，针对一个或几个事物的调查对当前或今后一定时期内的工作都有指导性作用，但随着时代的发展和社会的进步，过去的调查报告也会逐渐的失去意义，人们需要重新调查、研究、总结形成新的报告。

（三）调查报告的分类

按内容性质分，调查报告有以下六种。

1.专题型调查报告

这是针对某个事情或问题撰写的调查报告。它能及时揭露现实生活中的矛盾，反映群众的意见和要求，研究急需解决的具体的实际问题，并根据调查的结果提出处理意见，或者对策，或是建议。

2.综合型调查报告

它是以综合调查众多的对象及其基本情况为内容的报告。具有全面、系统、深入和篇幅较长的特点。它与专题调查报告的主要区别点就在于它的综合性上。它使读者可以从报告中看到事物的相对完整的"鸟瞰图"。

3.理论研究型调查报告

这是以学术研究为目的而撰写的报告，它以收集、分类、整理资料并提出问题、报告结论为特点，大多发表在学术刊物上，或载于学术著作中。

4.实际建议型调查报告

这是由于实际工作需要而写的调查报告，其主要内容是为预测、决策、制定政策、处理问题等进行调查所获得的材料及有关的建议。

5.历史情况型调查报告

这是根据需要以历史情况为对象进行调查而形成的调查报告。它可以供人们了解某一事物或问题的历史资料和历史真相。

6.现实情况型调查报告

它是以正在发生、发展的一些现实生活为对象进行调查后所形成的调查报告。人们可以通过它了解和认识某些事物和问题的客观现实情况，以作为其他认识活动的依据或参考。

（四）调查报告的格式

一般来说，调查报告的内容大体有：标题、导语、概况介绍、资料统计、理性分析、总结和结论或对策、建议，以及所附的材料等。根据这些内容所形成的调查报告的结构，就包括标题、导语、正文、结尾和落款。

1.标题

调查报告的标题有单标题和双标题两类。所谓单标题，就是一个标题。其中又有公文式标题和文章式标题两种。公文标题为"事由＋文种"构成，如《浙江省农村中学语文教学情况的调查报告》。文章式标题，如《××市的校办企业》；或是标明作者通过调查所得到的观点的标题，如《调整教育政策　增加教育投入》。所谓双标题，就是两个标题，即一个正题、一个副题，如《为了造福子孙后代——××县封山育林调查报告》。

2.导语

导语又称引言。它是调查报告的前言，简洁明了地介绍有关调查的情况，或提出全文的引子，为正文写作做好铺垫。常见的导语有：①简介式导语。对调查的课题、对象、时间、地点、方式、经过等作简明地介绍。②概括式导语。对调查报告的内容（包括课题、对象、调查内容、调查结果和分析的结论等）作概括地说明。③交代式导语。即对课题产生的由来作简明地介绍和说明。

3.正文

正文是调查报告的主体。它对调查得来的事实和有关材料进行叙述，对所作出的分析、综合进行议论，对调查研究的结果和结论进行说明。正文的结构有不同的框架。

（1）根据逻辑关系安排材料的框架有：纵式结构、横式结构、纵横式结构。这三种结构，以纵横式结构常为人们采用。

（2）按照内容表达的层次组成的框架有："情况—成果—问题—建议"式结构，多用于反映基本情况的调查报告；"成果—具体做法—经验"式结构，多用于介绍经验的调查报告；"问题—原因—意见或建议"式结构，多用于揭露问题的调查报告；"事件过程—事件性质结论—处理意见"式结构，多用于揭示案件是非的调查报告。

4.结尾

结尾的内容大多是调查者对问题的看法和建议，这是分析问题和解决问题的必然结果。调查报告的结尾方式主要有补充式、深化式、建议式、激发式等。

5.落款

调查报告的落款要写明调查者—单位名称和个人姓名，以及完稿时间。如果标题下面已注明调查者，则落款时可省略。

（五）调查报告的写作要求

调查报告的写作要求主要为以下三方面。

首先，深入调查，占有丰富而翔实的材料。调查研究是撰写调查报告的关键性的环节，调查的过程，就是全面掌握具体情况、广泛收集和充分占有材料的过程。材料是构思的原料和支撑点，没有材料，就如同巧妇难为无米之炊一样，不可能写出观点深刻的文章。调查的材料，除了所见所闻的第一手材料外，其他各种文件、统计表、对象事迹、工作报告等都可以作为重要的材料使用。调查还应选择合适的调查方法，以保证调查的全面性和公正性。

其次，认真分析材料，挖掘客观规律。这主要是为了发挥调查报告对显示工作的指导作用。写报告切忌堆砌和滥用材料。这就要做到去伪存真，去粗取精，由表及里，由此及彼。

最后，言明事理，观点与材料统一。写作调查报告，要做到观点与材料有机结合，以事明理。材料与观点的统一，既有材料，又有观点，观点能统率材料，材料足以说明观点，二者联系紧密。要通过对材料的分析研究，切实把握材料与观点之间的内在联系。还要善于表达，或先叙述事实材料。从不同角度说明观点，或先摆出观点，随后用事实材料说明之，有叙有议，叙议结合。

【例文】

大学生兼职调查报告

针对大批在校大学生都有过兼职经历的事实，我们利用五一长假开展了一次题为"大学生兼职状况"的社会调查。调查采用问卷形式，共发放问卷100份，其中一年级20份，二年级30份，三年级50份，收回100份，有效回收率100%，总体来说，被调查男女生人数基本相等。本次调查主要涉及大学生兼职的类型、目的、期间遇到的问题及解决办法、收入情况等内容。调查发现以下情况。

一、看待兼职的态度

（一）有无必要兼职

从性别来看，分别有46.9%的男生，52.9%的女生认为大学生兼职非常有必要，而认为大学生没必要兼职的均占0%，其余的则认为可有可无。

从年级来看，一年级、二年级、三年级分别有30.9%、35.2%、60.8%的同学认为大学生兼职非常有必要，其余同学均认为可有可无。

（二）是否从事过兼职

从性别来看，分别有14.3%的男生、11.8%的女生经常兼职，75.5%的男生、78.4%的女生偶尔兼职，10.2%的男生、9.8%的女生从未兼职。与此同时，各年级差异性不大，即绝大多数同学偶尔兼职，少数同学经常兼职或从未兼职。

总的来看，由于社会对女性就业的歧视，女生认为非常有必要兼职的比例明显高于男生；随着年级的增长，同学们意识到就业形势愈来愈紧迫，认为非常有必要兼职的同学比例显著增长。

二、寻找兼职的途径

从性别来看，分别有69.4%的男生、45.2%的女生自己寻找兼职，38.8%的男生、25.5%的女生通过熟人寻找兼职，22.9%的男生、27.5%的女生通过中介机构寻找兼职，还有部分同学通过广告寻找兼职。与此同时，各年级差异性不大，基本与总体情况相符。

调查还发现，80%以上的同学认为学校非常有必要成立专门的兼职指导机构，以丰富同学们的课余生活并确保兼职的安全。

三、从事兼职的类型及范围

从性别来看，分别有80.8%的男生、40.7%的女生做过家教，分别有16.3%的男生、78.4%的女生做过促销，分别有13.2%的男生、29.4%的女生发过传单，同时，还有少数同学从事过礼仪、家政、餐饮等兼职工作。

从年级来看，一年级、二年级、三年级分别有65%、75.5%、98%的同学做过家教，分别有5%、7.5%、26%的同学做过促销，分别有20%、30%、16%的同学发过传单。

总的来看，同学们兼职的种类比较单一，而且性别差异较大。经分析，原因有二：一方面，时间有限，同学们只能选择耗时少，收入较高的工作；另一方面，社会经验较少，工作能力有限，诸多用人单位不予考虑。

四、从事兼职与学习之间的关系

不论从性别还是从年级来看，均有90%以上的同学认为兼职对学习的影响因人而异，只要注意调整，能够二者兼顾，还有小部分同学说不清楚二者是否会相互影响。

五、从事兼职的目的及收获

从性别来看，分别有45.2%的男生、37.3%的女生认为兼职可以赚到一笔完全属于自己的钱，颇有成就感；分别有43.6%的男生、60.8%的女生认为兼职可以积累社会经验，为今后的工作奠定基础；分别有11.2%的男生、1.9%的女生认为兼职可以拓宽交际面。

总而言之，绝大部分同学从事兼职的目的比较明确，认为兼职的收获主要是赚钱和积累社会经验，少数同学认为可以广交朋友，拓宽交际面。

六、兼职过程中遇到的困难及应对方式

不论从性别还是从年级来看，超过70%的同学偶尔遇到过困难，20%左右的同学多次遇到过困难，只有极少数同学从未遇到过困难。

所遇到的困难当中，基本不包括性别歧视，而有部分同学认为引起兼职困难的原因是自身能力不佳，也有不少同学认为是由于用人单位过于刁钻。

遇到困难时，80%左右的同学积极想方设法解决，10%左右的同学忍气吞声，自认倒霉；还有极少数同学不知所措。

七、家长对子女从事兼职的态度

总体来看，50%左右的家长基本同意子女从事兼职，主要是出于安全方面的顾虑；25%左右的家长完全同意子女从事兼职，并予以鼓励；20%左右的家长不同意子女从事兼职，他们认为学生应该以学习为主；还有极少数家长完全不同意子女从事兼职。

八、兼职所得收入的用途

48%的同学将兼职收入作为生活费，以减轻家里经济负担；41%的同学将其作为额外的零花钱；6%的同学将其作为恋爱开支；其余5%的同学将其积累，作为长久投资（例如旅游等）。

小结：丰富多彩的大学生课余生活给了我们无限的激情，满腔的热情，更重要的是兼职的经历。通过调查，同学们大都希望在大学期间从事兼职工作，家长们基本同意子女兼职并予以支持。在兼职过程中同学们遇到了各种各样的困难，由于缺乏经验和社会阅历，不知如何应对，甚至有些同学还被欺骗过。但也有一部分同学具有一定的特长，善于交际，能力突出，能够将兼职工作做得有声有色。另外，同学们一致认为学校应该成立专门的兼职指导机构，鼓励指导同学们从事兼职，使大家在丰富课余生活的同时，既锻炼了能力，又获得了一定的报酬，为以后的就业做好准备。

二、实习报告

所谓实习报告，是把实习过程、结果以及体会用书面文字写出来的材料，不少人在实习后都会写一份毕业实习报告总结。

（一）实习报告的资料收集

从开始实习的那天起就要注意广泛收集资料，并以各种形式记录下来（如写工作日记等）。丰富的资料是写好实习报告的基础。主要收集这样一些资料。

1.在社会实践工作中党的路线方针政策是如何在工作中贯彻执行的

比如单位组织学习，内容是什么、什么学习方式、学习后的效果如何，对自己和同志们的思想有否提高。

2.专业知识在工作中如何灵活运用的

比如法律专业，注意法官或法律工作者在执法过程中是如何灵活运用法律条款，深入了解优秀法官是如何运用法律以外的手段解决民事纠纷，提高结案率的；秘书专业的学生可以直接将秘书实务、应用写作等科目中的问题带到实践中去，在实践中寻求理论与实践的结合点，等等。

3.观察周围同事如何处理问题、解决矛盾

实习是观察体验社会生活，将学习到的理论转化为实践技能的过程，所以既要体验还要观察。从同事、前辈的言行中去学习，观察别人的成绩和缺点，以此作为自己行为的参照。观察别人来启发自己也是实习的一种收获。

4.实习单位的工作作风如何

单位的工作作风对你将来开展工作、发展自己、提高自己有什么启发；某些同事的工作作风、办事效率哪些值得你学习，哪些要引以为戒，对工作、对事业会有怎样的影响。

5.实习单位的部门职能发挥如何

对不同职能部门的工作作风、履行职能的情况有什么看法和认识。

（二）实习报告的写法

根据本专业特点，可以全面地写。如法律专业，去法院实习，获得的是作为一个法律工作者应该具有的全面素质材料，这时，可以将所实习的全部内容，包括法律工作者的政治素质要求、业务素质要求、法律条文的运用、法官的个人魅力（言行举止、语言表达等综合因素）在法庭上的效果、法官的语言表达能力等写进实习报告。文秘专业，作为一个办公室文员，实习中可能工作性质内容涉及所学大部分骨干课程，如办会（会议之前的准备工作、会议过程中的服务工作、会后的总结会议工作，以及整个会议涉及的文书有哪些，领导对这些会议文件的写作要求有哪些，写作者在准备过程中有哪些成功的做法或失败的教训，文秘工作者的仪表礼仪有什么要求，等等）。也可以根据实习的内容确定某一局部的工作，就一个专题作为重点描述对象。如文秘中的档案管理，单位对工作人员的要求有什么、自己学的哪些知识在工作中运用上了，你运用的方式方法是否符合工作需要，效果如何；同事是怎么对待档案管理工作的，他们有什么值得你学习的地方，等等。

实习报告书写格式及结构安排如下。

1.封面

写明系别、专业、班级、姓名、指导教师、实习报告题目等。

2.摘要

作为实习报告部分的第一页，为中文摘要，字数一般为150字，是实习报告的中心思想。

3.目录

应是实习报告的提纲，也是实习报告组成部分的小标题。

4.正文

是实习报告的核心。写作内容可根据实习内容和性质而不同。

（1）实习目的或研究目的。介绍实习目的和意义，选题的发展情况及背景简介、方案论证，或实习单位的发展情况及实习要求等。

（2）实习任务、时间、地点。

（3）实习企业概况。

（4）实习内容　实习的具体内容、实习中资料的收集与总结。

（5）实习结果。

（6）实习总结或体会　也是实习感想，是对实习的体会和最终的、总体的结论，不是正文中各段小结的简单重复。

（7）参考文献　是实习过程中查阅过的，对实习过程和实习报告有直接作用或有影响的书籍与论文。

（三）实习报告的写作要求

（1）报告必须写自己的实习经历，可参考别人的资料，但不能抄袭。

（2）如有引用或从别处摘录的内容要表明出处。参考文献的标注方法一律采用文后注释，具体格式为：引文标题、作者、出处（刊物名称）、页码、发表日期或出版者、出版时间和版次。

（3）文章开头有内容摘要和主题词。

（4）语言要求简练，符合公务文书的要求。不要过多地说"我"如何如何，在第一段介绍了自己的实习时间、地点和分配到的任务后，下面的文字尽量少出现人称，不用人称。字数要在3000以上。

（5）去单位实习之前一定要先跟指导老师联系，相互留下联系方式。实习一段时间后，首先要提交的是报告的大纲，字数最好能在800字左右，主要是交代自己要写的报告的主要构架内容，由指导老师指导后再开始写作，具体交稿时间跟指导老师联系，最好在实习结束前10天将草稿交指导老师批改。老师认为合格后，再誊抄在学院统一印制的实习报告本上。

（6）实习结束回到学院后准备集中交流实习情况。

【例文】

计算机教学实习报告

一、任务与目的

实习是大学教育最后一个极为重要的实践性教学环节。通过实习，我们可以在社会实践中接触与本专业相关的实际工作，增强感性认识，培养和锻炼我们综合运用所学的基础理论、基本技能和专业知识独立分析和解决实际问题的能力，把理论和实践结合起来，提高实践动手能力，为我们毕业后走上工作岗位打下一定的基础；同时可以检验教学效果，为进一步提高教育教学质量、培养合格人才积累经验，并为自己能顺利与社会环境接轨打好基础。三年来，我以做一名高素质的优秀师范大学生为目标，全面严格要求自己，不断追求进步，不断完善自己，不断超越自己。在实习期间，深受学校领导的照顾和关怀，并在指导老师的带领下，认真负责，做好各项教学工作，完成任务要求，做一名合格的人民教师。

二、原理

1.PPT原理

在制作Powerpoint前一定先要进行教学设计中的学习需求分析、学习内容分析、学习者分析、教学策略的制定。在这些分析的结果之上再来进行Powerpoint的设计和制作。

在制作Powerpoint中首先要确定哪些教学内容用Powerpoint来呈现。这和黑板的板书一样，首先要确定板书内容。但Powerpoint和黑板板书在选择内容的依据上是不相同的。

多媒体是Powerpoint的特点。所以对于语言文字不擅长表达的信息如需要学生感性认识的现象，如抽象复杂的关系，如动态的变化过程，对于这些信息尽量用图表、图片、动画、影视等直观形象形式来呈现和表达。Powerpoint这种多媒体演示软件和媒体组合在信息呈现上是很有优势的。

2.电脑动画制作原理

Flash是一种基于矢量图形的交互式多媒体技术，产生动画的最基本的元素就是那些静止的图片，即帧，所以怎么生成帧就是制作动画的核心，而用Flash做动画也是这个道理——时间轨上每个小格其实就是一个帧。按理说，每一帧都需要制作的，但Flash能根据前一个关键帧和后一个关键帧自动生成期间的帧而不用人为地刻意制作，这就是Flash制作动画的原理。

三、内容与步骤

1.PPT制作的步骤

分解动画，制作PPT。我们将每一部分继续分解下去，开始制作PPT。在制作PPT的时候，充分运用自定义动画方案里提供给我们的一些进入、强调、退出的特效。一般是这样来进行：首先添加我们动画的对象，如我们要让文字以渐显的方式进入，那么我们应首先添加文字，然后选中整个文本框，在自定义动画面板中选择添加渐显方式的进入效果。需要注意的是，一般对象的效果运行是从鼠标点击开始的，但我们为了整个动画的连续性，在选择对象开始时间的时候应该选择之前而不是单击时，这样对象就有时间轴。当有多个对象时，我们都进行这样的设置，然后在时间轴上通过调整时间块来控制各个对象运行的起始和结束时间。

PPT中上下两个幻灯片的切换方式非常重要，首先应保证上一个幻灯片结束时的效果与下一个幻灯片开始的效果（或画面）一致，然后我们通过调整幻灯片切换，来达到两个幻灯片无缝转场。一般可以这样设置，将上一个幻灯片的切换方式改为平滑淡出，并且设置换片方式为每隔多长时间，这个间隔时间是这个幻灯片完成整个动画需要多长时间，在自定义动画的时间轴上可以看到。这样我们就实现了每个幻灯片之间的无缝切换，且彻底屏蔽掉鼠标的动作，每个幻灯片都有自己的播放时间，播放完成再自动切换到下一个幻灯片，我们在整个幻灯片上建立了完整的时间轴。

大致一个完整的动画制作就是这么一个流程，具体效果还要看个人的想象力和实际元素的处理能力了。

2.电脑动画制作步骤

（1）逐帧动画制作流程　将不同的效果分布在不同的帧上，这些帧都是关键帧，添加方法按键盘上的F6。

（2）形状动画制作流程　绘制原始图形（例如一个普通的圆，切记不要群组，不要转换成元件）。

在时间轴上的任意一帧添加空白关键帧（切记按键盘上的F7）。

在当前这个空白关键帧上绘制将要变形的图形（例如一个普通的矩形，切记不要群组，不要转换成元件），然后选中补间（两个关键帧中间的任意一帧）添加形状命令（在属性面板上"补间"下拉列表内找到"形状"选项）。

（3）运动动画制作流程　首先必须创建元件（Ctrl+F8）或者是将绘制好的图形转换成元件（F8）。

打开库面板（F11），将元件拖拽到场景中。

在时间轴上的任意一帧添加关键帧（切记按键盘上的F6）。

将元件改变位置、或是改变大小、或是改变透明度、或是更改颜色、或是设置旋转。

然后选中补间（两个关键帧中间的任意一帧）添加运动命令（在"属性"面板上"补间"下拉列表内找到"运动"选项）。

四、现象分析

1.PPT现象分析

（1）在"我的电脑"中点右键，选择"复制"，然后打开PPT点右键，选择"粘贴"，此种插入图片的方法比正常插入图片体积增大二十多倍。

（2）不经过图片缩小处理，直接把扫描的或数码相机拍摄的图片插入PPT文件中，视情况，此方法可"有效"增大体积2～5倍。

（3）直接插入bmp等大体积文件，此种方法也会增大PPT的体积达10～20倍之多。

（4）多个幻灯片以同样一幅图片作为背景。视情况，此方法也可增大文件的体积。

2.正确的操作

（1）图片的格式转化为jpg格式。

（2）图片的分辨率减小到1024×768以下。

（3）插入图片使用常规方法：插入→图片→来自文件→……

（4）如果使用一幅图片做多张幻灯片的背景，应该在PPT上点右键→背景→下拉"背景"列表框→其他效果→图片→选择图片→全部应用。

通过以上处理，一个96M的PPT文件最后大小只有2.1M，而且图片品质没有任何变化，体积缩小了40多倍，真是让人目瞪口呆。

3.电脑动画制作现象分析

制作课件的软件有很多种，常用的有PowerPoint、Authorware、Flash、几何画板等，用这些软件制作课件可谓各有所长，如表1所示。

表1　制作课件软件比较

制作软件	制作难度	制作时间	适合学科
PowerPoint	一般	短	多种
Authorware	难	较长	多种
Flash	难	长	多种
几何画板	易	一般	数学、物理

制作平时上课用的课件，多数是PowerPoint，PowerPoint比较方便、快捷。相对来讲，Flash是一个较难学、难上手的软件，且它的动画动作多数不能由该软件自动生成，而依赖于制作者进行逐帖动作来完成，这就大大地增加了制作者的工作量。因而选择使用Flash制作的课件，通常是：①需大量或反复使用动画情境的课件；②需较强的交互、反馈的课件。

五、结论

近两个月的实习，使我真正体会到做一位老师的乐趣，同时，它使我的教学理论变为教学实践，使虚拟教学变为真正的面对面的教学。近两个月的实习，现在回想起来，短短的实习生活，自我感觉可以说不错，真的很不错。记得我刚到教室的第一天，我的指导老师向同学们介绍我这个新老师，"同学们，我们班今天来了个新老师，今后的两个月，将由这位老师带你们上课"，学生们很热情，热烈的掌声让教室里的气氛热闹起来！我感到很激动，学生的热情让我大受鼓舞，我暗暗想，接下来的时间里，我一定要好好表现，跟学生好好相处，认真完成实习工作，给这里的学生一个好的交代，不辜负他们对我的热情！当我漫步在实习的校园里，那出自学生的一声声"老师好！""老师好！"的感觉真好，我有时觉得自己是不是被叫上瘾了。

时间过得真快，短短近一个月实习生活已经结束，我很舍不得这些学生，我很珍惜我与学生结下的这段师生间的情谊。时间虽然很短，可是这段时间却很令人难忘，对我的人生也起着很大的作用。这近一个月的实习使我的教学经验得到了一个质的飞跃，我学到了很多书本上学不到的知识。"知识是永无止境的"，在取得好成绩的同时，我时刻不忘超越自己，对教育事业的满腔热情，将鼓舞着我不断前进。我相信，通过继续努力，我今后能够成为一个很好的教育工作者。

这就是我在这段实习期间的几点体会，这段时间的经历对于我将来的工作有着很重要的作用和启示，毕竟这是从一名师范生转化为一名教师不可少的过程。

第四节　计划、总结

一、计划

（一）计划的概念

社会团体、企事业单位或个人对未来一定时期的工作、事项、活动等作出预先打算和安排，确定目标、任务、措施所形成的一种事务性文书。

计划是一个统称，规划、纲要、安排、设想、方案、要点、打算等都属于计划的范畴。一般来说，规划、纲要是长远计划，而纲要比规划更概括；安排是短期计划；设想、打算是非正式的计划；方案的可操作性较强；要点是粗线条式的计划。

（二）计划的特点

1.预见性

计划总是为做好未来的工作，完成今后的任务而制定的，它要凭借超前意识预见到工作的发展趋势，以便作出正确决策。制订计划既要看得远，又要想得实，尽可能对各种情况作出正确预想，使计划顺利实施。

2.可行性

计划是决策的载体之一，它要指挥或者指导人们的行动，因此在制定目标、任务时要考虑自身的实际，确保目标的实现。不能好高骛远，措施、办法应该切实可行。当然有时计划需要随客观实际情况的变化做适当的调整和修订。

3.明确性

计划是效果检验的依据，因而计划的各项指标及措施、方法的设置安排必须十分明确，不能含糊。明确的计划可以使人行有所依，查有所据。

4.时限性

计划只在一个特定的时间范围内有效。无论是制定它，还是执行它，都是如此，离开了一定的时间范围，计划就失去了它本来的作用与意义。

（三）计划的种类

计划可以从不同角度分类。

按内容分：生产计划、工作计划、学习计划、科研计划等各种专项计划。

按性质分：综合计划、专项计划。

按写作方式分：条文式计划、表格式计划。

按时间跨度分：年度计划、季度计划、月计划、周计划等。

按制定计划的机构分：国家计划、省（市）计划、单位计划、个人计划。

计划是个统称，像规划、纲要、设想、打算、要点、方案、意见、安排等都是根据计划目标远近、时间长短、内容详略等差异而确定的名称。

规划是一种时间跨度长（三年以上）、范围广、内容较为概括的计划。例:《××市城市建设总体规划》。

纲要和规划相同，它们都是各级领导机关根据战略方针，为实现总体目标对某个地区或某一事项作出长远部署。不同的是纲要比规划更为原则和概括，一般只对工作方向、目标提出纲领式要求和指导性措施。例:《××市2009年经济发展纲要》。

设想是一种粗线条的、初步的、预备性的非正式计划。相对来讲，其适用时限较长。例:《××市拓展就业安置门路的设想》。

打算也是一种粗线条的、其想法不太成熟的非正式计划。相对设想，它的内容范围不大且考虑近期要做的。例:《××学校争创文明校园的打算》。

要点是将计划的主要内容择要摘编，使之简明突出，它适用于时间相对较短的计划。例:《××局2009年工作要点》。

方案是目的、要求、方式、方法、进度等都部署具体周密，有很强可操作性的计划。方案一般适合专项性工作，其实施往往须经上级批准。例:《××市住房分配制度改革实施方案》。

意见属粗线条计划，它适用于上级向下级布置工作任务并提供基本的思路、方法，交代政策，提出要求等。例:《××公司关于下属企业2009年扭亏增盈全面提高经济效益的意见》。

安排是短期内要做的，且范围不大、内容单一、布置具体的一类计划。例:《××系第×周工作安排》。

（四）计划的格式

1.文字式计划的结构与写法

文字式计划是计划主要的写作方式。

（1）标题　由单位名称、时限、事由、文种组成，如《××市××局2009年工作计划》。也可省略其中的一项或者两项，如《××厂职工教育计划》等。但无论怎样省略，都必须保留事由、文种两项。有的计划则采用公文式标题，如《××学院关于留学生入学教育工作安排》。

（2）正文

① 开头。即引言、前言。这部分可写制订计划的依据，或背景材料（如面临的基本形势、前段工作经验教训等）。这部分要写得简明扼要，力戒套话、空话、大话。不同计划对上述内容可以有不同的取舍和侧重，有些大家熟悉的例行工作的计划，也可不写这部分内容，可直接写明工作的总目标、总任务。

② 主体。这是计划的主要部分，计划的四要素都在这部分，只是不同的计划对这些要素有不同的侧重和取舍，比如领导机关制发的工作要点就可不具体写实施步骤和时间，而基层单位的计划则要写清楚这些内容。

这部分可采取下面几种结构方式。

a.条文式。把下阶段工作分成若干项目，逐项逐条地写明具体任务要求、措施办

法、执行人员、完成时间等。要注意条文的逻辑顺序，可按各项工作的顺序，或者工作的主从轻重安排先后顺序。

b.分部式。按四要素规定的内容分成若干部分，每部分可用小标题概括重点或提示内容范围。这常用于较复杂的计划。

c.贯通式。依自然段落分层次写，开头常用提示句，如"这项工作的目标是"之类。这种写法常用于短期的、单一的、具体工作的计划、安排。

不论采用何种形式，主体部分都要写得周到详尽，具体明白。

③ 结尾。这部分可以提出号召和希望，激励大家为实现计划而努力；可以简要强调任务的重点和工作的主要环节；可以说明注意事项。有的计划还把督促检查的要求写为结尾部分。结尾部分应根据需要，灵活掌握写法及内容，有的计划甚至可以不写结尾。

（3）落款　写明制订计划的单位（标题中已标明单位的可省略）和制订日期。

2.表格式计划的写法

它和条文式计划写法的主要不同是在主体部分，即把任务、措施、步骤、完成时间、执行人员等分项列成表格，依时间先后顺序排列。有的还列上执行情况一项，以反映出计划的实施状况。

这种写法眉目清楚，一目了然，直观性强，适用于任务具体、时间性强、程序性强的计划，如生产计划、招生工作计划、学校的教学工作计划等。也有的把它叫做工作日程安排表、行事日历。

（五）计划的写作要求

（1）要从实际出发，量力而行。制定计划要立足实际，计划中的指标、措施都应从本单位实际情况出发，指标的提出要留有余地，经过努力能够实现。

（2）要服从大局，克服本位主义，注意协调和综合平衡，但又要体现本单位工作特点。

（3）要有一定的挑战性。计划要有积极进取的精神，所提的任务和要求要在可能范围内尽力定出最高目标。指标过低，缺乏吸引力，也不利于充分调动积极性。

（4）内容要具体明确，表达要简明准确，有条有理。

二、总结

（一）总结的概念

总结是党政机关、企事业单位、社会团体及个人对前一阶段的工作进行回顾、反思和分析研究，找出成绩与问题、经验与教训，用来指导今后工作的一种应用文体。

总结是对自身实践活动的回顾，又是人们的思想认识从感性阶段向理性层次不断提高的过程。人们可以通过总结更深刻更全面地认识过去，以便顺利地开展以后的工作。

（二）总结的特点

1.总结是人们自身实践的本质的反映

它要求内容真实，完全忠实地反映自身的实践活动。总结的材料，只能来自自身的实践，不能东拼西凑、添枝加叶；总结的观点不能是外加的漂亮标签、任意拔高的思想，只能是从自身实践活动中抽象出来的认识。

2.总结具有理论指导性

总结是人们对客观规律认识的反映，它不仅要陈述工作情况，更要揭示理性认识。能否进行理性分析，指出事物发展的客观规律，是衡量一篇总结写得好坏的重要标准。

3.总结具有针对性的特点

总结必须对本单位、本部门、本地区的工作实际进行检查、回顾和评价，并提出适合本单位或本部门特点的努力方向。

（三）总结的分类

1.按性质分

有专题总结、综合总结。

2.按内容分

有学习总结、工作总结、思想总结、科研总结等。

3.按范围分

有地区总结、行业总结、单位总结、班级总结、个人总结。

4.按时间分

可分年度总结、季度总结、月份总结等。

（四）总结的格式

1.标题

总结的标题常见以下几种形式。

（1）四项式标题　即由单位机关名称、时间、事由、文种组成标题，如《××市人事局2009年补充国家机关工作人员考试工作总结》。这四项可根据需要进行省略。

（2）文章式标题　如《更新观念培养开拓型人才》。常用于专题总结，可写单行标题也可写双行标题。

2.正文

（1）开头　总结的开头要简明扼要，紧扣中心，有吸引力。常采用以下几种方式。

概述式：概括介绍基本情况，即交代工作的背景、时间、地点、条件等。

结论式：先明确提出总结出的结论，使人了解经验教训的核心所在，然后再引出下文。

提示式：对工作的主要内容作提示性、概括性的介绍，它不概括经验，只提示总

结的工作内容和范围。

提问式：先设问提出问题，点明总结的重点，引起人们的关注。

对比式：开头对有关情况进行比较，以说明成绩，表明优势，引出下文。

总结也可综合运用几种方式开头，以增强表达效果。

（2）主体　总结的主体主要包括以下三方面。

一是做法、成绩与经验。这是总结的主要内容。要写明做了哪些工作，采取了怎样的措施、方法和步骤，有什么效果，取得了哪些成绩，取得成绩的主观原因是什么。哪些做法是成功的，行之有效的，有什么经验和体会。这些内容中，做法、成绩是基础材料，经验、体会是总结的重点，在全文中占有主导地位。这部分内容一般比较丰富，写作中要处理好主次详略的关系。

二是问题与教训。要写出工作中存在的问题与不足以及它们给工作带来的影响、造成的损失；分析出现问题、失误的主客观原因及由此得出的教训。不同的总结对这部分内容的轻重处置不同，比如着重反映问题的总结，就要把这部分作为重点。

三是今后的工作设想和努力方向。这是在总结经验教训的基础上，针对工作的实际问题，提出改进措施；或者说明今后打算、工作发展趋势，展望工作前景，提出新的目标。也有的总结把这一部分就列为结尾部分。

（3）落款　署上单位名称、标明时间。

（五）总结的结构形式

总结常用的结构形式有以下五种。

第一种，分部式。

这是按"情况—成绩—经验—问题—意见"或者"主旨—做法—效果—体会"的顺序，分成几个大部分，依次来写。

第二种，阶段式。

这是把要总结的工作的整个过程，按时间顺序划分成几个阶段来写。每个部分把其中一个阶段的工作情况、经验教训结合在一起来写。运用这种结构形式，注意一定不要记流水账，要突出各个阶段的重点和特点，注意各阶段之间的连贯性。

第三种，条文并列式。

这是把总结的内容按性质分类，逐条逐项排列，可以把经验体会有序分条，也可以以工作项目为序分条。

第四种，总分式。

这种结构形式常用于全面总结。先总述工作情况，如形势、背景、成绩，然后再分若干项主要工作逐项总结。

第五种，贯通式。

这是围绕中心，按时间顺序或者事物发展顺序，抓住主要线索，层层分析说明，总结工作的全过程。这种结构适合内容比较单一的专题总结。

（六）总结的写作要求

1.实事求是，切忌虚假

这是写好总结的基础。要如实反映工作中的成绩和问题、经验和教训，不能只报喜不报忧，也不能脱离实际随心所欲地拔高观点。反映情况不能片面，更不能前后矛盾。

2.突出重点，切忌平淡

要根据工作实际、写作目的和总结的不同性质，内容有所侧重，不能不分主次、不分详略地平均用笔，也不能堆砌材料、平铺直叙，记流水账。

3.写出特色，切忌平庸

要抓住事物的主要特点，反映出本单位工作的特点，要有自己的面目，不要"异口同声"、千篇一律。

4.注重分析，切忌肤浅

写总结的目的，是为了认识工作实际，推动工作进展，这就必须注重对工作情况的分析，总结反映客观规律的经验教训。要对材料进行深入挖掘，使观点和材料相结合。

【例文】

经贸学院文秘专业实习计划

为突出高职教育优势，强化学生专业技能，根据文秘专业教学计划安排，在完成课堂的理论和实践教学环节后，集中安排第六学期进行专业实习。通过实习，一方面巩固所学知识，检验理论，强化技能，另一方面让学生认识社会、适应社会，补充所学之不足，为毕业后尽快适应岗位要求、成为具有较强的办事、办文、办会和公关策划能力的文秘人才打下基础。现做出如下计划。

一、实习安排

（一）实习时间

2009年2月23日开始实习，2009年7月3日结束实习，返校办理毕业手续。

（二）实习地点

省内行政、事业单位及企业的办公、接待、管理等部门。由学生自主联系实习单位和系里统一集中联系相结合。师生通过各种渠道获取就业信息，向用人单位推荐（自荐）优秀学生实习（就业）。系里推荐的实习单位有：①济南钢铁集团总公司；②山东省青年旅行社；③山东省公关协会；④团省委机关服务中心；⑤山东青少年活动中心；⑥山东省宣传干部培训中心等。

（三）实习内容

根据本专业已开设过的《秘书原理与实务》、《公文写作》、《秘书礼仪》、《办公自动化》、《档案管理》、《公司秘书实务》、《公关实务》等专业课程，做好办公室事务管理、接待值班、处理信访、收发文件、写作文稿、整理档案、组织会务等工作，在工

作实践中逐步进入职业角色，培养职业精神，锻炼职业技能。主要技能包括：①办公室日常事务能力；②信息收集处理能力；③文书拟写能力；④调研能力；⑤公关、协调能力；⑥办公自动化设备应用能力；⑦用人单位需要的实际工作能力。

（四）实习的方法

本着统一安排、灵活行动、科学管理、严格考核的原则，组织专业实习。

（1）学生离校前，由系里统一进行毕业实习与谋职就业的相关教育，包括毕业实习动员、毕业论文（社会调查）写作方法、就业趋势报告、就业技巧讲座等，并提前安排毕业论文指导教师。统一发放与毕业实习、求职就业相关的书面材料，包括实习单位联系函、实习鉴定意见书、学生就业推荐书（含各科学习成绩）、学生就业协议书等。

（2）学生实习期间，由系里组成实习领导小组，宏观指导重点巡视。

（3）由专业教研室负责拟订有关的毕业论文参考题目，发给学生，并安排相关的实习指导老师，进行专门的指导，提出具体的论文要求。

（4）学生自定实习计划，自觉遵守实习单位有关规章制度，完成实习工作，由实习单位出具实习鉴定，实习结束后，完成毕业论文、调查报告或实习报告，并将实习单位鉴定书与论文上交，以供系实习指导小组进行综合鉴定。

（5）系里组织教师对学生的毕业论文、毕业作品及实习报告进行鉴定，按优秀、良好、合格、不合格等级计入学生档案。在媒体公开发表的作品原则上以成绩优秀计入。

二、实习作业要求

（一）实习作业形式

学生应根据实习岗位具体情况，结合实习工作收获与体会，在下列作业中选择一项完成：①毕业论文。参考已拟定的选题，也可作其他选题，但原则上选题不应超出文秘专业领域。毕业论文字数不少于3000字，须有摘要、关键词、注释、参考文献等相关内容，符合论文格式要求。②调查报告。参考调查报告选题，也可结合实习工作选题调查，完成报告。③实习报告。实习报告是对个人实习情况进行全面总结完成的报告，要写明实习岗位、实习基本情况及实习的得失体会，要求有独特的视角、鲜活的材料、真切的感悟和深入的思考，字数不少于2000字。④实习部门要求完成的专题性或综合性写作材料。如两千字以上的通讯、典型材料、专题调查、总结、报告等，须有媒体发表或实习部门证明。

（二）实习作业格式

（1）发表作品提交原稿（电子版）及发表作品复印件，论文、实习报告等提交电子稿及打印稿。

（2）作业一律使用A4纸单面打印，左侧装订。字体字号参见相关要求。

（三）提交作业时间

实习结束，将电子版实习作业发到实习指导教师邮箱。返校时携带打印稿统一上交系里。

个人新学期工作计划

×× 中学 办公室干事 ×××

又一学期转眼而过，带着已经进入暑期的兴奋心情，带着对下学期开学迎新生的喜悦心情，根据学校的要求，我制定了下学期的工作计划书。

一、上传下达，协调各部门，完成好各项工作

根据上级文件精神，协调学校各部门工作，处理好日常事务、教职工思想工作，了解意见，与领导沟通。对于学校重大会议、活动的组织和协调，办公室都必须做到超前的工作原则，尤其要注意活动的细致性、周到性和实效性，根据学校规定和工作需要，协助校长组织安排行政会、教师会和其他会议，做好统筹协调工作。

二、配合各部门，完成好学校的中心工作

本学期学校将开展科艺节、校园艺术节"班班有歌声"、"班班有美展"、安全讲座、演练等，办公室的主要任务是为每一项活动做好组织、协调、后勤服务等工作。

三、负责全校教职工考勤工作，为学校的绩效考评工作提供公平、公正的依据

根据老师当月工作情况和各部门考核结果，将各办公室教师的考勤、请假、外出、迟到、早午晚辅导等情况一一统计汇总，及时公示。严格按照学校考勤制度执行。

四、认真进行文件的管理、分发工作。

及时收接学校邮件信息，将文件通知、信息向校长汇报，并将信息传递到相关人员处。督促相关人员完成文件要求，并及时上缴材料。

五、做好全校师生获奖情况的登记、汇总工作。

及时通知各项比赛任务，督促完成。将学校的活动进行推广，向媒体推荐学校的优秀活动，并进行报道。

（1）本学期 ×× 区将迎来三赛三比，办公室所有人员要积极协调各部门做好办公室工作总结，并汇总，顺利通过检验。

（2）本学期我校举行各项活动，办公室要认真负责分配任务，积极协调各部门做好准备，取得良好的成绩。

六、认真做好教师的继续教育审核工作和人事档案工作

督促教师认真参加进修学校组织的继续教育、岗位培训活动，不断丰富教学积淀，拓宽视野。营造浓郁的学习氛围，让老师们在不断的学习中进步，帮助老师进行学历学习的申报。

×××× 年 × 月 × 日

【例文】

××开发区秘书局2009年工作总结

今年，秘书局在开发区党工委、管委会的正确领导下，在兄弟部门的大力支持下，紧紧围绕开发区的中心工作，积极做好为领导、为基层、为群众"三个服务"，充分发挥参谋助手、综合协调、督促检查"三个作用"，不断强化全局意识和服务观念，理顺管理渠道，增强内部凝聚力，提高工作效率，确保了开发区各项工作的顺利进行。

一、加强内外联络，创造良好工作环境

秘书局处于沟通上下、联系左右的枢纽位置，工作涉及方方面面，因此，我局一直把发挥综合协调作用作为一项重点工作来抓。一是协助分管领导走访市委办公室、市政府办公室、市档案局、市交巡警支队、市公路管理处、市车管所等相关部门，并与市委办秘书处、信息处、三外旅游开发区处等处室建立了良好的业务关系，为更好地开展工作奠定了基础；二是加强同兄弟开发区的联系，组织人员随领导赴江阴、吴县、金坛、丹阳、江宁、西安等地开发区进行考察学习；三是协调与各职能部门的关系，上传下达，及时反馈，做到政令通畅，确保日常工作高效运转。

二、强化服务意识，工作稳步发展

一是文字材料方面。不断提高文字水平，正确领会把握领导意图，精心做好文稿起草工作，保证文件质量。全年共编发办公室及管委会正式文件×件，党组及党工委正式文件×件，函件×件；撰写有关综合材料×篇，其中汇报材料×篇，理论调研及经验交流材料×篇，领导讲话稿×篇，约×万字；编发办公室会议纪要×期；编发大事记×条，约×字；作会议记录近×万字；编发管委会周工作计划×期和月工作计划×期；完成《江苏年鉴》、《徐州年鉴》徐州经济开发区篇组稿工作。以上文字总量约×万，其中秘书局拟稿、记录的约×万，占文字总量的×%。

二是信息工作。不断加强信息工作，注重信息的时效性、真实性和适用性，积极搜集开发区的相关信息，及时上报重要信息和紧急信息。全年共编发《金山桥信息》×期，约×万字；向市委、市政府上报信息×篇，其中在《徐州信息》上刊登×篇，在《政务信息》上刊登×篇，在江苏省外经贸厅主办的《开发区信息》上刊登×篇，采用率达×%。继续执行重要电话记录制度，使有关信息传递更加准确、及时。

三是文印工作。共打印各类文件×万字，复印文件×万页，印刷×万页；切实做好各类文件的分类存贮，分阶段刻成光盘保存、备用，全年刻录各式文件多份；不断提高文字打印正确率，减少回机率。注重节约，尽量降低各类耗材的消耗量；做好计算机、复印机、一体多用机和打印机的维护保养，定期请专业技术人员检查，保证其正常运行。

……

三、突出规范管理，行政后勤工作成效显著

一是制度建设。从制度建设入手，做到有章可循。逐步推进内务管理制度化，先

后修订了《卫生评比检查办法》、《值班管理规定》、《饮用水分配管理办法》、《车辆管理办法》和《接待工作管理办法》，并相应设计管理表格多种，切实执行值班制度，使管委会的行政后勤、车辆管理、接待、会务等工作步入了制度化、规范化的轨道。

二是车辆管理。不断加强车辆管理，制定了《节假日期间车辆管理规定》、《办公室车辆使用、管理办法》等制度，每天主动与用车部门联系，确保各部门的车辆使用，特别是在开发区举行的几次大型活动期间，合理调配车辆，提高使用效率，提供车辆保障；每月对车辆维修、油料消耗等费用进行统计，做到账目清楚；办理了×部新车的采购、挂牌等手续；组织安全教育×次，树立安全第一的思想，全年无重大行车事故发生。

四、发挥窗口作用，接待和会务工作步入正轨

一是接待和用餐管理工作。接待工作努力做到既热情周到，又注重节俭，坚持统一标准、统一扎口，从接站、入住、就餐、会务、参观、娱乐，到车（机）票购置、送站、费用结算等，实行统一管理，圆满完成了我国台湾投资考察团、美国太平洋公司、日本公司、我国台湾钢铁项目、美国棋与茶商务考察团、美国奶酪项目考察团及省内外领导、兄弟开发区等重要接待任务。全年共接待国内外客商×批×人次，办理出国手续×批×人次。严格执行招待审批制度，实行用餐管理办法，坚持"节俭实在，杜绝浪费"的原则，实行定点定价、自带酒水的办法，尽量控制经费支出。

二是会务工作。每次面临重要会务，都制定详细进度要求，明确分工，责任到人。全年圆满完成开发区首次科技工作会议、二期开发工程开工奠基仪式、全省部分开发区工作座谈会、项目开工奠基仪式等会务工作。

三是外商俱乐部工作。制定外商俱乐部活动计划，组织区内外商参加了徐州第三届樱花节、徐州市第五届经贸洽谈会、彭城饭店之春——外国朋友民俗康乐赛、"六一"联欢等活动，成立了足球队，进行了多次足球联谊赛，成功举办了外籍人员圣诞联欢晚会。制作了外商《医疗服务卡》，并及时了解使用情况。

五、加强思想教育，提升人员综合素质

通过每周工作例会、每月工作调度会、安全教育会和支部民主生活会等形式，组织全体人员学习国家的大政方针、时事政治以及开发区的有关方针政策，提高人员的政治理论水平和思想道德修养，同时开展批评与自我批评，互通情况，交流思想；被市机关工委和团市委授予市级"青年文明号"，通过创建活动，确立了"四个一流"、"承诺制"、"公示制"的创建目标和实施举措，进一步增强了全体人员的思想觉悟，激发了大家的工作热情和自信心。

六、存在问题

（1）对外联络不够，特别是与开发区业务相关联的部门。

（2）调研工作亟须开展。建立健全调查研究工作制度，针对全区具有全局性、普遍性和长期性的问题，确定调研课题，制定调研计划，取得调研成果，为领导决策提供实践依据。

（3）进一步加强内部管理制度化建设。

××××年×月×日

【例文】

2008年个人年度工作总结

××办公室主任 李辉煌

这一年来，在领导的关心和帮助下，在全体同志的支持配合下，我服从工作安排，加强学习锻炼，认真履行职责，全方面提高完善了自己的思想认识、工作能力和综合素质，较好地完成了各项目标任务。虽然工作上经历了很多困难，但对我来说每一次都是很好的锻炼，感觉到自己逐渐成熟了。现将任职以来的情况记录如下。

一、认真履行职责，积极开展工作

（一）努力做好行政管理工作

（1）协助领导做好行政管理工作，组织召开全体职工大会×次，中层干部会议×次，班子会议×次，支委会×次，党员大会×次，职工代表大会×次，工会委员会×次，团员会议×次。会前做好各项准备工作及会议记录，做到了保密和及时归档。

（2）认真做好材料的撰写、打印、信息上报和档案管理等工作，确保及时撰写和上报。做好各种文件的收发，复印及誊印工作。及时请领导阅办，科室下达做好记录，按时布置，全年起草行政发文31个，党务发文9个。今年规范了文件的转发程序，做到了文件转接有登记。

（3）完成2008年行政工作计划、总结、人大汇报材料以及年鉴、大事记的编写和上报工作。

（4）完成2008年度办公室工作档案的收集、整理和归档工作，完成各项统计报表的上报工作。

（5）与其他同志一起做好办公室电话业务咨询、投诉举报的接报和转报工作，全年共受理投诉举报800余件。

（6）完成或协助有关单位完成了丰台区食品量化分级管理授牌仪式表彰大会、人大代表视察、艾滋病宣传活动的筹备工作。能够及时解决和安排上级单位布置的工作，和其他单位的协调工作，做到重大问题及时上报。

（二）协助党支部、工会做好各项工作

（1）完成2008年党务、工会、计划生育工作的计划、总结，职工之家的汇报材料。

（2）协助党支部组织党小组、党员学习，工会委员会、小组长会议，及时印发学习材料，开展"是与非"答题活动。筹备召开了预备党员转正大会。完成2008年度重点发展对象的函调工作。

（3）制定廉政执法责任书、计划生育责任书，完成领导和科室、监督员的签订工作。

（4）对中层干部、党员进行了2次民主测评，召开2次民主生活会，并将总结报告及时上报。

（5）协助支部完成对13名中层干部、4名重点发展对象的考察，及时进行公示和

完成任命。

（6）组织捐衣、捐款2次1万余元。

（7）组织职工休养、女工体检、献血工作以及2008年新年联谊会的各项文体活动。

（8）每月及时审核、调整独生子女费、奶费及托费的发放，有计划地组织召开职代会2次，完成所务公开栏公示2期，配合工会一起探望生病职工及家属×人次。

（9）建立党员及入党积极分子档案、科技创新档案等，完善了支部基础档案。

（三）全力做好团支部工作

2008年我被评为丰台区卫生局优秀团干部，团支部获得"2008年度五四红旗团委"，这是对团支部工作的充分肯定。

本年度组织了几项团员活动。

（1）积极组织团员参加"亮丽青春青年医务人员礼仪大赛"并获得优胜奖。

（2）组织青年志愿者行动，参加艾滋病宣传等大型宣传活动。

（3）组织35岁以下青年嘉年华活动。

（4）建立了35岁以下青年档案，为团支部推优工作打下基础。

（5）我有幸作为团代表参加了丰台区的团代会，受益匪浅。

（四）办公室内部工作

协助办公室主任完成各项交办的工作；每月按时统计上报办公室考勤；定期清洗值班室被单；进行印刷、电脑设备的维修和耗材管理工作；协调办公室内部工作，合理调配人员；做好计划生育药具的发放工作。

二、业务能力的培养

（1）在《中华卫生与监督》杂志上发表论文《丰台区2003年食品卫生投诉举报现状分析及对策》，并协助所长完成了4篇论文的完善和修改，帮助完成杂志社投稿和发表工作。

（2）积极参与突发事件的处理，其中食物中毒3起，水污染事故1起，投诉2起，处罚1起，罚款5000元，参加了防汛演习，通过锻炼使我的业务能力得到了进一步的提高。

（3）整理规范了创卫工作基础档案。

三、坚持严于律己、努力做好表率

（一）加强思想作风建设

我严格按照胡锦涛同志提出的"勤于学习、善于创造、乐于奉献"的要求，坚持"讲学习、讲政治、讲正气"，始终把耐得平淡、舍得付出、默默无闻作为自己的准则；始终把增强公仆意识、服务意识作为一切工作的基础；始终把作风建设的重点放在严谨、细致、扎实、求实上，脚踏实地，埋头苦干；始终保持青年干部的蓬勃朝气、昂扬锐气和浩然正气，努力成为青年同志的楷模。办公室工作最大的规律就是"无规律"、"不由自主"。因此，我正确认识自身的工作和价值，正确处理苦与乐、得与失、个人利益与集体利益、工作与家庭的关系，坚持甘于奉献、诚实敬业，一年到头，经常加班加点连轴转，做到加班加点不叫累、领导批评不言悔、取得成绩不骄傲，从而保证了各项工作的高效运转。

（二）积极参加政治理论学习

一年来，始终把学习放在重要位置，努力在提高自身综合素质上下工夫。我重点学习了"三个代表"重要思想和十六届四中全会精神等文件，作为党支部的助手，及时将学习材料搜集打印下来发给党员进行学习，进一步增强了党性，提高了自己政治洞察力，牢固树立了全心全意为人民服务的宗旨和正确的世界观、人生观和价值观。

作为入党联系人，积极与入党积极分子联系谈话7人次。

四、存在的问题和建议

（一）自身的问题

一年来，在领导和同志们的关心支持下，我在工作上也取得了一定的成绩，但距领导和同志们的要求还有不小的差距。

（1）由于工作性质的限制，深入基层锻炼的时间、机会偏少，对业务工作的了解只局限于书本经验的理性认识上，缺乏实在的感性认识。

（2）在工作中与领导交流沟通不够，有时候只知道埋头拉车。

（3）由于自己是年轻干部，工作中缺乏强有力的管理，开展工作时缺乏魄力。

（二）今后工作的思路

（1）"没有规矩，不成方圆"，办公室特殊的地位和工作性质要求办公室必须是一个制度健全、管理严格、纪律严明、号令畅通的战斗集体。要本着"从严、从细、可行"的原则，在原有各项制度的基础上，进一步修订完善办公室工作规范、考核制度、保密制度、文件管理制度，从而使办文、办事、办会等各项工作的开展更加规范有序。

（2）办公室主任是所内最基层的管理者，既是指挥员又是战斗员，是领导意志、意见的体现，也是基层问题的反馈者，因此更要树立起良好的自身形象，在工作中成为同事的榜样，在感情上成为同事信任的伙伴。

（3）工作中要学会开动脑筋，主动思考，充分发挥领导的参谋作用，积极为领导出谋划策，探索工作的方法和思路。

（4）积极与领导进行交流，出现工作上和思想上的问题及时汇报，也希望领导能够及时对我工作的不足进行批评指正，使我的工作能够更加完善。

总之，完美主义和理想主义一直是我工作中的最大障碍，应当更加清醒地面对现实。在今后年度的工作中，我一定会进一步解放思想，紧跟监督所的工作思路，积极配合办公室主任的工作，认真实践"三个代表"重要理论，牢记"两个务必"，与时俱进，开拓创新，在现有工作的基础上更上一个台阶！

第五节　毕业论文

毕业论文是高等院校的学生在系统学习了所修专业开设的全部课程，经过了一定的实验、实习和综合实践活动之后，针对某一问题，综合运用自己所学专业知识进行理论探讨或实践研究，在此基础上写出来的具有作业性质的论文。

一、毕业论文的特点

毕业论文是一种特殊的学术论文，它既有学术论文的共性，又有自己的特殊之处。就其与学术论文的共性来看，毕业论文有以下几个特点。

（一）科学性

所谓科学性就是毕业论文所阐述的理论要有大量的事实和实验结果作为依据，关于解决某一实际问题所持的观点、见解必须有科学理论作为根据，能够反映事物发展的客观规律，要能经得起实践的检验。作者必须本着实事求是的态度，对客观事物进行深入、细致、周密的观察、研究、分析和总结，寻找规律，揭示本质，得出真理性的结论。

（二）理论性

毕业论文的理论性首先表现在其论述的系统性和完整性。毕业论文的写作过程也是一个从感性到理性的认识过程；其次，论文的观点反映的是客观事物发展的规律和本质，有一定的深度。

（三）创造性

所谓毕业论文的创造性是指论文中要提出新问题，解决新问题，得出新观点，即在原有理论的基础上要有新发现、新见解，提出新观点；解决实际问题要有新思路、新办法。

就其不同于一般学术论文的特殊性来讲，毕业论文又有以下几个特点。

（一）习作性

大学生撰写毕业论文就是运用已有的专业基础知识，独立进行科学研究活动，分析和解决一个理论问题或实际问题，是把知识转化为能力的实践训练。写作的主要目的是为了培养学生具有综合运用所学知识解决实际问题的能力，为将来作为专业人员写学术论文做好准备。从这个意义上讲，毕业论文实际上是一种习作性的学术论文。

（二）层次性

毕业论文与学术论文相比要求较低。专业人员的学术论文，是为了记载和表述科研成果而撰写的，一般反映某专业领域的最新研究成果，具有较高的学术价值，对科学事业的发展起一定的推动作用。而大学生的毕业论文是一种作业性质的东西，要求大学生完成毕业论文的主要目的是培养学生独立进行科学研究的能力、掌握科学的思维方法和形成科学的思维方式等。

（三）考查性

毕业论文作为毕业生毕业前最后一次综合性的作业，旨在考查毕业生对专业知识的掌握情况，检验其运用所学专业知识进行科学研究以及解决实际问题的能力。毕业论文不仅能反映出学生专业知识的掌握情况和运用能力，而且可以反映出学生的思维能力、创造能力、文字表达水平等。

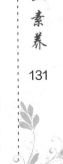

二、毕业论文写作的意义

指导学生撰写毕业论文是高等学校教育教学的一个重要环节，其目的在于培养学生运用所学知识分析和解决实际问题的能力。具体地讲就是：传授给学生科学的思想方法，培养学生科学思维的方式，最终使学生具备运用所学知识解决实际问题的能力和科学研究的能力。与此同时，培养学生的创新意识、创新能力和获取新知识的能力，以及严谨、求实、刻苦钻研和勇于探索的精神。

必须明确，毕业论文不是一项单纯的作业，而是借以培养学生各方面能力的一项综合训练；撰写毕业论文是促使学生所学知识向实际运用能力转化的一条重要途径。

三、毕业论文写什么

有相当一部分同学一提起写毕业论文就头疼，最根本的原因是对毕业论文写什么感到很茫然。其实毕业论文所写的内容无非这么三种情况：一是解决学科中某一问题，用自己的研究成果加以回答；二是只提出学科中某一问题，综合别人已有的结论，指明进一步探讨的方向；三是对所提出的学科中某一问题，用自己的研究成果给予部分的回答。

毕业论文写作的核心是对客观事物作理性分析，指出其本质，提出个人的学术见解或解决某一问题的方法和意见。其写作过程也很简单——毕业论文具有议论文的一般特点，由论点、论据、论证三大要素构成。毕业论文注重于对事物的理性分析，在大量事实和实验数据的基础上，通过深入细致的分析和严密的推理，得出令人信服的科学结论。

四、毕业论文的种类

（一）按内容性质和研究方法分，可以分为描述性论文和理论性论文

描述性论文主要通过对事物本身所表现出来的各种现象的客观记录和描述来显示事物的本质，揭示事物自身的内部规律，其中所提出的基本观点和得出的结论是依据事物本身表现出来的各种现象而作出的判断。

理论性论文有两种：一种是以纯粹的理论为研究对象，研究方法是通过严密的逻辑推理和数学运算得出结论，有时也涉及实验与观测，用以验证论点的正确性；另一种是以对客观事物和现象的调查、考察所得资料以及有关文献资料、数据为研究对象，研究方法是对有关资料进行分析、综合、概括、抽象，通过归纳、演绎、类比，提出某种新的理论和新的见解。

（二）按论证方式的不同可以把毕业论文分为立论文和驳论文

立论性的毕业论文是指从正面阐述和论证自己的观点和主张；驳论性毕业论文是指通过反驳别人的论点来树立自己的论点和主张。

（三）按研究问题的大小不同可以把毕业论文分为宏观论文和微观论文

凡属全局性、带有普遍性并对局部工作有一定指导意义的论文，称为宏观论文。

它研究的面比较宽，具有较大范围的影响。反之，研究局部性、具体问题的论文，称为微观论文。它对具体工作有指导意义，影响的面窄一些。

（四）按综合因素分类，可以把毕业论文分为专题型、论辩型、综述型和综合型四大类

1.专题型论文

在分析前人研究成果的基础上，以直接论述的形式发表见解，从正面提出某学科中某一学术问题的一种论文。

2.论辩型论文

针对他人在某学科中对某一学术问题的见解，凭借充分的论据，着重揭示其不足或错误之处，通过论辩形式来发表见解的一种论文。

3.综述型论文

在归纳、总结前人或今人对某学科中某一学术问题已有研究成果的基础上，加以介绍或评论，从而发表自己见解的一种论文。

4.综合型论文

这是一种将综述型和论辩型两种形式有机结合起来写成的一种论文。

五、毕业论文的写作过程

毕业论文的写作过程可以分为三个阶段：准备阶段、写作阶段、修改定稿阶段。

（一）准备阶段

准备阶段包括选择课题、研究课题和谋篇布局三个部分。

1.选择课题

选择毕业论文的论题也就是确定"写什么"，要围绕什么问题展开研究和论证。选题是毕业论文写作的第一步，也是非常关键的一步，选题的成败直接关系着毕业论文写作的成败及论文的价值。一般来说，选题应该遵循以下几个原则。

（1）价值性原则　即要选有价值的课题。这里讲的价值，包括实用价值和理论价值。实用价值是指我们所研究的课题应该是和现实生活密切相关的，是现实生活中亟待解决的问题。一切研究的目的是为了更好地认识世界、改造世界，以推动社会的不断进步和发展。因此，毕业论文的选题，必须以促进科学事业发展和解决现实存在问题作为出发点和落脚点。从另一个角度讲，理论来源于实践，而理论的研究可以反过来指导实践，为实践服务。因此，我们的课题研究首先要和实践结合起来。

科学研究着重探讨事物发展的客观规律，是在事实的基础上以逻辑思维的方式展开严谨的推理过程，得出可靠的结论。一些选题的研究结论可能一时还不能运用于实践，但它可以帮助解决其他方面的理论难题，或可作为其他理论成立的依据，对科学或文化的发展起到推动的作用，这便体现为它的理论价值。

（2）可行性原则　毕业论文能否顺利地完成，取决于主观和客观两个方面的条件。因此，在选题时一定要结合自己对专业知识的掌握程度以及自己分析问题、解决问题的能力来选择难易适中的课题。与此同时，还要考虑有无充足的相关资料——资

料是写作的基础，资料不足很难写出像样的论文。

（3）创新性原则　在选题时要尽量选择比较有新意的课题，选择你能提出新的观点、新的见解的课题。比如说，开辟别人从未涉足的领域；对旧的课题运用新的论据重新论证；推翻已有的定论等。

2.研究课题

选好课题后，接下来的工作就是研究课题。研究课题主要包括：搜集资料、研究资料、明确论点和选择材料。

（1）搜集资料　搜集资料是研究课题的基础工作。搜集资料有三个途径：一是查阅图书馆、资料室的资料；二是做实地调查研究。调查研究能获得最真实、最可靠、最丰富的第一手资料；三是实验与观察。实验与观察是搜集科学研究数据、获得感性知识的基本途径，是形成、产生、发现和检验科学理论的实践基础。

（2）研究资料　研究资料是研究课题的重点工作。研究资料的主要目的是判定资料的价值和对资料进行分类。这就要求对已经搜集到手的资料进行通读、选读和研读。

（3）明确论点和选择材料　这是研究课题的核心工作。论点是在对材料分析、研究的基础上确立起来的。一篇成功的论文，其中心论点与分论点共同构成一个完整的体系，即毕业论文论点的确立就是从整体上确立一个论点体系——首先要确立文章的中心论点，接着确立支撑中心论点的分论点，并依据写作的目的将各个分论点合理地组织起来。

论点确定之后，接下来的工作就是围绕论点来选择典型的、真实的、可靠的材料。

3.谋篇布局

所谓谋篇布局，就是考虑和安排文章的整体结构。结构是文章的骨架。确定了主题，选定了材料，接着就要把文章的框架搭起来。一般来说，毕业论文是遵循"提出问题→分析问题→解决问题"这样一个顺序来安排结构的，开头处有摘要，结尾处有结论，当然也不能一概而论。但是不管怎么安排，都必须做到脉络清楚，逻辑推理严密；有详有略，重点突出；层层深入，行文流畅，赏心悦目。

安排结构的基本要求是：要围绕中心论点安排结构；层次清楚，条理清晰；各部分内容之间有着密切的联系，全篇论文形成统一的整体。

（1）毕业论文的几种结构类型　毕业论文的结构主要有三种类型：纵式结构、横式结构和纵横式结构。

① 纵式结构。纵式结构是清晰地体现总论点、分论点和小论点三者的层次关系以及分论点之间、小论点之间的逻辑顺序的一种结构方式。

② 横式结构。横式结构是把每一个完整的论证单元作为一个部分，将各个部分按并列式或近似于并列式的关系排列起来的一种结构方式。

③ 纵横式结构。这是毕业论文采用最多的一种结构方式，其特点是既体现出总论点、分论点和小论点三者的层次关系，又体现出各个部分之间的紧密联系。

（2）以意为线，首尾贯通　一篇论文要用到的材料很多，安排不好，就会使文章显得杂乱无章或材料堆砌，设置行文线索是解决这一问题最为有效的办法。毕业论文写作最好的行文线索是文章的"意"，即文章的中心论点。抓住中心论点，紧扣不放，一线到底，中途不转换论题，不停滞，不跳跃，就能使论文首尾贯通，中心突出。

（3）层次清楚，条理清晰　层次清楚、条理清晰是对毕业论文结构安排最基本的要求，达到了这一要求，文章就能给人以十分清晰而深刻的印象。而要做到层次清楚、条理清晰，首先要处理好材料之间的相互关系。

（二）写作阶段

一篇完整的毕业论文通常由标题、目录、内容摘要、关键词、绪论、本论、结论和参考文献几个部分组成，各部分的写作要点如下。

1.标题、摘要、关键词、目录

（1）标题　标题也就是毕业论文的题目，毕业论文的标题应明确、简练、新颖，让人一看便能知晓毕业论文的主要内容。标题不宜过长，一般不超过20个字，不使用标点。

（2）摘要　摘要就是内容提要，它是用通俗、简洁的语言对全文内容的高度概括。论文的主要内容、中心论点、所反映的主要研究成果以及作者的独到见解等，都应该在摘要中体现出来。好的摘要是一篇具有独立性的短文，便于索引与查找，易于作为一种信息收录到大型资料库中。摘要在信息交流方面具有至关重要的作用。毕业论文摘要的写作有以下几个要求。

① 字数有限定。论文摘要分为中文摘要和外文（一般为英文）摘要两种，通常中文摘要不超过300字，翻译成外文摘要应与中文摘要一致，中、外文摘要各占一页。英文"摘要"单词统一为"Abstract"，英文"关键词"为"Key words"。

② 摘要必须写成完整的短文，可以单独使用，即要求不看论文全文，仍然可以了解论文的主要内容、作者的观点和课题研究所要达到的目的、课题研究所采取的方法、研究的结果与结论等。

③ 叙述完整，突出逻辑性，结构要合理。

④ 要求文字简明扼要，只提取论文中的重要内容，不加评论和注释；采用直接表述的方法，删除不必要的修饰；不含与此课题无关的内容，做到用最少的文字提供最大的信息量。

⑤ 摘要中不使用特殊字符、图表和公式以及由特殊字符组成的数学表达式等，不列举例证。

（3）关键词　关键词是为了文献标引工作，从报告、论文中选取出来用以表示全文主题内容信息款目的单词或术语。关键词的作用主要有两个方面，即归类和检索。

一篇论文应选取3~5个与论文内容联系最紧密的关键词，在摘要之后另起一行列出。关键词之间用空格隔开或使用"；"。

（4）目录　一般说来，篇幅较长的毕业论文，因其内容的层次较多，整个理论体系较庞大、复杂，故通常设目录。目录使读者能够在阅读该论文之前对全文的内容有一个大致的了解，便于阅读。目录独立成页，必须准确完整地表明论文中全部章节标题及页码。

2.正文

毕业论文的正文由绪论、本论和结论三大部分组成，毕业论文写作的主要任务就是要写好绪论、本论和结论。所谓绪论，又叫前言、导言，是指学术著作开篇概括文章主要内容、研究要点及研究方法的部分。

（1）绪论　毕业论文绪论的内容，一般包括选题的背景、缘由、意义和目的，或研究的范围、方法及所取得的成果，也可以是对论文的基本观点、本论部分的基本内容作一个扼要的介绍。绪论的写法主要有以下几种形式。

① 交代式。开头交代论文写作背景、缘由、目的和意义。

② 提问式。一开头就提出问题，或在简要交代写作背景之后随即提出本文所要解决的问题。

③ 揭示观点式。绪论开宗明义，将本文的基本观点或主要内容揭示出来。

④ 提示范围式。绪论部分提示本文的论述范围。

⑤ 阐释概念式。绪论先释题，阐释题目中和文中出现的基本概念。

写绪论应当符合以下几点要求：第一，绪论要开门见山，迅速入题。第二，绪论要引人入胜，能抓住读者。第三，绪论要简洁、有力。文章如何开头，是作者常常要煞费苦心的事情。写好绪论，对毕业论文的完整是关键性的一步，切不可草率从事。

（2）本论　本论是论文的主体部分，是分析问题、论证观点的主要部分，也是最能显示作者的研究成果和学术水平的重要部分。一篇论文质量的高低，主要取决于本论部分写得怎样。本论部分的写作有以下几点要求。

① 立论要科学。文章的基本观点必须是从对具体材料的分析研究中产生出来，而不是主观臆想出来的。既不容许夹杂个人的偏见，又不能人云亦云，更不能不着边际地凭空臆想，而必须从分析出发，力争做到如实反映事物的本来面目。

② 观点要创新。毕业论文的创新是其价值所在。文章的创新性，一般来说，就是要求不能简单地重复前人的观点，而必须有自己的独立见解。

③ 论据要翔实，论证要严密。

论据要翔实。毕业论文必须以大量的论据材料作为自己观点形成的基础和确立的支柱。毕业论文中引用的材料和数据，必须正确可靠，经得起推敲和验证。

论证要严密。论证是用论据证明论点的方法和过程。必须做到：a.概念判断准确，这是逻辑推理的前提；b.要有层次、有条理地阐明对客观事物的认识过程；c.要以论为纲，虚实结合，反映出从"实"到"虚"，从"事"到"理"，即由感性认识上升到理性认识的飞跃过程。

④ 结论严谨，条理清楚。本论的篇幅长，容量大，层次较多，头绪纷繁，如果不按一定的次序来安排文章内容，就会层次不清，结构混乱，大大降低表达的效果。

为了避免由于内容过多而条理不清，写作本论时，常在各个层次之前加一些外在的标志，这些外在标志的主要形式有小标题、序码、小标题与序码相结合及空行等几种。

⑤ 观点和材料相统一。本论部分的内容由观点和材料构成，写好本论的另一个要求是将观点和材料有机地结合起来，以观点统帅材料，以材料证明观点。

（3）结论　结论是一篇论文的收束部分，是以研究成果为基础，经过严密的逻辑推理和论证所得出的最后结论。在结论中应明确指出论文研究的成果或观点，对其应用前景和社会、经济价值等加以预测和评价，并对今后在本研究方向进行的进一步研究工作予以展望与设想。结论应写得简明扼要、精练完整、逻辑严谨、措施得当、表达准确、有条理性。

3.致谢、参考文献

（1）致谢　致谢是学生对给予自己指导的老师或同学表示感谢，致谢内容应简明、实事求是。

（2）参考文献　一篇毕业论文的完成需要参考大量的文献资料，将那些被参考的文献资料的目录清晰、准确地列在论文的末尾，让读者能够找到该资料的原始出处，对论文价值的实现具有重要的作用。毕业论文参考文献的规范如下。

参考文献按在正文中出现的先后次序列于文末，以"参考文献："（左顶格，黑体字）作为标识。

参考文献的序号左顶格，并用数字加方括号表示，如［1］、［2］……每一条参考文献条目的最后均以小圆点"."结束。

主要责任者只列姓名，其后不加"著"、"编"、"主编"等责任说明。

各类参考文献的格式及示例如下。

① 专著、论文集、学位论文、报告（译著请标明原作者国别）

［序号］主要责任者.文献题名.出版地：出版者，出版年:引文页码.

［1］黄高才.应用文写作教程.西安：西安交通大学出版社，2007:100-106.

［2］黄高才.红烛集.杨凌：西北农林科技大学出版社，2009:110.

② 期刊文章（译著请标明原作者国别）

［序号］主要责任者.文献题名.刊名，年，卷（期）：页码.

［1］黄高才.关于职业技术教育教材建设的几个问题.武汉职教，1994，（3）：4247.

［2］黄高才.现行技校语文教材的几点失误.职业教育研究，1991，（6）：7986.

③ 报纸文章

［序号］主要责任者.文献题名.报纸名，出版日期（版次）.

［1］黄高才.谈中小学语文教学.中国教师报，2007 － 05 － 23（A3）.

［2］刘会芹.我做班主任工作的几点体会.军工报，1995 － 07 － 8（2）.

（三）修改定稿阶段

好文章都是改出来的，没有哪一个作者可以写完就定稿，修改是写作必须经过的程序。论文的修改一般从以下几方面进行。

1.论点的再推敲

主要看中心论点是否正确，是否突出，是否新颖；看各分论点有无片面性，有无不稳妥的地方；看分论点能否有力地说明中心论点；看各分论点之间有无矛盾；看整个论点体系是否完整、符合逻辑等。

2.材料的再斟酌

论点是材料的统帅，材料是论点的基础。确定论点无疑后，要看材料是否准确、翔实，是否与论点统一；是否能有力地证明论点；详略安排是否得当等。

3.结构的再调整

一要看结构是否严谨，思想上有无顾此失彼的情形，组织上有无颠三倒四的毛病；二要看结构是否自然，是否顺理成章，是否行于当行，止于该止；三要看结果是否匀称饱满、首尾合一，整体感觉是否贯通，有无割裂之感等。

4.语言的再加工

语言是思想的载体。在修改中，要注意那些啰唆、烦琐、空话、长话和粗糙的地方，努力把它们修改得简洁、准确、清楚、正确，这样才能使一篇文章更鲜明、悦目起来。

5.文面检查

主要看有无错别字，看标点符号的使用是否准确，看行款格式是否正确等。

【例文】

语言能力对人生的意义

黄高才

内容提要：语言能力是每个人一生中极为重要的能力。在人的各种智力中，语言智力被列为第一智力。在经过了长时间的探索、思考和实践研究之后，人们已经认识到良好的语言能力对于人生的重要性：语言能力的发展直接促使着人的思维能力的发展，影响着人的思想修养，决定着人获取知识的能力和与人交往、交流的能力。

关键词：语言能力　思维发展　获取知识　交际交流

世界著名成功学家戴尔·卡耐基在研究了一大批成功人士的成功秘诀之后，得出了这样的结论："在中学和大学里，他们博览群书，相信只有知识才是得到名利的不二法门。但是为事业奔波了几年，他们彻底地醒悟过来了。他们发觉，多数事业上成功的人，除了知识之外，还拥有会说话、说服他人、把自己和自己的想法'推销'出去的才华。"我国现代著名史学家邓拓深有感触地说："其实，无论读书，做学问，进行研究工作，首先需要的本钱，还不是什么专门问题的知识，而是最一般的最基本的用来表情达意和思考问题的工具。这就是要学习和掌握语言文字和一般逻辑的知识。""如果一个人不会正确地运用语言文字，就很难谈到做学问、进行研究工作等等问题，这是非常明显的。不难设想，一个文字不通的人，怎么能够充分表达自己的思想？又怎么能够通晓各科知识呢？"将以上两位大师的论述与现实及史实联系起来看，古今中外有大量的事实值得我们关注和思考。历届凭借竞选演说脱颖而出的美国总统，虽然其出身、学识和职业经历不同，但都具有极强的政治与经济驾驭能力，他

们不仅成就了美国在国际政治上的霸主地位，而且使美国成为世界上经济实力最强大的国家；前英国首相温斯顿·丘吉尔凭借着高超的演说才能激励了整个英国及其盟国的民众，改变了整个欧洲的命运；拿破仑凭借着一次次的激情演说鼓舞士气，使他的士兵们以大无畏的精神投入战斗，从而夺取了一个个胜利；战国时期的苏秦与张仪凭借着卓越的口才游走于诸侯之间，左右了七国的分合，在一定程度上影响了历史发展的方向和进程；诸葛亮凭借着雄辩之才，舌战江东群儒，促成孙刘联合，从而奠定了三国鼎立的基础，改写了一段历史；当秦军大兵压境，郑国的命运悬于一线之际，烛之武凭借着三寸不烂之舌说服秦国退兵，使郑国免遭亡国之祸。纵观横览，大量的事实说明：不论是科学巨匠，还是思想巨人，无一不得益于他们扎实的语言功底。

具体地讲，语言能力对人生的重要意义可归结为以下几点。

一、语言能力的发展促使思维能力的发展

语言既是思维的工具，又是思维的外在表现形式。人类的思维活动是依赖于语言而进行的，没有语言，思维活动就无法展开——语言是思维得以进行和发展的物质基础。语言最基本的单位是词，词义的形成是从具体的客观事物中抽象概括出来的。对客观事物抽象概括的过程是具象思维与抽象思维协同作用的过程，思维的结果最终在词语中固定下来，成为确定的概念。人们创造新词汇也是思维对语言的作用的表现——随着对客观事物的认识的不断深化，越来越多的新现象都要求用新的词汇来表述。这就是说，语言与思维是相互依存、不可分割的。

语言的产生和发展源于人类的思维、依赖于思维。反过来，语言的发展直接促使着思维的发展。语言对思维发展的影响主要有以下几点。

（1）语言为思维提供原动力与助推力　人类思维活动的展开需要一种触发，不论是具体事物的触发，还是语言信息的触发，最终都会与语言联系起来。人们看到山，很快会将其与代表这一类事物的词"山"联系起来，进而会由此展开想象和联想，进入积极的思维状态；反过来，不论是人们看到书面上关于"山"的语言信息，还是听到有关"山"的语言信息，都会将其与客观存在的山这一事物联系起来。由此可见，思维活动总是与语言紧密相连的，语言为思维提供原动力与助推力。

（2）语言使思维得以延续、丰富和发展　人类思维的成果依靠语言来记录，不断地记录和累积，不仅使人们针对同一事物或问题的思维得以延续，使人们的思维内容更加丰富，思路更加开阔，而且可以引导人们的思维向纵深发展，使人们认识事物、认识世界的能力进一步增强。与此同时，语言作为交流思想的工具使人类的个人思想成果通过交流而得以补充和完善，最终转化为集体智慧和人类共同的精神财富，代代相传，逐步积累，最终成为改造客观世界的强大力量。

（3）语言能力的发展直接促使思维能力的发展　思维的发展推动语言的发展，反过来，语言的发展直接促使着思维能力的发展。词意的形成、句子的组织与语意的表达等，都在不同程度上受思维发展的制约。与此同时，人类语言的不断丰富与发展，为思维的发展提供了更加丰富的素材和更为强大的原动力。例如，借助语言进行意境创造与形象塑造的文学作品能够引发人的想象与联想，使人的形象思维能力得以迅速发展。

（4）语言使思维更加严密 人类思维的结果最终表现为语言，思维不到位，语言就很难到位。反过来，语言贫乏，也很难将思维的结果准确地记录下来。这就是说，一个人词汇丰富，遣词造句能力强，能把意思表达得层次清楚、条理清晰，可以促使思维活动更加严密。数学家陈景润说："很难想象一个文理不通、错字连篇的人，能把逻辑严谨的数学内涵表达出来。"数学家苏步青教授深有体会地说："从小打好了语文基础，这对我学习其他学科提供了很大的方便。我还觉得学好语文对训练一个人的思维很有帮助，可以使思想更有条理。这些对我后来学好数学都有很大好处。"

综上所述，语言能力的发展影响着思维能力的发展，语言能力的强弱决定着思维水平的高低。因为思维能力是人类智力的核心因素，因此，提高语言能力是开发人的智能，增强人认识问题、解决问题的能力，全面提升人的创新与创造能力的根本途径。

二、语言能力影响思想的丰富与提升

语言是思想的载体。我们借助于语言表达自己的思想，同时又要利用语言这个工具从人类的思想宝库中汲取营养。正如从食物中汲取营养一样，要从文本中汲取思想营养，首先必须对文本进行消化和理解，这就需要我们具备良好的语言能力。具备了良好的语言理解能力，不仅能够准确、全面地捕捉文本信息，把握文本的基本内容，而且能够从字里行间见人所未见，这样就能够从文本中获得最大的思想收益，使我们的思想得以丰富，思想境界得以提升。

三、语言能力决定着获取知识的能力

培根说："知识就是力量。"一个人能不能取得事业上的成功，在很大程度上取决于他的学识。学识从何而来？一是依靠亲身实践来获得，二是从书本中来获得。亲身实践虽然能够获得鲜活、有用的知识，但是由于人的精力、阅历和活动范围等因素所限，人们依靠自身的实践所获得的知识是极其有限的，大量知识的获得还是要依靠阅读——阅读是人们获得和积累知识的主要途径。

从另一角度讲，随着人们认识世界和改造世界能力的增强，知识的更新速度不断加快，人们在学校里所学的知识随时都有可能满足不了实际生活和工作的需要，这就需要人们必须具备随时通过自学获取知识的能力，也就是具备终身学习的能力。自主学习能力的核心是阅读能力，归根结底是语言的理解能力。

四、语言能力决定人的交际与交流能力

现代社会人们时时处处都需要沟通，需要交流，这就必须借助于语言这个工具。语言运用能力高超，说出来的话让人听了舒心，可以使相互熟识的人之间产生更深厚的感情，关系更加密切；可以使相互陌生的人彼此产生好感，成为朋友；可以使意见分歧的人互相理解和包容，和谐相处。一句话，良好的语言表达能力能够为你赢得良好的人际关系，营造出良好的生存与发展空间。毫不夸张地讲，良好的语言能力是打开成功大门的一把金钥匙，是一个人一生中受用不尽的宝贵财富！

五、语言能力直接影响着人的亲和力和感召力

作为现代人，不仅要用自己的行为对社会做贡献，而且还要用自己的语言去感染、说服他人，使人们为建设和谐美好的社会共同努力。这就要求我们必须具备一种

能力：通过语言这一媒介，使我们的思想能够进入他人的脑海和心灵，用我们的思想去影响他人，用我们的情感去感化他人，使他人能够心悦诚服地接受我们的思想和理念，从而使他人被感染、被感动、被感召，最终成为我们可以团结和依靠的力量。

总之，语言能力是我们提高素质、开发潜力的主要途径，是我们驾驭人生、改造生活、追求事业成功的无价之宝，是通往成功之路的必要途径。

参考文献：

［1］黄高才.大学语文.西安：西安交通大学出版社，2007.
［2］黄高才，刘会芹.大学语文.北京：清华大学出版社，2008.
［3］黄高才.新编大学语文.北京：高等教育出版社，2008.
［4］黄高才，刘会芹.大学语文.杨凌：西北农林科技大学出版社，2008.

【提示】

这篇论文从生活实践中进行选题，语言能力是人们不可缺少的能力，然而人们对语言能力的认知并不深入，论文首先以具有说服力的事例说明语言能力的重要性，接下来从理论的高度阐述语言能力对人生的意义。具有较高的学术价值。论文中心明确、论证充分、层次清楚。是论文写作的范例。

【知识延伸】

一、条据

条据由开头、正文和结尾构成。

（一）开头

1.标题

条据的标题就是"事由＋文种"，如《领条》、《请假条》，其中"领"、"请假"为事由，"条"为文种。

2.称谓

称谓即收条人的姓名或再加上职务、尊称等。称谓独立成行，顶格书写，后加上冒号。

（二）正文

正文是条据的核心，关键在于把主要内容写清楚。如"今借到人民币叁万元整"。正文最后写上结语，如"此据"、"谨此"、"此致敬礼"等。

（三）结尾

结尾包括署名及时间，位于正文右下方。

（四）写作条据注意事项

1.要选对文种

条据虽小，但种类繁多，有些条据与其他文种有交叉重叠之处。因此必须选对文种，该用"函"，不要用"便条"；该用"通知"，不要用"留言"；该用"代收条"，不要用"收条"。

2.要做到要言不繁，言简意赅

无论何种条据都很短小，撰写时不要啰唆，要抓住要害，一般只讲结论，不要过程，三言两语解决问题。

3.书写工整，结构完整

条据虽然不是正式文件，但也是一种常见的实用文书，书写一定要工整，结构要齐全，千万不能马虎潦草，缺三少四。否则，一是显得作者不尊重人，二是达不到目的。牵扯到借债还钱等问题，更不得马虎大意。

二、启事

启事是机关、企事业单位、团体或个人需要向公众说明某事或希望公众协助办理某事时使用的一种文书。按内容分启事分为征文启事、招聘启事、招生启事、征订启事、开业启事、升迁启事等。按公布形式可以分为报刊启事、电视启事、广播启事、张贴启事等。

启事一般由三部分组成：标题、正文、结尾。

1.标题

标题的写法有几种。第一种，只写"启事"；第二种，由"事由"和"启事"构成，如"寻人启事"、"开业启事"；第三种，只写事由，如"寻人"、"招聘"。

2.正文

正文是启事的主要部分，主要说明启事的事项。不同类型的启事正文内容有所不同，一般包括：启事的目的、意义、具体办理方法、要求、条件等。要写具体、明白、准确。

3.结尾

启事的结尾一般包括联系地址、电话、联系人姓名或者签署启事者姓名、时间等。

启事的写作要求如下。

（1）内容要完整、严密。表述清楚，切忌含糊不清。

（2）用语要热情、诚恳。

（3）不能将"启事"错写为"启示"。

三、论文的选题

所谓选题，就是选择论文的论题，即在写论文前，选择确定所要研究论证的问题。

选题是写好论文的第一步，找好选题就有了方向和动力，也就确定了论文写作的内容。

选题中首先要区别课题、论题、题目。课题通常是指某一学科重大的研究项目，它的研究范围比论题要大得多，一个课题中可以包括许多论题。题目是指论文的标题，同一个论题可以选择很多具体的题目来写论文。

一般来说，论文的选题应遵循以下原则。

（1）宜小不宜大。选题要认真分析主客观条件。选题过大，不好把握，会使论文空洞；选题太小，轻而易举，会使论文缺少价值。

（2）突出自身优势。选题时，根据自己专业，选择自己比较有优势的方面来论述。这样会有研究的动力，收集材料也更容易，写出有价值的论文的几率也更高。

（3）选择现实性强的论题。能够分析、解决现实中的问题，服务于现实。

【思考与练习】

1.名词解释

调查报告　实习报告

2.利用课余时间对周围同学的心理状况进行调查，撰写一份当代大学生心理状况的调查报告。

3.计划的主体部分包括哪几方面的内容？

4.总结的写作要求有哪些？

5.结合自身的实际情况，拟写一份学习计划。

6.查阅所学专业的专业期刊，搜集整理感兴趣的专业资料。

7.在专业教师指导下，根据所学专业知识，写一篇不少于3000字的论文。

第四单元　职业素质

　　本单元重在提高学生的职业素质，面对着学生求职、工作中的困惑，提供正确的引导，使之理性面对求职、工作以及生活，形成正确的价值观。

【教学目标】

1. 明确求职中的主要问题
2. 明确对待工作的正确态度
3. 提高学生的职业道德

【技能目标】

1. 使学生树立正确的求职观
2. 培养学生良好的敬业精神
3. 使学生具体认知职业修养在工作生活中的重要性

【材料】

大学生求职存在的主要问题

一、就业心理准备不足

大学生就业心理准备不足主要表现在以下几个方面：

1. 自我角色转换不及时

大学生活结束之际、踏上岗位之前，大学生要能够迅速完成自我角色转换，做好就业心理准备，客观、冷静地进入求职状态，积极主动地去适应社会需要。而调查统计结果表明，80％以上的大学毕业生不能及时完成角色转换。

2. 自我认识不够准确

对自己充分的了解，是求职者进行职业规划的依据与前提，而大学生在面临巨大的就业压力时，往往很少能真正做到全面了解自己。人的自我认识包括对本人个性特征、兴趣爱好、特长、生理特征的了解，大学毕业生亦是如此。

（1）气质、性格　就业前如何选择职业，要根据自身的个性特征来决定。气质是心理活动的动力特征，性格则表现为人对现实的态度和行为方式中比较稳定、独特的心理特征。气质和性格对事业成功有很大影响，全面了解自己的心理特点是选择职业的重要前提。

（2）兴趣、爱好　兴趣是爱好的推动者，爱好是兴趣的实行者。人们对职业的选择往往从自己的兴趣爱好出发，这就更需要认真分析自己的兴趣爱好。

（3）能力、特长　能力包括的内容很多，主要有两个方面：一是思维能力；二是工作能力。如果是重新谋求职业者还应分析自己的工作成绩和缺点，以便在求职时扬长避短。

（4）生理特征　在择业时必须正确认识性别、年龄等生理方面的因素。

二、择业过程中心理素质差

择业过程是一个激烈的竞争过程，而很多大学生由于心理素质的原因，害怕竞争、不善于竞争，使自己在择业中处于非常不利的地位。

在择业过程中，大学生应当培养以下心理素质：

1.敢于竞争，善于竞争

大学生应该强化择业的竞争意识，在正确自我评价的基础上，充分相信自己的实力，还必须正视社会现实，在心理上强化自身的竞争意识。

善于竞争体现在实力和良好的心理素质、竞技状态上。在投出自己的简历前，一定要有充分的自我认识，注意期望值是否恰当。

2.正确对待挫折

挫折是锻炼意志机会，遇到挫折后应放下心理包袱，仔细寻找失利的原因，争取新的机会。双向选择并不是对失败者的淘汰和鄙视，而是促使失败者振作起来。大学生要彻底摆脱"等、靠、要"的就业心态，使自己加快自立自强的转化过程，成为新时代的开拓者。

三、职业能力不足，知识结构相对单一

大学生在就业时表现出的职业能力不足主要表现在知识结构不健全、专业知识不扎实、综合技能水平不高、缺乏一专多能的水平等方面。随着社会就业竞争压力的日益加剧，就业的"门槛"越来越高，"知识不够用"和"能力不足"已经成为导致大学生不适应工作的主要因素。面对这种形势，大学生应充分认识知识结构在求职择业中的作用，根据现代社会的发展需要，塑造自己，发展自己，以增加自己在就业时的筹码。

一个人的知识结构应该是动态的、可变的，根据社会需要进行定向调整，以保持知识结构的弹性。在建立合理知识结构的过程中，要不断地进行知识调节，一方面要更新知识，防止知识老化；另一方面要增强目标性，防止与自己专业方向无关的知识比例过大，以致降低自己的专业岗位能力。

四、简历与求职信过于死板

很多大学生准备的简历不规范，在应聘不同公司时简历是一样的，没有针对性，内容也很难引起招聘者的兴趣，而具有针对性而且实用的简历，是出奇制胜的基础。

五、应聘前对公司缺乏了解

应聘前对公司缺乏了解是目前大学生求职的一大障碍，多数大学生并不了解自己想要进入的公司发展前景、企业文化、人际关系等。

企业需要有价值的人，在招聘大学生时，它们关注的焦点已经不是学校和专业，而是个人的能力和素质，能否为企业做出业绩、带来价值，而这些都是建立在对公司有充分了解的基础上的。

六、缺乏清晰的职业规划

清晰的职业规划是寻觅到好工作的前提，而调查表明，大多数大学生在就业之前并没有这样的准备。

毕业生在找工作前应建立明确的职业规划，在了解自我的基础上确定自己的职业方向与目标，避免就业的盲目性，为个人走向职业成功提供最有效的途径和方法。在找工作前还要接受一些明确的就业指导，对自己进行职业规划与定位，充分结合自己的个性特点和兴趣爱好进行选择，从而避免求职时的盲目和错失良机。

　　七、就业后流失率过高

　　毕业生供需矛盾突出、企业接收毕业生存在政策性障碍、就业市场不适应大学生就业的需要和高校就业指导内容浮浅，成为导致首都大学生就业难的四大重要原因。大学生稳定性、忠诚度和职业化程度不高，成为部分企业拒绝大学毕业生的理由。当竞争越来越激烈，当越来越多的大学生找不到合适的工作时，"先就业后择业"就成了社会和媒体广泛宣扬的理念，而随之形成的毕业生忠诚度问题也浮出了水面。另有调查显示，有一半左右的大学生因为吃不了苦而被企业淘汰。

【说明】

　　本文主要阐述了大学生求职中存在的主要问题，对即将走向工作岗位的学生来讲有重要意义。树立学生正确的求职观也是高职教育的重要内容之一。

第一节　应聘

青年在选择职业时的考虑

卡尔·马克思

　　自然本身给动物规定了它应该遵循的活动范围，动物也就安分地在这个范围内活动，不试图越出这个范围，甚至不考虑有其他什么范围的存在。神也给人指定了共同的目标——使人类和他自己趋于高尚，但是，神要人自己去寻找可以达到这个目标的手段；神让人在社会上选择一个最适合于他、最能使他和社会都得到提高的地位。

　　能有这样的选择是人比其他生物远为优越的地方，但是这同时也是可能毁灭人的一生、破坏他的一切计划并使他陷于不幸的行为。因此，认真地考虑这种选择——这无疑是开始走上生活道路而又不愿拿自己最重要的事业去碰运气的青年的首要责任。

　　每个人眼前都有一个目标，这个目标至少在他本人看来是伟大的，而且如果最深刻的信念，即内心深处的声音，认为这个目标是伟大的，那他实际上也是伟大的，因为神决不会使世人完全没有引导，神总是轻声而坚定地作启示。

　　但是，这声音很容易被淹没；我们认为是灵感的东西可能须臾而生，同样可能须臾而逝。也许，我们的幻想油然而生，我们的感情激动起来，我们的眼前浮想联翩，我们狂热地追求我们以为是神本身给我们指出的目标；但是，我们梦寐以求的东西很

快就使我们厌恶——于是我们的整个存在也就毁灭了。

因此，我们应当认真考虑：所选择的职业是不是真正使我们受到鼓舞？我们的内心是不是同意？我们受到的鼓舞是不是一种迷误？我们认为是神的召唤的东西是不是一种自欺？但是，不找出鼓舞的来源本身，我们怎么能认清这些呢？

伟大的东西是光辉的，光辉则引起虚荣心，而虚荣心容易给人鼓舞或者是一种我们觉得是鼓舞的东西；但是，被名利弄得鬼迷心窍的人，理智已无法支配他，于是他一头栽进那不可抗拒的欲念驱使他去的地方；他已经不再自己选择他在社会上的地位，而听任偶然机会和幻想去决定它。

我们的使命绝不是求得一个最足以炫耀的职业，因为它不是那种使我们长期从事而始终不会情绪低落的职业，相反，我们很快就会觉得，我们的愿望没有得到满足，我们理想没有实现，我们就将怨天尤人。

但是，不只是虚荣心能够引起对这种或那种职业突然的热情。也许，我们自己也会用幻想把这种职业美化，把它美化成人生所能提供的至高无上的东西。我们没有仔细分析它，没有衡量它的全部分量，即它让我们承担的重大责任；我们只是从远处观察它，然而从远处观察是靠不住的。

在这里，我们自己的理智不能给我们充当顾问，因为它既不是依靠经验，也不是依靠深入的观察，而是被感情欺骗，受幻想蒙蔽。然而，我们的目光应该投向哪里呢？在我们丧失理智的地方，谁来支持我们呢？

是我们的父母，他们走过了漫长的生活道路，饱尝了人世的辛酸。——我们的心这样提醒我们。

如果我们通过冷静的研究，认清所选择的职业的全部分量，了解它的困难以后，我们仍然对它充满热情，我们仍然爱它。觉得自己适合它，那时我们就应该选择它，那时我们既不会受热情的欺骗，也不会仓促从事。

但是，我们并不能总是能够选择我们自认为适合的职业；我们在社会上的关系，还在我们有能力对它们起决定性影响以前就已经在某种程度上开始确立了。

我们的体质常常威胁我们，可是任何人也不敢藐视它的权利。诚然，我们能够超越体质的限制，但这么一来，我们也就垮得更快；在这种情况下，我们就是冒险把大厦筑在松软的废墟上，我们的一生也就变成一场精神原则和肉体原则之间的不幸的斗争。但是，一个不能克服自身相互斗争的因素的人，又怎能抗拒生活的猛烈冲击，怎能安静地从事活动呢？然而只有从安静中才能产生伟大壮丽的事业，安静是唯一生长出成熟果实的土壤。

尽管我们由于体质不适合我们的职业，不能持久地工作，而且工作起来也很少乐趣，但是，为了恪尽职守而牺牲自己幸福的思想激励着我们不顾体弱去努力工作。如果我们选择了力不能胜任的职业，那么，我们决不能把它做好，我们很快就会自愧无能，并对自己说，我们是无用的人，是不能完成自己使命的社会成员。由此产生的必然结果就是妄自菲薄。还有比这更痛苦的感情吗？还有比这更难于靠外界的赐予来补偿的感情吗？妄自菲薄是一条毒蛇，它永远啮噬着我们心灵，吮吸着其中滋润生命的血液，注入厌世和绝望的毒液。

如果我们错误地估计了自己的能力，以为能够胜任经过周密考虑而选定的职业，那么这种错误将使我们受到惩罚。即使不受到外界指责，我们也会感到比外界指责更为可怕的痛苦。

如果我们把这一切都考虑过了，如果我们生活的条件容许我们选择任何一种职业；那么我们就可以选择一种能使我们最有尊严的职业；选择一种建立在我们深信其正确的思想上的职业；选择一种给我们提供广阔场所来为人类进行活动、接近共同目标（对于这个目标来说，一切职业只不过是手段）即完美境地的职业。

尊严就是最能使人高尚起来、使他的活动和他的一切努力具有崇高品质的东西，就是使他无可非议、受到众人钦佩并高于众人之上的东西。

但是，能给人以尊严的只有这样的职业，在从事这种职业时我们不是作为奴隶般的工具，而是在自己的领域内独立地进行创造；这种职业不需要有不体面的行动（哪怕只是表面上不体面的行动），甚至最优秀的人物也会怀着崇高的自豪感去从事它。最合乎这些要求的职业，并不一定是最高的职业，但总是最可取的职业。

但是，正如有失尊严的职业会贬低我们一样，那种建立在我们后来认为是错误的思想上的职业也一定使我们感到压抑。

这里，我们除了自我欺骗，别无解救办法，而以自我欺骗来解救又是多么的糟糕！那些不是干预生活本身，而是从事抽象真理研究的职业，对于还没有坚定的原则和牢固、不可动摇的信念的青年是最危险的。同时，如果这些职业在我们心里深深地扎下了根，如果我们能够为它们的支配思想牺牲生命、竭尽全力，这些职业看来似乎还是最高尚的。这些职业能够使才能适合的人幸福，但也必定使那些不经考虑、凭一时冲动就仓促从事的人毁灭。

相反，重视作为我们职业的基础的思想，会使我们在社会上占有较高的地位，提高我们本身的尊严，使我们的行为不可动摇。

一个选择了自己所珍视的职业的人，一想到他可能不称职时就会战战兢兢——这种人单是因为他在社会上所居地位是高尚的，他也就会使自己的行为保持高尚。

在选择职业时，我们应该遵循的主要指针是人类的幸福和我们自身的完美。不应认为，这两种利益是敌对的，互相冲突的，一种利益必须消灭另一种的；人类的天性本身就是这样的：人们只有为同时代人的完美、为他们的幸福而工作，才能使自己也过得完美。

如果一个人只为自己劳动，他也许能够成为著名的学者、大哲人、卓越诗人，然而他永远不能成为完美无疵的伟大人物。

历史承认那些为共同目标劳动因而自己变得高尚的人是伟大人物；经验赞美那些为大多数人带来幸福的人是最幸福的人；宗教本身也教诲我们，人人敬仰的理想人物，就曾为人类牺牲了自己——有谁敢否定这类教诲呢？

如果我们选择了最能为人类福利而劳动的职业，那么，重担就不能把我们压倒，因为这是为大家而献身；那时我们所感到的就不是可怜的、有限的、自私的乐趣，我们的幸福将属于千百万人，我们的事业将默默地、但是永恒发挥作用地存在下去，面对我们的骨灰，高尚的人们将洒下热泪。

【提示】

　　1835年秋天，马克思中学毕业前夕，写了一篇名为《青年在选择职业时的考虑》的作文，发表了一些重要见解，表达了为人类服务的崇高理想。

　　当时，马克思和他的同学就要毕业，面临着升学和就业的问题，大家都在考虑自己的前途。有的人希望成为诗人、科学家或哲学家，献身文艺和学术事业；有的人打算充当教士或牧师，幻想天堂的幸福；有的人则羡慕资产者的豪华生活，把舒适享乐作为自己的理想。总之，他们从利己主义出发，以个人幸福作为选择职业的标准。

　　马克思与其他同学的想法不同，他没有考虑选择哪种具体职业，而是把这个问题提高到对社会的认识和对生活的态度上加以考虑和回答。

　　马克思认为，选择职业是关系到个人生活目的和生活道路的重大问题。因此，不应该为一时的兴趣、渺小的激情、个人的虚荣心所左右，而必须采取严肃的态度，"选择一种使我们最有尊严的职业；选择一种建立在我们深信其正确的思想上的职业；选择一种能给我们提供广阔场所来为人类进行活动……的职业。"

　　在选择职业时，还必须清醒地估计自己的能力。那些较多地研究抽象真理，而不大深入生活本身的职业，对青年来说是危险的，因为这会使他们脱离现实，一事无成。只有那些能深入生活，把理想与现实、思想与行动紧密结合起来的职业，才是一个有为的青年所向往的。只有这样的职业，才有可能发挥自己的才能，对人类做出有益的贡献。

　　马克思认为，在选择职业时必须考虑的最重要的原则，是生活和工作的目标。一个人如果仅仅从利己主义的原则出发，只考虑如何满足个人的欲望，虽然也有可能成为出色的诗人、聪明的学者、显赫一时的哲学家；可是，他绝不能成为伟大的人物，也不能得到真正的幸福。他的事业是渺小的，他的幸福是自私的。一个人只有选择为人类服务的职业，只有为人类最大多数人的幸福而工作，才是高尚的人，才能得到真正的幸福，才有不可摧毁的精神力量。马克思说："历史承认那些为共同目标劳动因而自己变得高尚的人是伟大人物；经验赞美那些为大多数人带来幸福的人是最幸福的人"。"如果我们选择了最能为人类福利而劳动的职业，那么重担就不能把我们压倒，因为这是为大家而献身；那时我们所感到的就不是可怜的、有限的、自私的乐趣，我们的幸福将属于千百万人，我们的事业将默默地但是永恒发挥作用地存在下去，而面对我们的骨灰，高尚的人们将洒下热泪。"

　　为人类服务，这是少年马克思的崇高理想，也是马克思在中学毕业作文中所阐述的主要思想。在漫长的斗争岁月中，他始终不渝地忠实于少年时代的誓言。他的一生，就是为人类服务的最光辉的榜样。

【思考与练习】

1. 谈谈大学生在求职中存在的主要问题。
2. 谈谈你对将来就业的认识。

大学生求职存在的主要问题

一、就业心理准备不足

大学生就业心理准备不足主要表现在以下几个方面。

1.自我角色转换不及时

大学生活结束之际、踏上岗位之前，大学生要能够迅速完成自我角色转换，做好就业心理准备，客观、冷静地进入求职状态，积极主动地去适应社会需要。而调查统计结果表明，80％以上的大学毕业生不能及时完成角色转换。

2.自我认识不够准确

对自己充分的了解，是求职者进行职业规划的依据与前提，而大学生在面临巨大的就业压力时，往往很少能真正做到全面了解自己。人的自我认识包括对本人个性特征、兴趣爱好、特长、生理特征的了解，大学毕业生亦是如此。

（1）气质、性格　就业前如何选择职业，要根据自身的个性特征来决定。气质是心理活动的动力特征，性格则表现为人对现实的态度和行为方式中比较稳定、独特的心理特征。气质和性格对事业成功有很大影响，全面了解自己的心理特点是选择职业的重要前提。

（2）兴趣、爱好　兴趣是爱好的推动者，爱好是兴趣的实行者。人们对职业的选择往往以自己的兴趣爱好为出发点，这就更需要认真分析自己的兴趣爱好。

（3）能力、特长　能力包容的内容很多，主要有两个方面：一是思维能力；二是工作能力。如果是重新谋求职业者还应分析自己的工作成绩和缺点，以便在求职时扬长避短。

（4）生理特征　在择业时必须正确认识性别、年龄等生理方面的因素。

二、择业过程中心理素质差

择业过程是一个激烈的竞争过程，而很多大学生由于心理素质的原因，害怕竞争、不善于竞争，使自己在择业中处于非常不利的地位。

在择业过程中，大学生应当培养以下心理素质。

1.敢于竞争，善于竞争

大学生强化择业的竞争意识，在正确自我评价的基础上，充分相信自己的实力，还必须正视社会现实，在心理上强化自身的竞争意识。

善于竞争体现在实力和良好的心理素质、竞技状态上。在投出自己的简历前，一定要有充分的自我认识，注意期望值是否恰当。

2.正确对待挫折

挫折是锻炼意志的机会，遇到挫折后应放下心理包袱，仔细寻找失利的原因，争取新的机会。双向选择并不是对失败者的淘汰和鄙视，而是促使失败者振作起来。大学生要彻底摆脱"等、靠、要"的就业心态，使自己加快自立自强的转化过程，成为新时代的开拓者。

三、职业能力不足，知识结构相对单一

大学生在就业时表现出的职业能力不足主要表现在知识结构不健全、专业知识不扎实、综合技能水平不高、缺乏一专多能的水平等方面。随着社会就业竞争压力的日益加剧，就业的"门槛"越来越高，"知识不够用"和"能力不足"已经成为导致大学生不适应工作的主要因素。面对这种形势，大学生应充分认识知识结构在求职择业中的作用，根据现代社会的发展需要，塑造自己，发展自己，以增加自己在就业时的筹码。

一个人的知识结构应该是动态的、可变的，根据社会需要进行定向调整，以保持知识结构的弹性。在建立合理知识结构的过程中，要不断地进行知识调节，一方面要更新知识，防止知识老化；另一方面要增强目标性，防止与自己专业方向无关的知识比例过大，以致降低自己的专业岗位能力。

四、简历与求职信过于死板

很多大学生准备的简历不规范，在应聘不同公司时简历是一样的，没有针对性，内容也很难引起招聘者的兴趣，而具有针对性而且实用的简历，是出奇制胜的基础。

五、应聘前对公司缺乏了解

应聘前对公司缺乏了解是目前大学生求职的一大障碍，多数大学生并不了解自己想要进入的公司发展前景、企业文化、人际关系等。

企业需要有价值的人，在招聘大学生时，它们关注的焦点已经不是学校和专业，而是个人的能力和素质，能否为企业做出业绩、带来价值，而这些都是建立在对公司有充分了解的基础上的。

六、缺乏清晰的职业规划

清晰的职业规划是寻觅到好工作的前提，而调查表明，大多数大学生在就业之前并没有这样的准备。

毕业生在找工作前应建立明确的职业规划，在了解自我的基础上确定自己的职业方向与目标，避免就业的盲目性，为个人走向职业成功提供最有效的途径和方法。在找工作前还要接受一些明确的就业指导，对自己进行职业规划与定位，充分结合自己的个性特点和兴趣爱好进行选择，从而避免求职时的盲目和错失良机。

七、就业后流失率过高

毕业生供需矛盾突出、企业接收毕业生存在政策性障碍、就业市场不适应大学生就业的需要和高校就业指导内容浮浅，成为导致大学生就业难的四大重要原因。大学生稳定性、忠诚度和职业化程度不高，成为部分企业拒绝大学毕业生的理由。当竞争越来越激烈，当越来越多的大学生找不到合适的工作时，"先就业后择业"就成了社会和媒体广泛宣扬的理念，而随之形成的毕业生忠诚度问题也浮出了水面。另有调查显示，有一半左右的大学生因为吃不了苦而被企业淘汰。

第二节　工作

敬业与乐业

梁启超

我这题目，是把《礼记》里头"敬业乐群"和《老子》里头"安其居，乐其业"那两句话，断章取义造出来的。我所说的是否与《礼记》《老子》原意相合，不必深求；但我确信"敬业乐业"四个字，是人类生活的不二法门。

本题主眼，自然是在"敬"字、"乐"字。但必先有业，才有可敬、可乐的主体，理至易明。所以在讲演正文以前，先要说说有业之必要。

孔子说："饱食终日，无所用心，难矣哉！"又说："群居终日，言不及义，好行小慧，难矣哉！"孔子是一位教育大家，他心目中没有什么人不可教诲，独独对于这两种人便摇头叹气说道："难！难！"可见人生一切毛病都有药可医，惟有无业游民，虽大圣人碰着他，也没有办法。

唐朝有一位名僧百丈禅师，他常常用两句格言教训弟子，说道："一日不做事，一日不吃饭。"他每日除上堂说法之外，还要自己扫地、擦桌子、洗衣服，直到八十岁，日日如此。有一回，他的门生想替他服务，把他本日应做的工悄悄地都做了，这位言行相顾的老禅师，老实不客气，那一天便绝对地不肯吃饭。

我征引儒门、佛门这两段话，不外证明人人都要有正当职业，人人都要不断地劳作。倘若有人问我："百行什么为先？万恶什么为首？"我便一点不迟疑答道："百行业为先，万恶懒为首。"没有职业的懒人，简直是社会上的蛀米虫，简直是"掠夺别人勤劳结果"的盗贼。我们对于这种人，是要彻底讨伐，万不能容赦的。今日所讲，专为现在有职业及现在正做职业上预备的人——学生——说法，告诉他们对于自己现有的职业应采何种态度。

第一要敬业。敬字为古圣贤教人做人最简易、直接的法门，可惜被后来有些人说得太精微，倒变了不适实用了。唯有朱子解得最好，他说："主一无适便是敬。"用现在的话讲，凡做一件事，便忠于一件事，将全副精力集中到这事上头，一点不旁骛，便是敬。业有什么可敬呢？为什么该敬呢？人类一面为生活而劳动，一面也是为劳动而生活。人类既不是上帝特地制来充当消化面包的机器，自然该各人因自己的地位和财力，认定一件事去做。凡可以名为一件事的，其性质都是可敬。当大总统是一件事，拉黄包车也是一件事。事的名称，从俗人眼里看来，有高下；事的性质，从学理上解剖起来，并没有高下。只要当大总统的人，信得过我可以当大总统才去当，实实在在把总统当作一件正经事来做；拉黄包车的人，信得过我可以拉黄包车才去拉，实实在在把拉车当作一件正经事来做，便是人生合理的生活。这叫做职业的神圣。凡职业没有不是神圣的，所以凡职业没有不是可敬的。惟其如此，所以我们对于各种职业，没有什么分别拣择。总之，人生在世，是要天天劳作的。劳作便是功德，不劳作

便是罪恶。至于我该做哪一种劳作呢？全看我的才能何如、境地何如。因自己的才能、境地，做一种劳作做到圆满，便是天地间第一等人。

怎样才能把一种劳作做到圆满呢？惟一的秘诀就是忠实，忠实从心理上发出来的便是敬。《庄子》记佝偻丈人承蜩的故事，说道："虽天地之大，万物之多，而惟吾蜩翼之知。"凡做一件事，便把这件事看作我的生命，无论别的什么好处，到底不肯牺牲我现做的事来和他交换。我信得过我当木匠的做成一张好桌子，和你们当政治家的建设成一个共和国家同一价值；我信得过我当挑粪的把马桶收拾得干净，和你们当军人的打胜一支压境的敌军同一价值。大家同是替社会做事，你不必羡慕我，我不必羡慕你。怕的是我这件事做得不妥当，便对不起这一天里头所吃的饭。所以我做这事的时候，丝毫不肯分心到事外。曾文正说："坐这山，望那山，一事无成。"一个人对于自己的职业不敬，从学理方面说，便亵渎职业之神圣；从事实方面说，一定把事情做糟了，结果自己害自己。所以敬业主义，于人生最为必要，又于人生最为有利。庄子说："用志不分，乃凝于神。"孔子说："素其位而行，不愿乎其外。"所说的敬业，不外这些道理。

第二要乐业。"做工好苦呀！"这种叹气的声音，无论何人都会常在口边流露出来。但我要问他："做工苦，难道不做工就不苦吗？"今日大热天气，我在这里喊破喉咙来讲，诸君扯直耳朵来听，有些人看着我们好苦；翻过来，倘若我们去赌钱去吃酒，还不是一样在淘神、费力？难道又不苦？须知苦乐全在主观的心，不在客观的事。人生从出胎的那一秒钟起到绝气的那一秒钟止，除了睡觉以外，总不能把四肢、五官都搁起不用。只要一用，不是淘神，便是费力，劳苦总是免不掉的。会打算盘的人，只有从劳苦中找出快乐来。我想天下第一等苦人，莫过于无业游民，终日闲游浪荡，不知把自己的身子和心子摆在哪里才好，他们的日子真难过。第二等苦人，便是厌恶自己本业的人，这件事分明不能不做，却满肚子里不愿意做。不愿意做逃得了吗？到底不能。结果还是皱着眉头，哭丧着脸去做。这不是专门自己替自己开玩笑吗？

我老实告诉你一句话："凡职业都是有趣味的，只要你肯继续做下去，趣味自然会发生。"为什么呢？第一，因为凡一件职业，总有许多层累、曲折，倘能身入其中，看它变化、进展的状态，最为亲切有味。第二，因为每一职业之成就，离不了奋斗；一步一步的奋斗前去，从刻苦中将快乐的分量加增。第三，职业性质，常常要和同业的人比较骈进，好像赛球一般，因竞胜而得快乐。第四，专心做一职业时，把许多游思、妄想杜绝了，省却无限闲烦恼。孔子说："知之者不如好之者，好之者不如乐之者。"人生能从自己职业中领略出趣味，生活才有价值。孔子自述生平，说道："其为人也，发愤忘食，乐以忘忧，不知老之将至云尔。"这种生活，真算得人类理想的生活了。

我生平最受用的有两句话：一是"责任心"，二是"趣味"。我自己常常力求这两句话之实现与调和，又常常把这两句话向我的朋友强聒不舍。今天所讲，敬业即是责任心，乐业即是趣味。我深信人类合理的生活应该如此，我望诸君和我一同受用！

　　梁启超（1873—1929），字卓如，号任公，别号饮冰室主人、哀时客、自由斋主人等，广东新会人。中国近代著名的维新派代表人物，政治活动家、启蒙思想家、资产阶级宣传家、教育家、史学家和文学家，曾倡导文体改良的"诗界革命"和"小说界革命"。其著作合编为《饮冰室合集》。梁启超是清末民初中国文坛上影响最大的一个人物，他自1899年起提倡的文学革命开辟了近代文学理论探索和文学创作的新局面。

　　《敬业与乐业》是一篇宣讲人生与事业关系的演讲词。文章开宗明义提出了"敬业乐业"的主旨，接着分别谈论了"有业"、"敬业"和"乐业"三个问题，最后用"责任心"和"趣味"总结精神旨意。全文主旨鲜明，层次清晰，语言通俗，文短意长。从情感态度价值观维度看，学习课文，意在引导学生感受先哲的思想风采，品味哲理，深入思考人生问题，丰富个性内涵。

　　有业是前提，敬业是基础，乐业是最高境界。"安其居，乐其业"的本意：使人民安居乐业。 提炼成语"安居乐业"的意思是安心地住在那儿，喜爱自己的职业。

【思考与练习】

1.怎样理解"乐业"与"敬业"精神？

2.请同学们讨论如何对待今后的工作和生活。

人是什么

赵鑫珊

　　爱因斯坦在晚年曾作过如下一段自白：

　　一个人很难知道在他自己的生活中什么是有意义的，当然也就不应当以此去打扰别人。鱼对于它终生都在其中游泳的水又知道些什么呢？

　　但是，爱因斯坦毕竟从某个侧面作出了较明确的回答：

　　苦和甜来自外界，坚强则来自内心，来自一个人的自我努力。

　　二十多年来，这个教人自强不息的回答总是像矗立在夜雾茫茫的大海上的一座灯塔，若隐若现，时明时暗，照着我的人生航程。在其他许多地方，爱因斯坦则用非常明确的语言和结论回答了"人是什么"这个万古恒新的问题：

　　我们吃别人种的粮食，穿别人缝的衣服，住别人造的房子。我们的大部分知识和信仰都是通过别人所创造的语言由别人传授给我们的……个人之所以成其为个人，以及他的生存之所以有意义，与其说是靠他个人的力量，不如说是由于他是伟大人类社会的一个成员，从生到死，社会都在支配着他的物质生活和精神生活。

　　我想，爱因斯坦这段有关"人是什么"的质朴见解，是能为我们欣然接受的。

　　不同的人，对"人是什么"这个问题的回答是迥然不同的。即便是同一个人，不同时期也会有不同答案。比如，19世纪法国大作家雨果的回答有时候就非常忧郁，特别暗淡。雨果说：我们都是罪人；我们都被判了死刑，但是都有一个不定期的缓刑期；我们只有一个短暂的期间，然后我们所呆的这块地方就不再会有我们了。

后来，雨果这个充满悲观主义色彩的回答，竟有意无意地成了20世纪40年代法国存在主义思潮的先声之一、因为加缪也把人看成是古希腊神话中终生服苦役的西西弗斯，他命中注定要永远推一块巨石上山，当石块靠近山顶时又滚下来，于是重新再推，如此循环不息。

然而，歌德在论及西西弗斯的时候，几乎是另一种调子。因为诗人的一生实在是富有伟大创造力、为人类文化作出了很大贡献的一生。1824年1月27日，风烛残年的歌德在同爱克曼交谈的时候，回顾了自己的一生：

人们通常把我看成是一个最幸运的人，我自己也没有什么可抱怨的，对我这一生所经历的路程也并不挑剔。我这一生基本上只是辛苦地工作。我可以说，我活了七十五岁，没有哪一个月过的是真正舒服的生活。就好像推一块石头上山，石头不停地滚下来又推上去。我的年表将是这番话的清楚说明。

——读者，这就是人哪！

回答"人是什么"这个问题，在康德哲学体系中也是非常重要的。晚年，他甚至断言，全部哲学事业都可以归结为对这个问题的回答。75岁的时候，康德不是用话语而是用他一生创造性的脑力劳动，用他在哲学这块精神园地上辛勤的耕耘作出了如下的回答：人是借助于令人惊异的能力——想象力——创造文化的生物。"在生活中达到了(绝对)满意——这本身就是一个征候，它表明这是一种无所事事的安谧，一切动机都已停止，感觉以及与此相关的活动也迟钝了。但是，这样一种状态就像心脏在动物机体中停止了工作一样，是与人的精神生活格格不入的。"在康德看来，人就是不断地进行创造性的工作；工作是使人得到快乐的最好方法。

爱因斯坦逝世前不久，他对友人说："只要有一天你得到了一件合理的事情去做，从此你的工作和生活都会有点奇异的色彩。"

的确，爱因斯坦一生之所以能朝气蓬勃，光霁日明，都是因为他总是在做一件件合理的事情。对于他，生与死的区别仅仅在于是不是在研究物理学问题，是不是在思索大自然的统一结构，是不是在不断地接近"他"，即接近斯宾诺莎的上帝——自然。

歌德、康德和爱因斯坦像西西弗斯那样劳碌一生，自然使我想起了孔子同子贡的一段对话。子贡倦于学，告仲尼曰："愿有所息。"仲尼曰："生无所息。"

东、西方哲学家竟有如此一致的见解，的确给了我极深刻的印象。在我们为中华民族腾飞于世界而奋力拼搏的时代，不妨赋予"生无所息"这句格言以崭新的含义，写在我们的旗帜上。

我想，人是由三部分组成的：对往事的追忆、对现时的把握和对未来的憧憬。

人到中年，多半就是这样考虑的。18岁的青年，大概只有憧憬；80岁的老人，多半只剩回忆；至于一个四十来岁的中年人，往往就来回摆动在憧憬和回忆之间。但是，不管是谁，对眼前现时的把握，都应该是重点；作为整体的第二个组成部分，作为中间环节，它的比重应该占百分之九十五。

"人生思幼日。"谁没有童梦重温的经历？那放学回家，进屋叫一声"妈"的少年时光；那圆明园的秋天里的春天，林间小道上的幽会和散步，穿过茫茫的夜色，情人走了，从此再也没有回来……

对往事的追忆，有好几层意义。

在一些触景生情的场合，往事历历，那风雨不蚀的记忆，实在是人性一种根深蒂固的表现，那是一种无法抗拒的心理冲力，就像春天来了，种子破土发芽不可抗拒一样。

当一个人在现实生活中有时感到孤独、寂寞的时候，他就会从一些甜美的回忆中得到某种难以言传的慰藉和快乐；这快乐恐怕不下于历史学家和地质学家追溯某个王朝的兴衰史和自然界的演化史所得到的乐趣。因为这些科学家崇奉这样一句格言："使已死的东西复活，其愉快不下于创造。"况且，"使已死的东西复活"还有另一层更重大的意义：串起记忆中那早已散落的明珠，是为了借助于昔日这面反射镜来照亮当前人生的道路，增强憧憬未来的信心和勇气。

说也不信，生活中的痛苦(只要这种痛苦是真挚的，善良的)，一俟到了回忆中，往往也会觉得它有淡淡的甜美，化成深沉的诗。普希金写道："而那过去了的，就会变成亲切的怀恋。"这就像枯藤、老树、昏鸦这些令人伤感的对象一经成了诗歌和绘画的题材，往往就会给人以最高的美学享受——我把这种最高的美学享受称之为甜美的忧郁或忧郁的甜美。

肖邦的19首夜曲为什么能牵动你的心，勾你的魂？就是因为这位多愁善感的"钢琴诗人"用旋律和音响造出了"甜美的忧郁"这种诗境。牛希济的"记得绿罗裙，处处怜芳草"这两句诗，何以具有不朽的艺术魅力？原因之一，也是因为它在你心中造出了"甜美的忧郁"这种境界。回忆无疑是许多杰出文学艺术作品的创造心理动机之一，同时也构成了它们的一大内容。可以说，没有回忆，文学艺术就会失去光彩，干瘪得不成样子。一首曲子往往会令我们感动得热泪盈眶，原因之一，就是因为它能勾起人们对往事的追忆。美国电影《翠堤春晓》插曲《当我们还年轻》最具有这种功能。因为它的词曲本身就充满了回忆。出自回忆，勾起回忆。

当我们还年轻，在美妙的五月早晨，你曾说，你爱我，当我们还年轻。你曾说，你爱我，啊!我们心心相印，我们欢笑，我们哭叫，然后分手时刻来到，别忘了，你爱我，当我们还年轻。

谁没有青春时代？谁没有往日的爱情？当你满头白发，站在落日的斜晖中，突然听到从远处深秋的树林里飘来了这首歌曲，你怎能抗拒它的感情力量？你怎能抗拒回忆？有感情的人怎能抗拒感情？有回忆的人怎能抗拒回忆？没有回忆的人是残缺的人，干巴巴的人；人类和个人从本质上说都是历史的。人类的历史意识给人类以智慧，使人类意识到自身在当前的处境，有利于瞻望未来。回忆就是个人的历史意识活动。没有这种活动的人，甚至无法欣赏许多文学艺术作品，更谈不上去从事文学艺术创作。比如，有些成年人居然这样评价《城南旧事》这部影片："小孩片，没劲!"说这种话的人，自己就是一个孩子。因为孩子是不会有多少回忆的。唐诗宋词的创作心理背景之一，也是对往事的追忆。

多少蓬莱旧事，空回首，烟霭纷纷。斜阳外，寒鸦数点，流水绕孤村。

追忆往事就其本质来说，也是一种幻想，一种"白日梦"。它们的功用往往是用幻想来弥补现实生活中的缺陷和不足。弗洛伊德说，夜梦是愿望的满足；白日梦即幻想，也是愿望的实现。诗歌创作和梦（夜梦和白日梦）往往是一回事。唐诗宋词不乏写梦之作。苏东坡的悼亡词《江城子》（乙卯正月二十日夜记梦）最能说明弗洛伊德学说的这一论点。

十年生死两茫茫，不思量，自难忘。千里孤坟，无处话凄凉。纵使相逢应不识，尘满面，鬓如霜。夜来幽梦忽还乡，小轩窗，正梳妆。相顾无言，唯有泪千行。料得年年肠断处，明月夜，短松冈。

这首写尽生离死别的伉俪之情的词作，从诗人创作动机到内容，都是梦和诗的交织（诗人原是醒着做梦的人）。由此可见，对往事的追忆，在人性中是多么根深蒂固！

至于希望和对未来的憧憬，在本质上也是幻想，也是梦。

18世纪法国著名思想家伏尔泰说得好：上天赐给人两样东西——希望和梦——来减轻他的苦难遭遇。

没有希望的人，就是绝望的人，就是死气沉沉、没有生气的人。人一天也不能没有希望。它在人性中所扎下的根，比回忆往事更深、更牢。它是精神的细胞，是精神的白血球和红血球；是一个人生命力旺盛的标志之一。

"夕阳无限好，只是近黄昏"的老人中，也有不乏充满希望的人。这是一些真正的人，永不衰老的人：老骥伏枥，志在千里；烈士暮年，壮心不已。贝多芬就是在满脑子的创作计划中溘然长逝的。（他说他准备再写出几部大作品，然后就像一个老小孩那样同尘世告别。）

1945年4月，爱因斯坦以荣誉退职教授的名义退休了。在他退休前几个月，他同斯特恩教授进行过一次诚挚的谈话。爱因斯坦说，他正在苦心推敲相对论的某些变化，他的退休决不会中断这项工作。对此，施特恩发表评论说："退休并不意味着爱因斯坦已经放弃了今后的一切科学活动，一个公务人员可以退休，一个有才智的人却不会退休。"

我想，这就是"烈士暮年，壮心不已"的真正含义。这种精神对于我们这个面向升起的太阳走向中兴的民族自然也是备感亲切的。

希望就是理想，就是追求。

18世纪德国著名思想家兼文学家莱辛说过，不断追求真理要比占有真理更高贵。这是爱因斯坦最喜欢引用的一句格言，他把它作为自己一生的座右铭，从中得到力量，得到慰藉。

的确，使人真正感到幸福和满足的，是不断地追求，是追求的过程。充满希望的旅行（过程），要比到达目的地好。

我以为，这是支配人类一切活动的一条最根本的心理学原理。

不断追求、充满希望的人，正是孔子所说的"生无所息"的生活强者。毕加索也是这样一位大艺术家。他在60岁学习版画技术，70岁学陶工，他那永不衰竭的追求艺术美的热情令人叹服。他说："永远不会有这么一天……可以说'我已经完成了自己的工作'，'明天是星期天'。一旦你的工作结束，便意味着你必须开始新的工作。……你永远都不能说'结束'这两个字。"

再让我们来谈谈构成人的最重要部分——对现实的把握吧！

"现实"是什么？

现代西方逻辑实证主义哲学家和操作主义物理学家都思索过这个问题。爱因斯坦也为这个问题伤透了脑筋。爱因斯坦认为，"现实"的经验是人所专有的东西，是同过去和将来在本质上都不同的东西，然而这种重大的差别在物理学中并不出现，也不可能出现。这种经验不能为科学所掌握，对他来说，似乎是一件痛苦但又无可奈何的事。

对我们这些不是物理学家的人来说，自然没有必要去为"现实"的物理意义而坐立不安。我们只满足于对"现实"作日常经验的理解："现实"的经验是每人所专有的东西，每个人都有自己的"现实"，每个人对过去、现在和将来都持有不同的态度。

至于笔者，则把现实（当前）看成是小学算术课本上的1，对未来的憧憬则看成是0。每个小学生都懂得：0的位置是很重要的。0只有在1的后面（而不是在1的前面）才能显示出它的价值和分量。1后面的0越多值越大。若用日常语言来说，就是：伟大志向造就伟大人物，但要以牢牢把握现实为必要的前提！

只有珍惜、牢牢地把握现实每一分钟，以最有效的方式献身于振兴中华的伟大事业，才是未来美景最可靠的保证。否则，就会在一个个五光十色的希望肥皂泡中蹉跎岁月，浪费自己的青春年华。

可是，失去对往事的回忆和对未来的希望，就难以把握现实。把握不了现实的人是一个不成其为人的人，是一个丧失了自我的人。在人生和世界的激流中，他必然会像初冬从树上飘落下来的最后一片枯叶，在西风残照中孤零零地漫无目的地乱舞。

至于回忆和希望的关系，我们或许可以这样说：回忆毕竟是远了、暗了的暮霭；希望才是近了、亮了的晨光。

啊，人啊，多一点希望，多一点晨光……

【提示】

本文在论述人生的意义。文中写到我们的时代是为中华民族腾飞于世界而奋力拼搏的时代，我们的民族是面向升起的太阳走向中兴的民族，作者劝勉人们牢牢把握现实每一分钟，以最有效的方式献身于振兴中华的伟大事业。文章分前后两大部分。前一部分，列举爱因斯坦、雨果、加缪、康德、孔子等大师对"人是什么"这个问题的回答。说明人生的意义在于不断工作。后作者将人生划为以往、现时和未来三个部分阐释人生的意义在于不断追求、不断工作。

【思考与练习】

人生的意义是什么？

找一份适合你的工作

戴尔·卡耐基

我曾经问过一位人事经理："今日的年轻人求职时，所犯的最大错误是什么？"他说："他们不知道他们想干什么，这真叫人万分惊讶。一个人花在选购一件衣服上的心思，竟比选择一件关系将来命运的工作要多得多，是一件多么奇怪的事。而他将来的全部幸福和安宁全都依赖于这份工作了。"

我要奉劝年轻朋友们：不要贸然决定从事某一行业，除非你喜欢。不过，你仍然要考虑父母所给你的建议。他们比你年长，已经获得那种从众多经验及过去岁月中才能得到的人生智慧。

如果你已经到了18岁，你将要做出你一生中最重要的两个决定——这两个决定将深深改变你的一生，影响你的幸福、收入和健康。这两个决定可能造就你，也可能毁灭你。

这两个重大决定是什么？

第一，你将如何谋生？也就是说，你准备干什么？是做一名农民、邮差、化学家、森林管理员、速记员、兽医、大学教授，还是去摆一个摊子？

第二，你将选择一个什么样的人生伴侣？

对有些人来说，这两个重大决定通常像在赌博一样。哈里·艾默生·佛斯迪克在他的一本书里写道："每位小男孩在选择如何度过一个假期时，都是赌徒。他必须以他的日子做赌注。"

那么你怎样才能减低选择假期中的赌博性呢？

首先，如果可能的话，应尽量找到一个自己喜欢的工作。有一次，我请教轮胎制造商古里奇公司的董事长大卫·古里奇，我问他成功的第一要素是什么，他说："热爱你的工作。"他说，"如果你热爱你所从事的工作，你工作的时间再长，也丝毫不觉得是在工作，反倒像在做游戏。"

爱迪生就是一个好例子。这个未曾进过学校的报童，后来却对美国的工业化影响深远。他几乎每天在他的实验室里辛苦工作18个小时，吃饭、睡觉也在那里，却丝毫不觉得苦。"我一生中从未做过一天工作，每一天对我来说都其乐无穷。"他说。所以他会取得成功！

国际家庭产品公司的公共关系副总经理卡尔夫人曾为杜邦公司雇用过数千名员工，她说："我认为，世界上最大的悲剧莫过于有那么多的年轻人从来没有发现他们真正想做些什么。想想，一个人如果只从他的工作中赚点薪水，而别无其他，那真是最大的悲哀了。"卡尔夫人说，有一些大学毕业生跑到她那儿说："我获得了达茅斯大学的文学学士学位或是康莱尔大学的硕士学位，你公司里有没有适合我的职位？"他们甚至不晓得自己能够做些什么，也不知道希望做些什么。因此，难怪有那么多人在开始时野心勃勃，充满玫瑰般的美梦，但到了40多岁以后，却一事无成，甚至麻木不仁。

选择正确的工作，对你的健康也十分重要。琼斯霍金斯医院的雷蒙大夫与几家保险公司联合做了一项调查，研究使人长寿的因素，他把"合适的工作"排在第一位。这正好与卡莱尔的名言不谋而合："祝福那些找到他们心爱的工作之人，他们已无须企求其他的幸福了。"

索柯尼石油公司的人事经理保罗·波恩顿在过去20年当中，至少接见了75000名求职者，并出版过《获得工作的六个方法》的一本书。我问他："现在来求职的年轻人犯的最大错误是什么？""他们不知道他们想干些什么，"他说，"这真是叫人惊诧，一个人花在选购一件穿几年就会破损的衣服上的心思，竟远比选择一件关系将来命运的工作要多得多——而他将来的全部幸福和安宁全都依赖于这个工作。"

如何解决这个问题，我认为可以利用一下职业指导。但它只是给你建议，最终做决定的还是你自己。

也许你会觉得奇怪，为什么我会说这些令人担心的话题，但是你知道吗？多数人的忧虑、悔恨和沮丧，都是因为不适应工作而引起的。关于这种情形，你可以问问你的父亲、邻居，或是你的老板。学者约翰·米勒宣称，工人无法适应自己的工作，是"社会最大的损失之一"。的确，世界上最不快乐的人，就是那些憎恨他们日常工作的"产业工人"。

威廉·孟宁吉博士是我们当代最伟大的精神病专家之一，他在二次大战期间主持陆军精神病治疗工作，他说："在军中我们发现了挑选和安置的重要性，就是说要让适当的人去从事适当的工作。最重要的是，要使他相信自己工作的重要性。当一个人对自己的工作没有兴趣时，他会觉得自己被安排在一个错误的职位上，不受欣赏和重视，同时觉得他的才能被埋没了，这样就会情绪低落，即使没得精神病，也会埋下种子。"

同样，在工厂，如果员工轻视自己的工作，也会做不好事情，精神压抑。菲尔·强森就是一个例子。

菲尔·强森的父亲开了一家洗衣店，他把儿子叫到店中，希望他将来能接手这家洗衣店。但菲尔痛恨洗衣店的工作，所以懒懒散散，没有精神，只做些不得不做的工作，其他一点也不关心。有时候，他干脆不来。他父亲十分伤心，觉得儿子是一个没有野心、不求上进的人，使他在员工面前丢脸。

有一天，菲尔告诉他父亲，他希望做个机械工人。他父亲十分惊讶。但菲尔还是坚持自己的意见。他穿上油腻的粗布工作服，工作也比洗衣店里的更为辛苦，工作的时间更长，但他竟然快乐得在工作中吹起口哨来。他选修工程学课程，研究引擎、机械装置。

而当他1944年去世时，已是波音飞机公司的总裁，并且制造出"空中飞行堡垒"轰炸机，帮助盟军赢得了世界大战。如果他当年留在洗衣店，他和洗衣店——尤其是在他父亲死后——究竟会变成什么样子呢？

即使会引起家庭纠纷，我仍然要奉劝年轻朋友们：不要只因为你家人希望你那么

做，就勉强从事某一行业。不要贸然从事某一行业，除非你喜欢。不过，你仍然要仔细考虑父母给你的劝告。他们的年纪可能比你大一倍，他们已获得那种惟有从众多经验及岁月中才能得到的智慧。但是，到了最后，你自己必须作决定。将来工作时，体会快乐或悲哀的是你自己。

现在向你提供下述建议，以便你选择工作时作参考。

（1）阅读并研究下列关于选择职业的辅导员的建议。这些建议是最权威人士提供的，由美国最成功的一位职业指导专家基森教授所拟定。

① 如果有人告诉你，他有一套神奇的方法可指出你的"职业倾向"，千万不要相信。这些人包括摸骨家、星相家、"个性分析家"、笔迹分析家。他们的法子并不灵验。

② 不要听信那些给你作了一番测验，然后就指出你该选择哪种职业的人。这种人违背了职业辅导员的基本原则，职业辅导员必然考虑被辅导人的健康、社会、经济等各种情况，同时他还应该提供就业机会的具体资料。

③ 找一位拥有丰富的职业资料藏书的职业辅导员，并在辅导期间妥善利用这些资料和书籍。

④ 完全的就业辅导服务通常要面谈二次以上。

⑤ 绝对不要接受函授就业辅导。

（2）避免选择那些人满为患的职业和事业。在美国，谋生的方法共有两万多种以上。但年轻人可知道这一点？在一所学校内，三分之二的男孩子选择了五种职业——两万种职业中的五项——而五分之四的女孩子也是一样。难怪少数的职业会人满为患，难怪白领阶层会产生不安全感、忧虑和"焦急性的精神病"。特别注意，如果你要进入法律、新闻、广播、电影以及"光荣职业"等行业，必须要费一番大工夫。

（3）避免选择那些维生机会只有十分之一的行业。例如，兜售人寿保险。每年有数以千计的人——经常是失业者——事先未打听清楚，就开始贸然兜售人寿保险。根据费城房地产信托大楼的比特格先生的叙述，以下就是此行业的真实情形。在过去20年里，比特格先生一直是美国最杰出而成功的人寿保险推销员之一。他指出，90%的首次兜售人寿保险的人又伤心又沮丧，结果在一年内纷纷放弃。而留下来的，10人当中的有一人就可以卖出十人销售总数的90%，另外9人只能卖出10%的保险。换个方式来说：如果你兜售人寿保险，那你在一年内放弃的机会为90%，留下来的机会只有10%。即使你留下来了，成功的机会也只有百分之一而已，否则你仅能勉强糊口。

（4）在你决定投入某一项职业之前，先花几个星期的时间，对该职业做全盘了解。如何才能达到这个目的？你可以和那些已在这一行业中干过很多年的人士面谈。

这些会谈对你的将来可能有很大的影响，这是我的经验。二十几岁时，我向两位老人请教过这个问题。现在回想起来，我觉得那两次会谈是我生命中的转折点。事实上，如果没有那两次会谈，我的一生将会变成什么样子，真的很难想象。

你怎样获得这些职业指导会谈呢？现在假设你正打算作一名建筑师，在你作最后决定之前，你应该花几个星期的时间，去拜访你城里和附近城市的建筑师。你可以从电话簿的分类栏里，找出他们的姓名和住址。不管有没有预先约定，你都可以打电话到他们的办公室。如果你希望订个见面时间，可以写信给他们，内容大致如下。

能否麻烦您帮个小忙？我希望能接受您的指导，我现年18岁，正考虑作一名建筑师。在我作最后决定之前，很希望您能赐教。如果您太忙，无法在办公室接见我，而愿意赐我半小时在您家中见我，我将感激不尽。

以下就是我想请教您的问题。

（1）如果您的生命再从头开始，您可愿意再做一名建筑师？

（2）在您仔细打量我之后，我想请问您，您是否认为我具有成为一名成功建筑师的条件？

（3）建筑师这一行业是否已人满为患？

（4）如果我学习四年的建筑学课程，要找工作是否困难？我应该首先接受哪一类的工作？

（5）如果我的能力中等，在前五年当中，我可能赚多少钱？

（6）当一名建筑师，有什么好处和坏处？

（7）如果我是您儿子，您愿意鼓励我当一名建筑师吗？

如果你很害羞，不敢单独会见"大人物"，这儿有两项建议，可以帮助你。

第一，找一个和你同年龄的小伙子一起去。你们彼此可以增加对方的信心。如果你找不到跟你同年龄的人，你可请求你父亲和你一同前往。

第二，记住，你向某人请教，等于是给他荣誉。对于你的请求，他会有一种被奉承的感觉。成年人一向是很喜欢向年轻男女提出忠告的，你所求教的建筑师将会很高兴接受这次访问。

如果你不愿写信要求约会，那么不需约定，就可直接到那人的办公室去，对他说，如果他能向你提供一些指导，你将万分感激。

假设你拜访了五位建筑师，而他们都太忙了，无暇接见你（这种情形不多），那么你再去拜访另外五个。他们之中总会有人接见你，向你提供宝贵的意见。这些意见也许可以使你免去多年的迷失和伤心。

记住，你是在从事你生命中最重要且影响最深远的两项决定中的一项。因此，在你采取行动之前，多花点时间探求事实真相。如果你不这样做，在下半辈子中，你可能后悔不已。

如果能力许可，你可以付钱给对方，补偿他半小时的时间和忠告。

（5）克服"你只适合一项职业"的错误观念。每个正常的人，都可在多项职业上成功，与此相对，每个人也可能在多项职业上失败。

享受你的工作。

清洁的精神
张承志

这不是一个很多人都可能体验的世界。而且很难举例、论证和顺序叙述。缠绕着自己的思想如同野草，记录也许就只有采用野草的形式——让它蔓延，让它尽情，让

它孤独地荣衰。高崖之下，野草般的思想那么饱满又那么闭塞。这是一个瞬间。趁着流矢正在稀疏，下一次火光冲天的喧嚣还没有开始；趁着大地尚能容得下残余的正气，趁着一副末世相中的人们正苦于卖身无术而力量薄弱，应当珍惜这个瞬间。

关于汉字里的"洁"白，人们早已司空见惯、不假思索、不以为然，甚至清洁可耻、肮脏光荣的准则正在风靡时髦。洁，今天，好像只有在公共场所，比如在垃圾站或厕所等地方，才能看得见这个字了。

那时在河南登封，在一个名叫王城岗的丘陵上，听着豫剧的调子，每天都眼望着古老的箕山发掘。箕山太古老了，九州的故事都是在那座山上起源。夏商周，遥远的、几乎这是信史仅是传说的茫茫古代，那时宛如迎在眼前又无影无踪，烦恼着我们每个考古队员。一天天地，我们挖着只能称做龙山文化或二里头早期文化的土，心里却盼它属于大禹治水的夏朝。感谢那些辛苦的日子，它们在我的脑中埋下了这个思路，直到今天。

是的，没有今天，我不可能感受什么是古代。由于今天泛滥的不义、庸俗和无耻，我终于迟迟地靠近了一个结论：所谓古代，就是洁与耻尚没有沦灭的时代。箕山之阴，颍水之阳，在厚厚的黄土之下压埋着的，未必是王朝国家的遗址，而是洁与耻的过去。

那是神话般的、唯洁为首的年代。洁，几乎是处在极致，超越界限，不近人情。后来，经过如同司马迁、庄子、淮南子等大师的文学记录以后，不知为什么人们又只赏玩文学的字句而不信任文学的真实——断定它是过分的传说不予置信，而渐渐忘记了它是一个重要的、古中国关于人怎样活着的观点。

今天没有人再这样谈论问题，这样写好像就是落后和保守的记号。但是，四千年的文明史都从那个洁字开篇，我不觉得有任何偏激。一切都开始在这座低平的、素色的箕山上。一个青年，一个樵夫，一头牛和一道溪水，引来了哺育了我们的这个文明。如今重读《逍遥篇》或者《史记》，古文和逝事都远不可及，都不可思议，都简直无法置信了。遥远的箕山，渐渐化成了一幢巨影，遮断了我的视野。山势非常平缓，从山脚拾路慢慢上坡，一阵工夫就可以抵达箕顶。山的顶部宽敞坦平，烟树素淡，悄寂无声。在那荒凉的箕顶上人觉得凄凉。在冬天的晴空尽头，在那里可以一直眺望到中岳嵩山齿形的远影。遗址都在下面的河边，那低伏的王城岗上。我在那个遗址上挖过很久，但是田野发掘并不能找到清洁的古代。

《史记》注引皇甫谧《高士传》，记载了尧舜禅让时期的一个叫许由的古人。许由因帝尧要以王位相让，便潜入箕山隐姓埋名。然而尧执意让位，追许由不舍。于是，当尧再次寻见许由，求他当九州长时，许由不仅坚辞不从，而且以此为奇耻大辱。他奔至河畔，清洗听脏了的双耳。

时有巢父牵犊欲饮之，见由洗耳，问其故。对曰：尧欲召我为九州长，恶闻其声，是故洗耳。巢父曰：子若处高岸深谷，人道不通，谁能见子？子故浮游，欲闻求其名誉，污吾犊口。牵犊上流饮之。

所谓强中有强，那时是人相竞洁。牵牛的老人听了许由的诉说，不仅没有夸奖反而忿忿不满：你若不是介入那种世界，哪里至于弄脏了耳朵？想在你洗耳不过是另一种钓名沽誉。下游饮牛，上游洗耳，既然你已知道自己双耳已污，为什么又来弄脏我的牛口？

毫无疑问，今日中华的有些人正春风得意、稳扎稳打，对下如无尾恶狗般刁悍，对上如无势宦官般谦卑。无论昨天极左、今天极商、明天极右，都永远在正副部司局处科的广阔台阶上攀登的各级官迷以及他们的后备军——小小年纪未老先衰一本正经立志"从政"的小体制派，还有他们的另一翼、Partner、搭档——疯狂嘲笑理想、如蛆腐肉、高高举着印有无耻两个大字的奸商旗的、所谓海里的泥鳅蛤蜊们，是打死他们也不会相信这个故事的。

但是司马迁亲自去过箕山。

《史记·伯夷传》中记道：

尧让天下於许由，许由不受，耻之逃隐……太史公曰：余登箕山，其上盖有许由冢云。

这座山从那时就同称许由山。但是在我登上箕顶那次，没有找到许由的墓。山顶是一个巨大平缓的凹地，低低伸展开去，宛如一个长满荒草的簸箕。这山顶虽宽阔，但没有什么峰尖崖陷，登上山顶一览无余。我和河南博物馆的几个小伙子细细找遍了每一丛蒿草，没有任何遗迹残痕。

当双脚踢缠着高高的茅草时，不觉间我们对古史的这一笔记录认起真来。司马迁的下笔可靠，已经在考古者的铁铲下证实了多次。他真的看见许由墓了吗，我不住地想。

箕顶已经开始涌上暮色，视野里一阵阵袭来凄凉。天色转暗后我们突然感慨，禁不住地猜测许由的形象，好像在蒿草一下下绊着脚、太阳一分分消隐下沉的时候，那些简贱的史料又被特别细致地咀嚼了一遍。山的四面都无声。暮色中的箕山，以及山麓连结的朦胧四野中，浮动着一种浑浊的哀切。

那时我不知道，就在那一天里我不仅相信了这个古史传说而且企图找寻它。我抱着考古队员式的希望，有一瞬甚至盼望出现奇迹，由我发现许由墓。但箕顶上不见牛，不见农夫，不见布衣之士刚愎的清高；不仅登封洛阳，不仅豫北晋南的原野，都沉陷在晚暮的沉默中，一动不动，缄口不言。

那一天以后不久，田野工作收尾，我没有能抽空再上一回箕山。然后，人和心思都远远地飞到了别处，离开河南弹指就是十五年。应该说我没有从浮躁中蜕离，我被意气裹挟而去，渐渐淡忘了中原和大禹治水的夏王朝。许由墓，对于我来说，确确实实已经湮没无存了。

长久以来滋生了一个印象。我一直觉得，在中国的古典中，许由洗耳的例子是极限。品味这个故事，不能不觉得它载道於绝对的描写。它在一个最高的例子上规定洁与污的概念，它把人类可能有过的原始社会禅让时代归纳为山野之民最高洁、王侯上流最卑污的结论。它的原则本身太高傲，这使它与后世的人们之间产生了隔阂。

今天回顾已经为时过晚，它的确已沦为了箕山的传说。今天无论怎样庄重的文章也难脱调侃。今天的中国人，可能已经没有体会它的心境和教养了。

就这样时间在流逝着。应该说这些年来，时间在世界上的进程惊心动魄。在它的冲淘下我明白了：文明中有一些最纯的因素，唯它能凝聚起涣散失望的人群，使衰败的民族熬过险关、求得再生。所以，尽管我已经迷恋着我的鲜烈的信仰和纯朴的集体；尽管我的心意情思早已远离中原三千里外并且不愿还家；但我依然强烈地想起箕山，还有古史传说的年代。

箕山许由的本质，后来分衍成很多传统。洁的意识被义、信、耻、殉等林立的文化所簇拥，形成了中国文化的精神森林，使中国人长久地自尊而有力。

后来，伟大的《史记·刺客列传》著成，中国的烈士传统得到了文章的提炼，并长久地在中国人的心中矗立起来，直至昨天。

《史记·刺客列传》是中国古代散文之最。它所收录的精神是不可思议、无法言传、美得魅人的。

英雄首先出在山东。司马迁在这篇奇文中以鲁人曹沫为开始。

应该说，曹沫是一个用一把刀子战胜了大国霸权的外交家。在他的赢弱的鲁国被强大的齐国欺凌的时候，外交席上，曹沫一把揪住了齐桓公，用尖刀逼他退还侵略鲁国的土地。齐桓公刚刚服了输，曹沫马上扔下刀下坛。回到席上，继续前话，若无其事。

今天，我们的体制派们按照他们不知在哪儿受到的教育，无疑会大声叫喊曹沫犯规——但在当时，若没有曹沫的过激动作，强权就会压制天下。

意味深长的是，司马迁注明了这些壮士来去的周期。

其后百六十有七年，而吴有专诸之事。

专诸的意味，首先在于他是第一个被记诸史籍的刺客。在这里司马迁的感觉起了决定的作用。司马迁没有因为刺客的卑微而为统治者去取舍。他的一笔，不仅使异端的死者名垂后世，更使自己的著作得到了杀青压卷。

刺，本来仅仅是政治的非常手段，本来只是残酷的战争形式的一种而已。但是在漫长的历史中，它更多地属于正义的弱者；在血腥的人类史中，它常常是弱者在绝境中被迫选择的、唯一可能制胜的决死拼斗。

由于形式的神秘和危险，由于人在行动中爆发出的个性和勇敢，这种行为经常呈现一种异样的美。事发之日，一把刀子被秘密地烹煮于鱼腹之中。专诸乔装献鱼，进入宴席，掌握着千钧一发，使怨主王僚丧命。鱼肠剑，这仅有一件的奇异兵器，从此成为家喻户晓的故事，并且在古代的东方树立了一种极端的英雄主义和浪漫主义。

从专诸到他的继承者之间，周期是七十年。

这一次的主角豫让把他前辈的开创发展得惊心动魄。豫让只因为尊重了自己人的惨死，决心选择刺杀手段。他不仅演出了一场以个人对抗强权的威武活剧，而且提出了一个非常响亮的思想："士为知己者死，女为悦己者容。"

第一次攻击失败以后，他用漆疮烂身体，吞炭弄哑声音，残身苦形，使妻子不识，然后寻找接近怨主赵襄子的时机。

就这样行刺之日到了，豫让的悲愿仍以失败终结。但是被捕的豫让骄傲而有理。他认为："明主不掩人之美，忠臣有死名之义。"在甲兵捆绑的阶下，他堂堂正正地要求名誉，请求赵襄子借衣服让他砍一刀，为他成全。

这是中国古代史上形式和仪式的伟大胜利。连处于反面角色的敌人也表现得高尚。赵襄子脱下了贵族的华服，豫让如同表演胜利者的舞蹈。他拔剑三跃而击之，然后伏剑自杀。

也许这一点最令人费解——他们居然如此追求名誉。

必须说，在名誉的范畴里出现了最大的异化。今日名利之徒的追逐，古代刺客的死名，两者之间的天壤之别的现实，该让人说些什么呢？

周期一时变得短促，四十余年后，一个叫深井里的地方，出现了勇士聂政。

和豫让一样，聂政也是仅仅因为自尊心受到了意外的尊重，就决意为知己者赴死。但聂政其人远比豫让深沉的多。是聂政把"孝"和"情"引入了残酷的行动。当他在社会的底层，受到严仲子的礼遇和委托时，他以母亲的晚年为行动与否的条件。终于，母亲以天年逝世了，聂政开始践约。

聂政来到了严仲子处。只是在此时，他才知道了目标是韩国之相侠累。聂政的思想非常彻底。从一开始，他就决定不仅要实现行刺，而且要使事件包括表面都变成自己的，从而保护知己者严仲子，因此他拒绝助手，单身上道。

聂政抵达韩国，接近了目标，仗剑冲上台阶，包括韩国之相侠累在内一连击杀数十人——但是事情还没有完。

在杀场上，聂政"皮面决眼，自屠出肠"，使自己变成了一具无法辨认的尸首。

这里藏着深沉的秘密。本来，两人谋事，一人牺牲，严仲子已经没有危险，像豫让一样，聂政应该有殉义成名的特权。聂政没有必要毁形。

谜底是由聂政的姐姐揭穿的。在那个时代里，不仅人知己，而且姐知弟。聂姐听说韩国出事，猜出是弟弟所为。她仓皇赶到韩，伏在弟弟的遗体上哭喊：这是深井里的聂政！原来聂政一家仅有这一个出了嫁的姐姐，聂政毁容弃名是担忧她受到牵连。聂姐哭道：我怎能因为惧死，而灭了贤弟之名！最后自尽于聂政身旁。

这样的叙述，会被人非议为用现代语叙述古文。但我想重要的是，在一片后庭花的歌声中，中国需要这种声音。对于这一篇价值千金的古典来说，一切今天的叙述都将绝对地因人而异。对于正义的态度，对于世界的看法，人会因品质和血性的不同，导致笔下的分歧。更重要的是，人的精神不能这么简单地烂光丢净。管别人呢，我要用我的篇章反复地为烈士传统招魂，为美的精神制造哪怕是微弱的回声。

二百余年之后，美名震撼世界的英雄荆轲诞生了。

荆轲刺秦王的故事妇孺皆知。但是今天大家都应该重读荆轲。《史记·刺客列传》中的荆轲一节，是古代中国勇敢行为和清洁精神的集大成。那一处处永不磨灭的描写，一代代地感动了、哺育了各代的中国人。

独自静静读着荆轲的纪事，人会忍不住地想：我难道还能如此忍受吗？如此庸庸碌碌的我还算一个人吗？在关口到来的时候我敢让自己也流哪怕一滴血吗？

易水枯竭，时代变了。

荆轲也曾因不合时尚潮流而苦恼。与文人不能说书，与武士不能论剑。他也曾被逼得性情怪僻，赌博嗜酒，远远地走到社会底层去寻找解脱，结友朋党。他和流落市井的艺人高渐离终日唱和，相乐相泣。他们相交的深沉，以后被惊心动魄地证实了。

荆轲遭逢的是一个大时代。

他被长者田光引荐给了燕国的太子丹。田光按照三人不能守密、两人谋事一人当殉的铁的原则，引荐荆轲之后立即自尽。就这样荆轲进入了太子丹邸。

荆轲在行动之前，被燕太子每日车骑美女，恣其所欲。燕太子丹亡国已迫在眉睫，苦苦请荆轲行动。当秦军逼近易水时，荆轲制定了刺杀秦王的周密计划。

至今细细分析这个危险的计划，仍不能不为它的逻辑性和可行性叹服。关键是"近身"。荆轲为了获得靠近秦王的时机，首先要求以避难燕国的亡命秦将樊於期的首级，然后要求以燕国肥美领土的地图为诱饵，然后以约誓朋党为保证。他全面备战，甚至准备了最好的攻击武器：药淬的徐夫人匕首。

就这样，燕国的人马来到了易水，行动等待着实行。

出发那天出现了一个冲突。由于荆轲队伍动身延迟，燕太子丹产生了怀疑。当他婉言催促时，荆轲震怒了。

这段《刺客列传》上的记载，多少年来没有得到读者的察觉。荆轲和燕国太子在易水上的这次争执，具有着很深的意味。这个记载说明：那天的易水送行，不仅是不欢而散甚至是结仇而别。燕太子只是逼人赴死，只是督战易水；至于荆轲，他此时已经不是为了政治，不是为了垂死的贵族而拼命；他此时是为了自己，为了诺言，为了表达人格而战斗。此时的他，是为了同时向秦王和燕太子宣布抗议而战斗。

那一天的故事脍炙人口。没有一个中国人不知道那支慷慨的歌。但是我想荆轲的心情是黯淡的。队伍尚未出发，已有两人舍命，都是为了他此行，而且都是为了一句话。田光只因为太子丹嘱咐了一句"愿先生勿泄"，便自杀以守密。樊於期也只因为荆轲说了一句"愿得将军之首"，便立即献出头颅。在非常时期，人们都表现出了惊人的素质，逼迫着荆轲的水平。

风萧萧兮易水寒，壮士一去兮不复还。荆轲和他的党人高渐离在易水之畔的悲壮唱和，其实藏着无人知晓的深沉含义。所谓易水之别，只在两人之间。这是一对同志的告别和约束，是他们私人之间的一个誓言。直到后日高渐离登场了结他的使命时，人们才体味到这誓言的沉重。

就这样，长久地震撼中国的荆轲刺秦王事件，就作为弱者的正义和烈性的象征，作为一种失败者的最终抵抗形式，被历史确立并且肯定了。

图穷而匕首现，荆轲牺牲了。继荆轲之后，高渐离带着今天已经不见的乐器筑，独自地接近了秦王。他被秦王认出是荆轲党人，被挖去眼睛，阶下演奏以取乐。但是高渐离筑中灌铅，乐器充兵器，艰难地实施了第二次攻击。

不知道高渐离举着筑扑向秦王时，他究竟有过怎样的表情。那时人们议论勇者时，似乎有着特殊的见地和方法论。田光向太子丹推荐荆轲时曾阐述说，血勇之人，怒而面赤；脉勇之人，怒而面青；骨勇之人，怒而面白。那时人们把这个问题分析得入骨三分，一直深入到生理上。田光对荆轲的评价是：神勇之人，怒而色不变。

我无法判断高渐离脸上的颜色。

回忆着他们的行迹，我激动，我更怅然若失，我无法表述自己战栗般的感受。

高渐离奏雅乐而行刺的行为，更与燕国太子的事业无关。他的行为，已经完全是一种不屈情感的激扬，是一种民众对权势的不可遏止的蔑视，是一种已经再也寻不回来的、凄绝的美。

我们对荆轲故事的最晚近的一次回顾是在狼牙山，八路军的五名勇士如荆轲一去不返，使古代的精神骄傲地得到了继承。有一段时期有不少青年把狼牙山当成圣地。记得那时狼牙山的主峰棋盘砣上，每天都飘扬着好多面红旗，从山脚下的东流水村到陡峭的阎王鼻子的险路上，每天都络绎不绝地攀登着风尘仆仆的中学生。

我自己登过两次狼牙山，两次都是在冬天。那时人们喜欢模仿英雄。伙伴们在顶峰研究地形和当年五勇士的位置，在凛冽的山风呼啸中，让心中充满豪迈的激情。

不用说，无论是刺客故事还是许由故事，都并不使人读了快乐。读后的体会很难言传。暗暗偏爱它们的人会有一些模糊的结论。近年来我常常读它们。没有结论，我只是喜爱读时的感觉。那是一种清冽、干净的感觉。他们栩栩如生。独自面对着他们，我永远地承认自己的低下。但是经常地这样与他们在一起，渐渐我觉得被他们的精神所熏染，心一天天渴望清洁。

是的，是清洁。他们的勇敢，来源于古代的洁的精神。

记不清是什么时候读到的了，有一个故事：舞台上曾出过一个美女，她认为，在暴政之下演出是不洁的，于是退隐多年不演。时间流逝，她衰老了，但正义仍未归来。天下不乏美女。在她坚持清洁的精神的年代里，另一个舞女登台并取代了她。没有人批评那个人粉饰升平和不洁，也没有人忆起仗义的她。更重要的是，世间公论那个登台者美。晚年，她哀叹道，我视洁为命，因洁而勇，以洁为美。世论与我不同，天理也与我不同吗？

我想，我们无权让清洁地死去的灵魂湮灭。

但她象征的只是无名者，未做背水一战的人，是一个许由式的清洁而无力的人，而聂政、荆轲是完全不同的类型。他们是无力者的安慰，是清洁的暴力，是不义的世界和伦理的讨伐者。

若是那个舞女决心向暴君行刺，又会怎样呢？

因此没有什么恐怖主义，只有无助的人绝望的战斗。鲁迅一定深深地体会过无助。鲁迅，就是被腐朽的势力，尤其是被他即便死也"一个都不想饶恕"的人们逼得一步步完成自我、并濒临无助的绝境的思想家和艺术家。他创造的怪诞的刺客形象"眉间尺"变成了白骨骷髅，在滚滚的沸水中追咬着仇敌的头——不知算不算恐怖主义。尤其是，在《史记》已经留下了那样不可超越的奇笔之后，鲁迅居然仍不放弃，仍写出了眉间尺。鲁迅做的这件事值得注意。从鲁迅做的这件事中，也许能看见鲁迅思想的犀利、激烈的深处。

许由故事中的底层思想也在发展。几个浑身发散着异端光彩的刺客，都是大时代中地位卑贱的人。他们身上的异彩为王公贵族所不备。国家危亡之际非壮士们无人挺身而出。他们视国耻为不可容忍，把这种耻看成自己私人的、必须以命相抵的奇辱大耻——中国文明中的"耻"的观念就这样强化了，它对一个民族的支撑意义，也许以后会日益清晰。

不用说，在那个大时代中，除了耻的观念外，豪迈的义与信等传统也一并奠基。

一诺千金，以命承诺，舍身取义，义不容辞——这些中国文明中的有力的格言，都是经过了志士的鲜血浇灌以后，才如同淬火之后的铁，如同沉水之后的石一样，铸入了中国的精神。

我们的精神，起源于上古时代的"洁"字。

登上中岳嵩山的太室，有一种可以望尽中国的感觉。视野里，整个北方一派迷茫。冬树、野草和毗连的村落还都是那么纯朴。我独自久久地望着，心里鼓漾着充实的心情。昔日因壮举而得名的处处地点都安在，大地依然如故。包括时间，好像几千年的时间并没有弃我们而去。时间好像一直在静静地守护着这片土地，以及我崇拜的烈士们。我仿佛看见了匆匆离去的许由，仿佛看见了在寒冷冬日的易水河畔，在肃杀的风中唱和相约的荆轲和高渐离，仿佛看见了山峰挺拔的狼牙山上与敌决战的五壮士。

中国给予我教育的时候，从来都是突兀的。几次突然燃起的熊熊烈火，极大地纠正了我的悲观。是的，我们谁也没有权力对中国妄自菲薄。应当坚信：在大陆上孕育了中国的同时，最高尚的洁意识便同时生根。那是四十个世纪以前播下的高贵种子，它百十年一发，只要显形问世，就一定以骇俗的美久久引起震撼。它并非我们常见的风情事物。我们应该等待这种高洁美的勃发。

附录一　拓展阅读

人生成功三部曲

李开复

成功的第一步：有人问我的人生目标是什么时，我是这么回答的："人生只有一次，我认为最重要的就是要有最大的影响力（impact），能够帮助自己、帮助家庭、帮助国家、帮助世界、帮助后人，能够让他们的日子过得更好、更有效率，能够为他们带来幸福和快乐。"我回答这个问题时丝毫不需要思考，因为我从大学二年级起就把"影响力"当作自己的人生目标。

对我来说，人生目标不是一个口号，而是我最好的智囊，它曾多次帮我解决工作和生活中的难题。我当初放弃在美国的工作，只身来到中国创立微软中国研究院，就是因为我觉得后一项工作有更大的影响力，和我的人生目标更加吻合。

所以，一旦确定了人生目标，你就可以像我一样在人生目标的指引下，果断地作出人生中的重大决定。每个人的人生目标都是独特的。最重要的是，你要主动把握自己的人生目标。但你千万不能操之过急，更不要为了追求所谓的"崇高"，或为了模仿他人而随便确定自己的目标。

那么，该怎么去发现自己的目标呢？

其实只有一个人能告诉你人生的目标是什么，那个人就是你自己。只有一个地方你能找到你的目标，那就是你心里。

我建议你闭上眼睛，把第一个浮现在你脑海里的理想记录下来，因为不经过思考的答案是最真诚的。或者，你也可以回顾过去，在你最快乐、最有成就感的时光里，是否存在某些共同点？它们很可能就是最能激励你的人生目标了。再者，你也可以想象一下，十五年后，当你达到完美的人生状态时，你将会处在何种环境下？从事什么工作？其中最快乐的事情是什么？当然，你也不妨多和亲友谈谈，听听他们的意见。

成功的第二步：尝试新的领域，发掘你的兴趣为了成为最好的你自己，最重要的是要发挥自己所有的潜力，追逐最感兴趣和最有激情的事情。当你对某个领域感兴趣时，你会在走路、上课或洗澡时都对它念念不忘，你在该领域内就更容易取得成功。更进一步，如果你对该领域有激情，你就可能为它废寝忘食，连睡觉时想起一个主意，都会跳起来。这时候，你已经不是为了成功而工作，而是为了"享受"而工作了。毫无疑问的，你将会从此得到成功。

相对来说，做自己没有兴趣的事情只会事倍功半，有可能一事无成。即便你靠着资质或才华可以把它做好，你也绝对没有释放出所有的潜力。因此，我不赞同每个人都追逐最热门的专业，我认为，每个人都应了解自己的兴趣、激情和能力（也就是情商中所说的"自觉"），并在自己热爱的领域里充分发挥自己的潜力。

我刚进入大学时，想从事法律或政治工作。一年多后我才发现自己对它没有兴趣，学习成绩也只在中游。但我爱上了计算机，每天疯狂地编程，很快就引起了老师、同学的重视。终于，大二的一天，我作了一个重大的决定：放弃此前一年多在全

美前三名的哥伦比亚大学法律系已经修成的学分，转入哥伦比亚大学默默无名的计算机系。我告诉自己，人生只有一次，不应浪费在没有快乐、没有成就感的领域。

当时也有朋友对我说，改变专业会付出很多代价，但我对他们说，做一个没有激情的工作将付出更大的代价。那一天，我心花怒放、精神振奋，我对自己承诺，大学后三年每一门功课都要拿A。若不是那天的决定，今天我就不会拥有在计算机领域所取得的成就，而我很可能只是在美国某个小镇上做一个既不成功又不快乐的律师。

那么，如何寻找兴趣和激情呢？首先，你要把兴趣和才华分开。做自己有才华的事容易出成果，但不要因为自己做得好就认为那是你的兴趣所在。为了找到真正的兴趣和激情，你可以问自己：对于某件事，你是否十分渴望重复它，是否能愉快地、成功地完成它？你过去是不是一直向往它？是否总能很快地学习它？它是否总能让你满足？你是否由衷地从心里（而不只是从脑海里）喜爱它？你的人生中最快乐的事情是不是和它有关？当你这样问自己时，注意不要把他人的期望、社会的价值观和朋友的影响融入你的答案。

有一个建议：给自己最多的机会去接触最多的选择。记得我刚进卡内基·梅隆的博士班时，学校有一个机制，允许学生挑老师。在第一个月里，每个老师都使尽全身解数吸引学生。正因为有了这个机制，我才幸运地碰到了我的恩师瑞迪教授，选择了我的博士题目"语音识别"。

虽然并不是所有学校都有这样的机制，但你完全可以自己去了解不同的学校、专业、课题和老师，然后从中挑选你的兴趣。你也可以通过图书馆、网络、讲座、社团活动、朋友交流、电子邮件等方式寻找兴趣爱好。唯有接触你才能尝试，唯有尝试你才能找到你的最爱。

成功的第三步：针对兴趣，定阶段性目标，一步步迈进。

找到了你的兴趣，下一步该做的就是制定具体的阶段性目标，一步步向自己的理想迈进。

首先，你应客观地评估距离自己的兴趣和理想还差些什么？是需要学习一门课、读一本书、做一个更合群的人、控制自己的脾气还是成为更好的演讲者？十五年后成为最好的自己和今天的自己会有什么差别？还是其他方面？你应尽力弥补这些差距。例如，当我决定我一生的目的是要让我的影响力最大化时，我发现我最欠缺的是演讲和沟通能力。我以前是一个和人交谈都会脸红，上台演讲就会恐惧的学生。我做助教时表现特别差，学生甚至给我取了个"开复剧场"的绰号。因此，为了实现我的理想，我给自己设定了多个提高演讲和沟通技巧的具体目标。

其次，你应定阶段性的、具体的目标，再充分发挥中国人的传统美德——勤奋、向上和毅力，努力完成目标。比如，我要求自己每个月做两次演讲，而且每次都要我的同学或朋友去旁听，给我反馈意见。我对自己承诺，不排练三次，决不上台演讲。我要求自己每个月去听演讲，并向优秀的演讲者求教。当我反复练习演讲技巧后，我自己又发现了许多秘诀，比如：不用讲稿，通过讲故事的方式来表达时，我会表现得

更好，于是，我仍准备讲稿但只在排练时使用；我发现我回答问题的能力超过了我演讲的能力，于是，我一般要求多留时间回答问题；我发现自己不感兴趣的东西就无法讲好，于是，我就不再答应讲那些我没有兴趣的题目。几年后，我周围的人都夸我演讲得好，甚至有人认为我是个天生的好演说家，其实，我只是实践了中国人勤奋、向上和毅力等传统美德而已。

任何目标都必须是实际的、可衡量的目标，不能只是停留在思想上的口号或空话。制定目标的目的是为了进步，不去衡量你就无法知道自己是否取得了进步。所以，你必须把抽象的、无法实施的、不可衡量的大目标简化成为实际的、可衡量的小目标。举例来说，几年前，我有一个目标是扩大我在公司里的人际关系网，但"多认识人"或"增加影响力"的目标是无法衡量和实施的，我需要找一个实际的、可衡量的目标。于是，我要求自己"每周和一位有影响力的人吃饭，在吃饭的过程，要这个人再介绍一个有影响的人给我"。衡量这个目标的标准是"每周与一人吃一餐、餐后再认识一人"。当然，我不会满足于这些基本的"指标"。扩大人际关系网的目的是使工作更成功，所以，我还会衡量从"每周一餐"中得到了多少信息，有多少我的部门雇用的人是在这样的人际网中认识的。一年后，我的确从这些衡量标准中，看到了自己的关系网有了显著的扩大。

制定具体目标时必须了解自己的能力。目标设定过高固然不切实际，但目标也不可定得太低。对目标还要做及时的调整：如果超出自己的期望，可以把期望提高；如果未达到自己的期望，可以把期望调低。达成了一个目标后，可以再制定更有挑战性的目标；失败时要坦然接受，认真总结教训。

人生四境界

张世英

按照人的自我的发展历程、实现人生价值和精神自由的高低程度，我把人的生活境界分为四个层次，即欲求境界、求知境界、道德境界和审美境界。

在现实的人生中，上述四种境界总是错综复杂地交织在一起的，很难想象一个人只有其中一种境界而不掺杂其他境界。只不过现实的人，往往以某一种境界占主导地位，其余次之，于是我们才能在日常生活中区分出某人是低级境界的人，低级趣味的人，某人是有高级境界的人，高级趣味的人，某人是以审美境界占主导地位的真正的诗人，真正的艺术家，某人是以道德境界占主导地位的道德家……

欲求境界

最低的境界，我称之为"欲求的境界"。人生之初，无自我意识和自我观念，不能说出"我"字，尚不能区分主与客，不能区分我与他人、他物。人在这种境界中只知道满足个人生存所必需的最低欲望，舍此以外，别无他求，故我以"欲求"称之。

刚出生的婴儿，据心理学家测定，一般大约在两岁以前，就处于此种状态之中。此种境界"其异于禽兽者几希"（《孟子·离娄下》）。但此种境界实伴随人之终生。当人有了自我意识以后，生活于越来越高级的境界时，此种最低境界仍潜存于人生之中，即使处于我后面将要讲到的"道德境界"和"审美境界"中的道德家和诗人，亦不可能没有此种境界，此禁欲主义之所以不切实际之故也。孟子所谓"食色，性也"（《孟子·告子上》），大概就是指的这种境界。单纯处于"欲求境界"中的人，既未脱动物状态，也就无自由之可言，更谈不上有什么人生意义和价值。婴儿如此，成人中精神境界低下者亦若是。当然，在现实中，也许没有一个成人的精神境界会低级到唯有"食色"的"欲求境界"，而丝毫没有一点高级境界。但现实中，以"欲求境界"占人生主导地位的人，确实是存在的，这种人就是一个境界低下的人，我们平常所谓"低级趣味"的人，也许就是这种人。

求知境界

第二种境界，我称之为"求知的境界"（或"求实的境界"）。美国当代著名发展心理学家简·卢文格说："刚出生的婴儿没有自我。他的第一个任务是学会把自己与周围环境区别开来，……认识到存在着一个稳定的客观世界。……在这一过程中，孩子形成了一个不同于外在世界的自我。处在这一阶段的儿童，自我与无生命的客体世界是不分的。"用哲学的语言来说，这是一个由主客不分到主客二分的过程。在达到主客二分的阶段以后，自我作为主体，不再仅仅满足于最低生存的欲求，而进一步有了认知作为客体之物的规律和秩序的要求。此种要求是科学的求实精神的萌芽。故我把这个第二境界，既称之为"求知的境界"，又称之为"求实的境界"。有了知识，掌握了规律，人的精神自由程度、人生的意义和价值大大提升了一步。所以，"求知的境界"不仅从心理学和自我发展的时间进程来看在"欲求境界"之后，而且从哲学和人生价值、自由之实现的角度来看，也显然比"欲求境界"高一个层次。黑格尔就是这样按照自由之实现的程序来划分人生境界之高低的。他明确指出："自由是精神的最高定性"（Die Freihe it ist die höchste Bestimmung des Geistes）。自由在于不以自己的对立面为外在的，从而也就是不以为它是限制自己的。自由的主体本身就是一个整体，他不满足于自己只是一种内在的东西，而要求把自己变成客体，在外在的东西中见到他自身，实现他自身。主体只有在这样的对立统一中，才得到自由，得到自我满足。然而，要达到充分的自由和自我满足，则有一个过程：起初，自我只要求吃饱睡足之类的感性满足和自由，这种满足和自由对主体——自我来说，显然还是很有限的。作为人的主体之自我，必然要进一步要求精神上的自由和满足。没有知识的人，不懂得客体的规律，客体对主体是异在的，他显然是不自由的。人必须从最低欲求的满足，"进而走进精神的元素中，努力从知识和意志中，从知识和行为中求得满足和自由。无知的人是不自由的，因为和他对立的是一个异在的世界……"。"求知境界"之高于"欲求境界"，从黑格尔的此番论述中，得到了深刻而确切的论证。主客二分阶段的"自我"观念，还有一个由隐到显的发展过程，这影响着求知的深浅程

度。人在形成"自我"观念之初，往往把"自我"隐蔽、淹没在与自己最亲近的社会群体（家庭、同伴集体之类）之中，言所属群体的"我们"之所言，行"我们"之所行，尚不能见由己出，言个体性的"自我"之所言，行"自我"之所行。对于这种隐蔽、淹没在群体的"我们"之中的"自我"而言，群体内部的每个人和其他人都是一样的，也就是说，"自我"的个体性、独特性尚未显现于外。心理学家称"自我"的这个阶段为"遵奉的阶段"（conformist stage）。当"自我"从"我们"中凸显出来，从而把自我与所属群体的其他个人区分开来之时，这就达到了心理学家所谓的"自主阶段"（autonomous stage）。"自主阶段"的"自我"不再是隐蔽的，而是显现的，即真正具有个体性、主体性的自我。显然，"遵奉阶段"的"自我"是不自由的，只有到了"自主阶段"，"自我"才有了精神上的自由。与此相联系的是，"遵奉阶段"的"自我"在求知方面缺乏独立的创造性，只有到了"自主阶段"才有了独创性。此种情况表现在中西文化发展的进程中也很明显。我在《个体性自我显现的历程：中国与西方》和《我们—自我—他人》等文中，已经比较详细地论述过：中国人的传统自我观是"依赖型自我"，长期的封建专制主义让中国人大多只习惯于按自己的社会身份（即所属社会群体的"我们"）说话和行动，说官话，说套话，说空话，缺乏个性和创新。如果说，儿童在尚处于"遵奉阶段"的自我成长期，是由于年龄关系、生理关系，而"不能"见由己出。那么，在中国文化传统自我观束缚下的自我，则是屈于封建专制的压力，而"不敢"见由己出。中国传统的自我观是中国封建社会缺乏自由和科学不发达的思想根源之一。反之，西方人的传统自我观是"独立型自我"，"自我"是个体性的，不一味依赖于"我们"，故惯于和敢于见由己出。此乃西方近代科学发达，在自由民主方面曾比中国先进的思想原因之一。

是否在个人的自我达到"自主阶段"之后，民族文化发展到"独立型自我"观之后，就算是有了充分的自由呢？就算是实现了人生最高价值呢？不然。"求知境界"的自由毕竟还是有限的，也远非人生最高价值之所在。这也就是说，单纯的科学不能使人达到最高的精神境界。

所谓"认识必然就是自由"，其实只说了事情的一半。认识了客体的必然性规律之后，还有一个主体（自我）如何对待客观规律的问题：以被动的态度屈从客观规律，在客观规律面前哀鸣悲泣，那就没有自由；只有以主动的态度，"拥抱必然"，才算得上是自由。这是因为"求知的境界"以主客二分为基础，客体及其规律外在于主体，是对主体（自我）的一种限制，限制就是不自由。黑格尔在《美学》中说："主体在理论的层面上（im theoretischen）是有限的和不自由的，因为物的独立自在性是预先就被假定的。"这里所谓"在理论的层面上"，亦即指认识、求知的层面。这也就是说，在"求知的境界"中，作为客体之物被假定为独立于主体之外的自在之物，它与主体相互对立，彼此限制，故无自由之可言。黑格尔说：在认识中，对象独立自在，有"片面的自由"，而主体——自我反而只是"按现成的客观性去单纯地吸纳现成的东西，从而失去主体的自我规定性（按：指主体的自由——引者）。黑格尔在

《精神现象学》中也谈到这个问题："知性"所认识的普遍、永恒的东西（按：指普遍规律），是"没有自我的"（selbstlos），"远非自知其为精神的精神"。通俗一点说，认识、求知阶段所达到的客观普遍规律，尚未与主体——自我融合为一而成为黑格尔所谓"精神"——人生的最高境界。

人之所以有求知欲，最初是出于无功用的好奇心，后来则多出于功用心，即出于通过认识规律，使客体为我所用的目的。无论如何，求知最后都落实到功用，理论最后都落实到实践。所以"求知的境界"与"功用的境界"紧密相连。在功用、实践中，主体——自我也是不自由的。黑格尔对此也作了很好的说明：在实践中，主体按自己的意志改造外物，使之"为自己服务，把它们视为有用的（nützlich）"，"主体变成自由了"，但"实际上"这种自由也是"一种单纯臆想的自由"，因为"目的"来自主观，就"具有片面性"，而且始终存在着"对象的抵抗"。黑格尔在《精神现象学》关于"实践理性"的论述中，还谈到了人因谋利而遇到与客观必然性的矛盾，谈到了人因贪图个人利益而造成人与人之间的矛盾和自由的丧失。

奥地利宗教家、哲学家布伯（Martin Buber，1878—1965）按照人的生活态度把世界分为两重：一重是"被使用的世界"（the world to beused），一重是"相遇的世界"（the world to be met）。布伯用"我—它"（"I-It"）公式称谓前者，用"我—你"（"I-Thou"）公式称谓后者。前者实指一种把世界万物（包括他人在内）当做黑格尔所谓"为自己服务，把它们视为有用的"对象的态度，亦即把人也视为物（"它"）的态度；后者实指一种把他人视为具有与自己同样独立自由的主体性的态度。布伯所说的前一种态度，实际上，也就是本文所说的"求知的境界"——"功用的境界"；后一种态度实际上属于我即将讲到的"道德的境界"。布伯从宗教的角度极力提倡人生应由前一种态度升华到后一种态度。我以为，布伯的思想为人生境界应从"求知的境界"——"功用的境界"升华到"道德的境界"提供了强有力的论证。黑格尔在《精神现象学》中也谈到了这一转化的必然性：功用主义会导致"绝对自由与恐怖"，"精神"陷入矛盾，于是由外在的欲求转向内心，以求得真正的自由，即"道德的精神"。

道德境界

个人的道德意识，在上述个人成长的"遵奉阶段"就已见端倪。在"遵奉阶段"中，个人的独立意识已处于突破遵奉意识的过程之中，从而逐渐产生了区分"好人"与"坏人"的意识，以至达到对他人负有责任和义务的真正意义的道德意识，心理学家卢文格称之为"公正阶段"（conscientious stage），紧靠"遵奉阶段"之后，甚至把这二者结合为一个水平——"公正—遵奉水平"。发展到这一水平的"自我"既然有了责任感和义务感，这也意味着他有了自我选择、自我决定的能力，他"把自己看作是命运的主人"，"而不是听凭命运摆布的小卒"。

可以看到，人生的"道德境界"与自我意识和"求知境界"的出现几乎同时发生，也许稍后。就此而言，我把"道德境界"列在"求知境界"之后，只具有相对的意义。但从实现人生意义和价值角度和实现精神自由的角度而言，则"道德境界"之高于"求知境界"，是不待言的。

从上述心理学家的论述中还可以看到，个人的道德意识也有一个由浅入深的发展过程：当独立的个体性自我尚未从所属群体的"我们"中显现出来之时，其道德意识是从"我们"出发，推及"我们"之外的他人。中国儒家的道德观就是和这种个人自我观念形成的阶段相对应的。儒家所讲的差等之爱，首先是爱与我有血缘亲情关系的"我们"，这里的"我们"就是"我"，"我"就是"我们"，爱"我们"以爱"我"为基础，由此而"推己及人"，"及人"乃是同情他人，甚至是怜悯他人。这样的道德意识显然尚未达到尊重他人、对他人负有责任感和义务感的水平，缺乏平等待人和基本人权平等的观念。我认为，这是浅层次的道德意识。只有当"自我"发展到从"我们"中突显于外，有了独立的个体性自我观念之后，自我才有敢于独立负责的观念，才有深层次的道德观念。在这里，"自我"是独立自主的，"他人"也是独立自主的，我与他人相互尊重，平等相爱，大体上说来，这就是西方传统的道德观。我在《我们—自我—他人》一文中对上述中西不同的道德观作了较详细的论述。

黑格尔的《精神现象学》在论述到"实践的理性"即人的社会活动时指出，个人的行为不能脱离他人，作为个体，他必须在别的个体中，要求并产生其现实来，黑格尔显然已认识到，自我意识、自我行为开始之时，就具有社会性，就有了道德意识的萌芽。黑格尔在论述到社会历史发展的进程时，还认为，其最初阶段是个体意识与集体意识融合为一的阶段，他称之为"真正的精神，伦理"，个人隶属于集体（城邦、家庭）。这是较低级的道德境界，个体性自我淹没于社会群体之中。后经个体性自我凸显的过程（自我异化的精神，教化），才进入深层意义的"道德"领域（"自我确定的精神、道德"）。这是一个高级的道德境界。在这里，人才在自我的个体性基础上有了独立负责、尊重他人的道德意识。

高级的道德意识首先以独立自我的主体性为前提，那种淹没于群体的"我们"之中的"自我"，不可能有个人负责的责任感。只有当个体性"自我"从"我们"中凸显出来以后，才有可能达到高级的、有责任感的道德意识水平。黑格尔强调："道德的观点，……把人规定为主体"。道德意识是"自我"自由自主地作出决定，是自我自己负起责任，故道德意识使人的精神达到更加自由的水平。

但是，仅仅有独立的个体性自我观念，还不足以达到完满的高级的"道德境界"。欲达此境，还必须进一步有尊重他人的自由意志和独立自主性的意识。故黑格尔在界定"道德的意志"时，除了强调道德行为出自于"我"而外，还特别强调"与他人的意志有本质关系"。承认"他人"的独立自主性，是高级的道德意识的另一主要前提。尽管西方传统文化，相对于中国文化传统而言，较重责任感，但在没有达到真正承认"他人"的独立自主性以前，还不可能进入高级的道德境界。作为西方近代主体性哲学创始人的笛卡尔，由于一味强调自我的主体性，而不讲"他人"，就"没有很大的道德热忱"。

康德既否定了笛卡尔"自我"的实体性，把"自我"的主体性提升到更高的、先

验的地位，同时，又强调不把"他人"当手段，而要把"他人"当目的。道德的责任含意得到了加强。但康德所讲的对"他人"的尊重，源于"自我"的理性——"纯粹理性"，即所谓"自律"。尊重他人源于尊重普遍的理性，而非尊重"他人"之"他性"。故康德哲学的"道德境界"仍未达到完满的地步。

黑格尔在《精神现象学》中明确宣称：自我意识源于"承认""他人"。"自我意识是自在的和自为的，由于并从而因为它是自在自为地为一个他者而存在的；即是说，它只是作为一个被承认者（al sein anerkanntes）"。每个人只有通过他人承认其为自我意识着的，才能找到自我的真实性。黑格尔把"他人"的地位抬到了多么崇高的地位！黑格尔几乎达到了对笛卡尔以来那种以我为主，以他人为客（为对象）的主体性哲学的明确批判。黑格尔说："在道德领域，我的意志的规定性与他人意志的关系是积极的（positiv，肯定的）。这里不是一个意志，而是客观化同时包含着单个意志被扬弃，从而片面的规定性消失，于是两个意志及其相互间的积极（肯定）关系建立起来了"。"在道德领域，他人的幸福至关重要。"黑格尔因此而把人生的道德境界提升到了一个新的高度。

然而从黑格尔的整个哲学体系来看，他并没有贯彻他自己所提出的上述道德观点。相反，大家都很熟悉的是，黑格尔的精神现象学，或者也可以说，他的整个哲学体系，是一个不断克服与"自我"对立的"他者"而达到绝对同一的"绝对主体"的过程。黑格尔哲学既是西方哲学史上用最多篇幅、最系统讲述"他者"、"他人"的哲学，又是一个用最多篇幅、最系统地强调"克服""他者"、"统一""他者"，从而压抑"他者"的哲学。在黑格尔那里，"自我"一步一步地吞噬了"他者"、"他人"，成了唯我独尊的"绝对自我"。

黑格尔死后，他的"绝对自我"和整个西方近代主体性哲学遭到批判，"自我"的霸权日渐消失，代之而起的主流思潮是主客融合，尊重"他人"。胡塞尔提出"同感"说，企图走出"自我"之外，承认"他人"的独立自主性。接着，海德格尔更进而提出"共在"说，更进一步论证"他人"的独立地位。尽管伦理道德哲学在胡塞尔和海德格尔的哲学体系中都没有什么位置，但他们关于重视"他人"的思想观点，都为提升"道德境界"的内涵作出了重要贡献。犹太裔宗教家和哲学家、奥地利籍的布伯（M.Buber）和法国籍的莱维纳斯（E.Levinas）两人大不同于胡塞尔和海德格尔，更从宗教的角度，以不同的方式强调了"他人"的神圣性。特别是莱维纳斯，更一反整个西方以"自我"占优先地位的传统，详细论证了"他人"优先于"自我"，"自我"只能被动听从"他人"之命令的观点，把"伦理学"奉为"第一哲学"，实际上也就把"道德境界"看成了人生最高境界（关于胡塞尔到莱维纳斯的上述观点，我在《我们—自我—他人》一文中，已作了较详细论述，这里只是一点简单的概括）。尽管我不同意莱维纳斯视"道德境界"为人生最高境界的观点，也不同意他关于超感性的"上帝"观念，我认为他的道德观带有明显的乌托邦性质，但他关于对"他人"负绝对责任的思想，的确为高级的"道德境界"增添了丰实的内涵。

总起来说，黑格尔死后，从胡塞尔到莱维纳斯，其关于"他人"地位的思想学说，虽各不相同，但都给了我们一个重要启示："道德境界"不能停留在"推己及人"和"同情"、"怜悯"的水平，那是一种"俯视""他人"的态度，一种低层次的"道德境界"。高级的"道德境界"应是平等待人、尊重他人，对他人负责。只有具备这种道德境界的人，才是一个有高级趣味的人。

当然，说西方现当代思想家主张尊重他人、对他人负责的高级道德境界，这决不等于说西方现当代人的道德意识现实已达到了此种"尽善"的水平。相反，西方现当代人道德境界中的自我中心主义、个人主义，仍然是我们应当予以批判的。

"道德境界"对于实现人的精神自由而言，尚有其局限性：一、黑格尔说："道德的观点是关系的观点、应然（sollen）的观点或要求（forderung）的观点"。"应然"、"要求"、"关系"，都是说的理想与现实之间、主体与客体之间尚存在着一定的距离，尚未完全融合为一，故精神的自由仍是的限的，"应然"——"应该"就有某种强制之意，尽管"道德境界"中的强制同时又是自愿的。二、"道德境界"不能完全脱离功利（尽管是为他人谋福利），对象作为工具，服务于外在的目的，在此种意义下，主与客之间也显然是对立的。由此可见，"道德境界"并未实现充分自由，不能算是人生的最高精神境界。

审美境界

人生的最高精神境界是"审美的境界"。"审美的境界"之所以"最高"，是因为审美意识完全超越了主客二分的思维方式，而进入了主客融为一体的领域。

第一，审美意识超越了"求知境界"的认识关系。审美意识不再像在认识关系中那样把对象预先假定为与我对立的、外在的独立自在之物，通过认识活动（通常所谓感性认识和理性认识），认识到对象"是什么"。"审美意识"乃是把对象融入自我之中，而达到一种情景交融的"意境"。所谓对象、个别事物之存在本身"是什么"，已经不再滞留在人的考虑和意识之中。对立物消逝了，自我得到了充分的自由。黑格尔在《美学》中说："从理论的关系方面看，客体（按指审美意识中的客体——引者）不是仅仅作为存在着的个别对象，其主体性概念外在于其客观性，并在其特殊现实性中按不同方向消散为外在的关系；美的对象让它专有的概念作为实现了的东西而显现于其存在中，并在它自身中显示主体的统一性和生动性。这样，对象就从外向返回到自身，从而消除了对它物的依存性，并且对于观照（batrachtung）而言，它的不自由的有限就转变为自由的无限性"。黑格尔这段话的意思是说，在审美意识中，对象不再像在"求知境界"中那样"仅仅作为存在着的个别对象"而与"主体性概念"处于外在关系中；审美意识乃是让概念显现于客观存在之中，主客统一而具有生动性，审美对象不再依存于外在之物，而由有限变为无限，由不自由变为自由。另外，黑格尔认为，审美意识中的"自我"（das ich）不再只是感知事物和用"抽象思维"去"分解"事物，"自我本身在客体中成为具体的了，因为自我自为地造成了概念与现实性的统一，造成了一直被割裂了的我与对象两抽象片面的具体结合。"

第二，审美意识也超越了"求知境界"和"道德境界"中的实践关系。"在审美中，欲念消退了"；对象作为"有用的手段"这种"异己的目的"关系也"消失了"；那种"单纯应该"的"有限关系"也"消失了"。"由于这些，美的关照（die Betrachung des Schönen）就具有自由的性质，它允许对象作为自身自由的和无限的东西，而不是作为有用于有限需要和意图而满足占有意志和功利心的东西"。总之，在黑格尔看来，美既超越了认识的限制，也超越了功用、欲念和外在目的以及"应该"的限制，而成为超然于现实之外的自由境界。黑格尔由此而把美—艺术列入人生旅程中超越有限之后的无限领域。我个人认为，人生以"审美境界"为最高境界这一观点，应已在黑格尔的以上论述中得到了充分的说明。但黑格尔把无限的领域又分成了艺术、宗教和哲学三个高低不同的层次，并以哲学所讲的超时间、超感性的"纯概念"为最高层次，实际上也就是以达到"纯概念"领域为人生最高境界。我在《哲学之美》等几篇论文中已对黑格尔的"纯概念"说表示了不同意见，这里不再重述。其实，席勒也持审美为最高境界的观点。席勒认为，单纯的"感性冲动"让人受感性物欲的"限制"，单纯的"理性冲动"让人受理性法则（例如作为道德法则的义务）的"限制"，两者皆使人不自由，人性的完满实现在于超越二者的"限制"，以达到"无限"，这才是最高的自由，席勒称之为"游戏冲动"，即"审美意识"。故只有"审美的人"、"游戏着的人"，才是获得最高自由的人，"完全的人"。席勒再明显不过地把"审美境界"看作是人生最高境界！

由于审美意识源于主客的融合为一，故随着"自我"由"原始的主客融合"（我借用中国的"天人合一"的术语又称之为"原始的天人合一"或"前主客二分的天人合一"）经过"主客二分"到高级的"主客融合"（我又称之为"高级的天人合一"或"后主客二分的天人合一"）的成长和发展过程，"审美境界"也有高低层次之分。黑格尔说："正是单纯沉浸在自然中的无精神性的和彻底摆脱自然束缚的精神性之间的中间状态"，形成为"与散文式的理解力相对立的诗和艺术的立场"。所谓"单纯沉浸在自然中的无精神性"状态，就是指我上述的"原始天人合一"状态；所谓"彻底摆脱自然束缚的精神性"状态，就是指"主客二分"状态。黑格尔认为"诗和艺术立场"，即审美意识，在人生旅程中，最初发生于由"原始天人合一"到"主客二分"的"中间状态"。这是"审美境界"的最初阶段。平常所谓"人天生都是诗人"，其实就是指的这种低层次的"审美境界"。真正的诗人都是达到"主客二分"、有自我意识的人，但他又通过教养和陶冶，能超越"主客二分"、超越"自我"，达到"后主客二分的天人合一"，从而具有高层次的审美境界。

和个人自我成长的这种过程相联系的是，中西文化传统所崇奉的"审美境界"也有阶段性的差异。中国传统文化重原始的天人合一，不重主客二分，个体性自我尚淹没于宇宙整体之"道"和社会群体之中而未凸显于外，故其所崇奉的"审美境界"是"无我"之境，一直到19世纪中叶鸦片战争以后才因学习西方的主客二分而有较明显的转变。西方传统文化重主客二分，个体性自我比中国较早显现，故其所崇奉的"审

美境界"由重客观现实转向重自我表现。及至西方后现代主义，则更进而超越和批判传统的片面重自我表现的审美观，而主张后主客关系的审美观。当然，我在这里也无意说西方后现代的"审美境界"已达到"尽美"的高级水平。相反，西方后现代审美观——艺术观中那些低俗的降低审美水平、艺术水平的东西，仍是我们应当排除的。不过，无论如何，中国传统重"无我"的"审美境界"，毕竟是"前科学"的文化现象，西方后现代的超主客二分——超越自我的"审美境界"是"后科学"的文化现象。在当今中国大力提倡科学的新形势下，在国际当代思潮的大背景下，我们也应当适应科学的发展，吸取西方传统的和后现代审美观的优胜之处，把国人的审美境界提升到一个新的更高水平。

四种境界总是错综复杂地交织在一起。

上述四种境界，显然只是人生自我实现历程中极其粗略的阶段性划分。黑格尔的《精神现象学》一书的目录表，实可视为人在自我实现过程中所经历过的最详尽的阶段和境界，只不过黑格尔主要是参照西方传统文化的发展史来描述这一历程的。若要了解我中华儿女在人生自我实现历程中所经历过的更详细的阶段和境界，也许需要写一部以中华传统文化为背景的中国式的《精神现象学》，这也是我所期待于后学的一项伟大工程。

四种境界总是错综复杂地交织在一起。且不说人人皆有"欲求的境界"，就说处于第三境界"道德境界"中的人，显然不可能没有第二境界"求知的境界"；全然无知，不可能有真正的"道德境界"。第四境界"审美境界"也必然包含求知和道德，所以我一向认为，真正有"审美境界"的人也一定是"有道德境界"的人。

我这里更想着重指出的是，高层次的境界往往体现、渗透在低层次的境界之中。择其要者言之，例如，一个现实的人，一般都有一定的第三境界"道德境界"，把"道德境界"渗透在第二境界"求知境界"中，就会使科学活动具有道德意义。又如最高境界"审美境界"渗透在其下三种境界中，就使人生各种活动、各种境界都具有美的性质：把"审美境界"渗透到低级的欲求活动之中，就会在茶中品出诗意，产生"味之美"。反之，一个以"欲求境界"占主导地位的人，则只能知道饮茶不过是解渴，无美之可言。把"审美境界"渗透到求知活动之中，就会产生"科学美"：科学家对科学规律之和谐与统一的"形式美"的体悟；对宇宙万物之可理解性（人与万物之融通）的"宗教感情"（爱因斯坦的观点）；科学活动本身所具有的不计较功利的自由精神所带给科学家的一种愉悦之情，这些都是"科学美"的最佳体现（我并不把科学家在显微镜下和太空中看到的视觉美看作是"科学美"的主要例证）。当然，科学界只有一部分确有"审美境界"的人才能享受"科学美"，并非每位科学家皆能如此。把"审美境界"渗透到道德活动中，则也可以产生美。无以名之，姑称之为"德行美"。以纽约的后现代女艺术家 Mierle Laderman Ukles 为例。她站在清洁管理站的入口处和八千多名清洁工一一握手道谢，说："谢谢你们让纽约保持了生命力"。清洁工人说："一辈子没有见过这种事，如果这是艺术的话，我们喜爱这种艺术。"有人说，

Ukles的行为不过是一种道德行为，不算艺术，算不上"审美境界"。其实不然。Ukles行为的特点正在于，她不仅仅是出于道德上的"应该"而行事，而是超越了"应该"，自然而然地从事这一活动，她把这一活动当作一种特别的"艺术作品"献给清洁工。在她的精神境界中，这一活动是席勒所说的"游戏冲动"——一种"自由的活动"、"审美的活动"。她的行为，像许多西方后现代艺术家一样，撇开了视觉美，而体现了一种崇高的人生境界之美。

其实，西方后现代艺术中那种关于艺术生活化、生活艺术化的主张，就是要把审美的境界渗透到日常生活中去，具体地说，就是渗透到欲求、求知（包括功用）、道德……日常活动中。后现代艺术中那个著名的男女双双裸体之舞，同《西厢记》中"春到人间花弄色"那段诗句，一古一今，一中一西，一个是人体舞蹈，一个是诗的语言，似乎风马牛不相及，然就其将高级的"审美境界"渗透、体现到低级的"欲求境界"一点而言，真可谓"异曲同工"，"其揆一也"。

西方后现代艺术中，存在着许多缺点和片面性，例如为了强调艺术生活化，竟至完全否定视觉美，根本放弃绘画；为了强调生活艺术化，而降低审美标准，以致造成艺术庸俗化。我以为，艺术需要生活化，不应远离生活，但不能完全否定视觉美，更不能完全抹杀艺术美的特点；生活需要艺术化，不宜苍白乏味，但关键在于提高人生精神境界，而不只为了取乐，更不能造成低俗化。总之，人生应以高远的审美境界为主导原则。以此为主导，则虽"担水砍柴"，亦觉"此中有真意"；无此主导原则，则虽吟诗作画，亦只能贻笑大方。

西方后现代艺术家毕竟不是思想家，对自己所崇奉的思想美、精神美，大多没有文字上的阐述，只有后现代艺术之父杜尚明白表达了自己的哲学观点和美学观点，即反对西方传统的非此即彼、界限分明的思维模式，而崇尚亦此亦彼、万物融通的思想，颇有与中国传统文化思想相似相通之处。但杜尚所提倡的"审美境界"，重在逍遥自在，超然物外，缺乏积极向上、自强不息的精神。我认为，我们所提倡的"审美境界"，应从黑格尔《精神现象学》中得到启示。《精神现象学》是一部描写人的自我实现历程的大书，其主要的特点之一是强调这一历程的漫长性、矛盾性和曲折性。人为了达到自我实现历程的最高峰——"绝对精神"，需要经过一系列不断克服对立面的过程，在此过程中，总是原先以为真的，到后来才认识到其为不真。经过这样不断接受经验、教训的历程，人生的最后目标，才作为一个"身经百战"、"遍体鳞伤"的"战将"而出现于世人面前（美国著名哲学家J.Royce语）。我把黑格尔所谓接受"经验"、"教训"的历程，称为"磨炼"。我以为人生最高境界"审美境界"，既非漂亮、好看之类的"视觉之美"，亦非庄子的"逍遥"之境和王维的"万事不关心"的"禅意"之境，而是一种经得起磨炼的蓬勃奋发、博大高远之境。前面说，人生最高层次的"审美境界"渗透到人生各种较低层次的境界之中，这其实就意味着把人生最高境界渗透到人的日常生活中，经历世俗各种对立面的磨炼，却仍如荷出污泥而不染，海纳百川成汪洋。我们理想中的"审美境界"，既是入世的，又是超越的。黑格尔在

《精神现象学》中所描绘的人生自我实现的历程，处处都与人类思想文化（主要是西方的思想文化）发展的过程紧密相连，我们若要达到上述的人生最高境界，当然也必须熟谙和吸纳我中华传统文化以至全人类文化之精华，把历史传统与个人人生经历有机地结合起来。我以为，当今的中华儿女，应以此为人生最高理想。

我有太多太多的梦想

姚明

我有太多太多的梦想，人们说："鱼和熊掌不能兼得。"也许是不能。但我要去尝试，我希望不管在哪里我都能鱼与熊掌兼得。

我的梦想一：美国人能够真正认识中国和中国人。在我NBA第一年回来后，上海市任命我为城市形象代言人。当然，帮助人们了解中国或上海不是我首要任务，却是我乐意做的。

我的梦想二：中国能够找到在低年龄发现运动员的新方法。通过在年轻时候测量运动员的骨骼来发现人才，然后只招收那些以后会长高的孩子，这就是中国为什么只有好前锋和好中锋却没有很多好后卫的原因。有天分的运动员因此就错过和失去了机会。

我的梦想三：中国人能够了解篮球。现在他们不在乎你怎么打球，只在乎输赢。如果你赢了，他们说你打得好；如果球员们为了对抗或者为了追求奔跑而摔倒，他们会笑而不是欢呼。或者如果一个个头小的后卫防守大个球员，他们会嘲笑他而不是佩服他的勇气。不是所有得分的投篮都是好球，也不是所有没投中的球都是坏球，但观众不理解这点。中国观众应该多看看全场48分钟的比赛，而不仅仅是最后几秒。

我的梦想四：中国篮球能够树立自己的风格。如果你观察韩国人的打球方式，你会发现每个人都在运球后投三分球，即使是他们的大个子，而且使用全场紧逼战术。你会发现这不是从NBA或者任何其他地方学来的。韩国发挥了适合自己球员的风格，中国也应该做相同的事情。

我的梦想五：中国球员不再寻找借口了。我在CBA的时候，很不喜欢的一点就是很多球员会说："上海大鲨鱼队会赢是因为有姚明，如果姚明走了，他们什么都不是。"我觉得他们应该面对我属于大鲨鱼队这个事实。你不能说"如果"姚明不在，事实是我在。查尔斯·巴克利可以说"如果"乔丹离开了，我就能赢得总冠军。没有"如果"，是你错过了自己的机会。八一队在我们赢得冠军前连续赢了5个冠军，每场比赛他们都会赢对手至少20分。我第一年参加CBA时，他们赢了上海大鲨鱼队40分，这是我们第一次进入CBA的甲A联赛。第二年他们赢了我们20分，第三年他们一次赢了我们15分，但是另一次输给了我们。去年我们赢得了冠军，跟他们打了5

高职语文

场，赢了3场。这不是我一个人做到的，整个上海大鲨鱼队共同努力进步，直到我们打败八一火箭队的那一天，以前还没有哪支队伍做到过。

我的梦想六：中国的运动员能被当作个人来对待。运动固然是为了国家，我不反对这一点。但是运动员也应该被允许从中受益。他应该能够自己决定去哪里打球以及怎样成为一个更好的球员。如果一个球员想穿和队伍中其他球员不一样的鞋，他应该可以这样做。即使耐克赞助了国家队，我在2003年亚洲锦标赛上穿的还是锐步鞋。巴特尔与队伍里另外一名球员跟阿迪达斯有合同，但是他们在国家队的时候还是得穿耐克鞋。我希望成为第一个不这样做的队员，不是为我自己，而是为我后面的队员们。如果我不这样做，他们会一直对所有队员说："姚明没有穿自己的鞋，为什么你们认为自己可以？"如果我不这样做，制鞋公司就不愿去跟球员签约，他们只想跟球队签约。但是如果我成功的话，也许他们不仅仅会花钱在明星球员身上，也会想让候补球员穿上他们的鞋子。我不需要这些钱，但我身后的其他球员也许需要。

我在中国将可口可乐告上法庭也是出于同样原因。他们签了一个合同付钱给中国队，但他们在产品包装上使用了我的照片。可我已经和百事公司签了合同。这对中国的运动员来说是件新鲜事，但我明白不管我身上发生了什么事，都会为我后面的球员开启或关闭大门。我只要求可口可乐赔偿一块钱，大约相当于12美分，因为我不需要他们的钱。我上了法庭，这样某条法律就会被通过，也许可以用来阻止可口可乐，或者其他公司再这么干。

我的梦想七：在2008年北京奥运会上为中国队举国旗。你知道2000年悉尼奥运会上是谁举着中国国旗吗？王治郅。我的梦想是王治郅能回到国家队，帮助我们赢得2008年北京奥运会的一枚金牌。这可是我所有梦想最大的一个。

我的梦想八：赢得一次NBA总决赛冠军，这可能和赢得2008年奥运会金牌的梦想一样大。我不知道我离哪个梦更近一点。如果我在NBA再打10年或10年以上的球，那我的事业会是很成功。

赞美的技巧：人际关系中的润滑剂

大家都知道，赞美是人际关系中非常重要的润滑剂。这不但使人感到振奋，而且使人觉得被肯定与重视。

然而绝大多数的人均非赞美的高手，他们仅止于知道赞美的重要，却不谙赞美的技巧，无法化"知道"为"行动"。这牵涉到几个问题。

一、欠缺赞美别人的习惯

人类真是奇怪的动物，人人渴望别人的赞美，大多数人却吝于赞美别人。我们通常只在别人去世或离职之时，才言不由衷地歌功颂德一番，说一堆自己都觉得肉麻的假话。

吝于赞美他人的主因，可能是含蓄的民族性使然，把情感藏在心中，不轻易显露；也可能怕说别人好，把自己给比下去了，其实说别人好，更能表现自己的心胸与气度。

　　二、一般的赞美太过含糊笼统

　　我们在社交场合里，常听到的赞美不外"你今天好漂亮哦""你看起来气色很好"等话语，这些赞美太过含糊笼统，听起来假假的，会使你的赞美大打折扣。

　　举一个实例来说明。

　　风靡全球达半世纪的喜剧泰斗卓别林，一九七五年三月四日，以八十五高龄在英国白金汉宫被伊丽莎白女王封为爵士之尊荣。

　　在封爵仪式中，女王对兴奋的卓别林说："我观赏过许多你的电影，你是一位难得的好演员。"

　　事后，有人问卓别林受封的感想，他有点遗憾地说："女王陛下虽然说她看过我演的许多电影，并称赞我演得好，可是她没说出哪部电影的哪个地方演得最好。"

　　由此可知，赞美必须说出具体事实，尽量针对某人做出某件事，才会发挥宏大的效果。

　　三、转述的赞美最高竿

　　辗转相传，从第三者转述而来的赞美，最令人的激赏。

　　转述的赞美虽是间接式的，却是双倍的赞美，比当面直接的赞美效果更大。因为当面赞美，很可能是客套话，而背面的赞美常是真心话。

　　真正懂得赞美的人，深知转述赞美的威力，所以较少当面赞美别人，较多背后赞美别人。

　　深谙赞美技巧的人，到处受人欢迎。

选定人生目标：成功的关键

　　美国一个研究"成功"的机构，曾经长期追踪一百个年轻人，直到他们年满六十五岁。结果发现：只有一个人很富有，其中有五个人有经济保障，剩下九十四人情况不太好，可算是失败者。

　　这九十四个人之所以晚年拮据，并非年轻时努力不够，主要因为没有选定清晰的目标。

　　松树毛虫集体吐丝在松树上结网为巢。每当黄昏时刻，它们就倾巢而出，列队爬过树干，去吃那些充满汁液的松叶。

　　这些毛虫在走动时，有一种互相跟随的本能，头头走在前面，后面紧跟着一条条的毛虫，秩序井然，蜿蜒而行。

走在前面的头头，一边爬行，一边不断地吐出一条丝。不管它走到哪里，丝就吐到哪里，其吐丝铺路的目的，就是不论走多远，都能顺着丝路回巢，而不会迷路。

法国昆虫学家法布尔曾对松树毛虫做了一项实验。他把一队的毛虫引到一个高大的花盆上，等全队的毛虫爬上花盆边缘形成圆圈时，法布尔就用布将花盆上四周的丝擦掉，仅留下花盆边缘上的丝，并在花盆中央放好了一些松叶。

松树毛虫开始绕着花盆边缘走，一只接一只盲目地走，一圈又一圈重复地走，它们认为只要有丝路在，就不会迷路。如此走了七天七夜，根本不知道距离几公分处有丰富的食物，最后终因饥饿而力竭身亡。

许多人跟松树毛虫一样，只会盲目地跟随别人，墨守成规，人云亦云。他们按照既定的窠臼，每天懵懵懂懂地过日子，如果问他为何如此做，他会说"大家都是这么做嘛"。

一个没有目标的人，就像一艘没有罗盘的船只，迷迷茫茫，随风飘荡，非但到不了彼岸，而且极易触礁而亡。

没有目标就没有着力点，到头来一事无成。

小处着手：服务生立功的故事

任何企业最容易忽略基层的服务工作。厕所这种服务工作对顾客而言，却是最重要的。

美国某大学博士班学生毕业口试中，有一道发人深省的题目：请问你认为在一家国际观光饭店中，哪一个人的工作最重要呢？

全班学生中，大部分的人回答"董事长"，一部分的人回答"总经理"，少部分的人回答"各部门经理。

只有一位学生答道："饭店的服务生，特别是那个站在饭店门口，为顾客开车门的服务生。"

教授问道："为什么这个人最重要呢？"

学生答道："当顾客要下车时，他开车门笑容可掬地迎接客人，道早问好致欢迎辞，然后亲切地替顾客提行李，并带领到柜台办理登记。"

学生下结论说："顾客对饭店第一印象的好坏，完全建立在这个服务生的身上，所以他的工作最重要。"

参与口试的教授一致决议这位学生满分。

日本某财团看中东京银座地区的一块空地，想买下来兴建大楼。因为这块空地有一部分属于一位老太太的，而她坚持拒绝出售，所以财团始终不能如愿。

老太太认为，财团炒地皮只会赚穷人的钱，因此绝不愿跟他们合作。财团虽然锲

而不舍，曾多次派遣高级主管前往说服，甚至愿出高价收购，还是铩羽而归。

有一天清晨，一位穿着邋遢的老妪来到该财团的总公司，因为外面突然下雨，而老妪没带伞，所以全身都淋湿了。这时员工尚未上班，只有一位服务生在打扫。她看到全身湿透的老妪走进来，立刻放下工作，取出干毛巾给她擦拭，并奉上热茶为她驱寒。

老妪原来就是空地的老太太，她原来是到公司表明绝对不卖之心意，请公司不用再派人说服。如今她改变主意，决定出售了。理由是：被服务生热诚的举动所感动，有这么好的服务生，公司必定也是一流的。

别小看服务生，小兵常会立大功。

从容：当和尚遇到强盗

一个人面临危急的情况，最难的是从容应对之。那需要长期修行，才能练成临危不乱的镇定功夫。

日本高僧大含和尚，为人豁达大度，能够从容面对一切。

有一天晚上，一个小偷潜进大含住处，想偷东西。这时大含正在书房看书，小偷发现屋内有人，把心一横，马上变成强盗。

他满脸横肉，手握尖刀，一路大声吆喝冲进来，显然在威吓屋内人就范。

面对凶狠的强盗，大含面不改色地问道："你是要钱还是要命？"

强盗没想到和尚有此一问，愣了一下，支支吾吾说："要……要钱，我……我不要你的命。"

大含从容起立，从柜子里找出所有的钱，全部交给强盗说："这是我全部的积蓄了，你就拿去吧！"说完就坐下来，继续看书。

强盗拿了钱转身就要离去，大含突然叫住他："等一下。"

突然的喝叫，使强盗脸色大变，以为和尚改变心意。

大含慢条斯理说："月黑风高，可能有人还会闯进来，待会儿你务必把门关紧啊！"

强盗唯唯诺诺地走了，内心直嘀咕："连偷带抢的勾当至少干十年了，从没碰到像和尚这样的怪人。好像一点也不害怕。"

几天后，这个强盗在别处犯案被逮，向法官供出在大含和尚处抢劫的经过。

法官因此传讯大含和尚，并问他说："强盗闯进你家，抢了你全部的财产，你为何不向官府报案呢？"

大含笑道："钱财乃是身外物，不值得一提。何况那些钱是我主动给他的，他并没有出手向我硬抢，所以我干嘛要报案呢？"

慷慨就义比较容易，从容赴难比较困难。

为兴趣而工作：许瓦伯担任总裁的经过

美国钢铁大王安德鲁·卡内基在其墓志铭上写着：一个懂得跟比他聪明的人合作的人，安眠于此。

查理斯·许瓦伯（Charles M.Schwab）就是卡内基心目中的聪明人之一。

卡内基知道许瓦伯知人善任，是位难得的人才，因此在一九一二年以一百万美元的年薪，礼聘许瓦伯为该公司第一任总裁。

许瓦伯既非炼钢专家，亦非工程干才，然而是位管理天才，不仅能激励部属勤奋工作，而且善于解决问题。一八九二年卡内基钢铁厂发生大罢工，全赖许瓦伯调和鼎鼐，终能大事化小，小事化无。

其他钢铁厂风闻许瓦伯的才干，纷纷以高薪挖角，被许瓦伯婉拒。卡内基知道此事之后，赶紧与他签约，以百万年薪礼聘他为总裁。

百万年薪在当时为破天荒之举，不但全美企业界议论纷纷，就连担任该公司董事的银行家摩根（Pierpont Morgan）也认为薪水太高。

许瓦伯听到摩根的反应之后，一点也不生气，公开撕掉合约并宣称："我在卡内基钢铁厂做事，只为兴趣不为钱财，至于我的薪水，你们就随便给吧！"

此举不但震惊全公司，连摩根亦为之动容。

许瓦伯有一种奇妙的领袖魅力，部属跟他接触之后，都会被他所吸引，对他产生莫名的敬佩，自愿为他卖命。

他平时热诚待人，经常给部属鼓励与赞美。即使部属犯错，他也绝不开口指责，总是以宽宏的心，用至诚感化他们，使部属内心愧疚，而以勤奋努力来回报他。

许多卡内基辖下的钢铁厂，在许瓦伯管理之下，产量都呈倍数的成长。为了感谢他，卡内基致赠一亿美元的红利，不料被许瓦伯拒绝，他淡淡地说："我做事纯粹为了兴趣。只要把问题解决，事情做好，我就心满意足了。"

乐在工作的那张脸，最迷人。

谁对谁错：站在对方的立场看问题

在人际沟通方面，每一个人最常犯的毛病就是：固持己见。老是站在自己的立场看问题，基于自己狭隘的经验去处理事情，势必搞得壁垒分明，争论不休，无法获得圆满的结果。

禅宗里面有一则脍炙人口的小故事。

有两个小和尚平常就爱抬杠，有一天，两人又为了一点小事争论起来，愈说愈大声，最后吵得面红耳赤，谁也不服谁。

第一个小和尚气冲冲地跑去找师父评理。师父很有耐心听完小和尚的诉说，淡淡地说："你是对的。"

有师父这句话，第一个小和尚得意洋洋回房去了。

不久，第二个小和尚也气冲冲地跑去找师父评理。师父也很有耐心听完他的说明，照样淡淡地说："你是对的。"

第二个小和尚也高兴地回房去。

这时，一直在旁服侍的第三个小和尚忍不住开口说："师父，您平常教导我们待人要诚实，万万不可做违心之论，可是我刚才亲耳听见您跟两位师弟都说对，恕我冒犯，您这样岂非在做违心之论呢？"

师父对第三个小和尚的质疑，非但不生气，反而和颜悦色地说："你是对的。"

第三个和尚入门较久，也比较有慧根，听师父这么说，立刻开悟，跪谢师父的棒喝。

因为每一个人都认为"我是对的"，所以才会固持己见，毫不相让。倘若我们能将心比心，站在对方的立场想问题，秉持"你是对的"的态度，争执心定减少，彼此的摩擦也较易获得解决。

一般企业里面业务与生产部门经常因立场不同而冲突不断，聪明的老板会定时将两部门主管对调，这么一来，情况就好多了。

解决争端正最好的方法就是：不争。

一年十三个月：国泰人寿保险公司的创举

一位眉头深锁的企业家走进一座庙宇，在住持面前跪下来说："大师傅，我觉得每天的时间太少，生命太短促了，而我尚未完成的事情又那么多，请问您有什么方法可以延长生命吗？"

住持答道："只要你每天提早三个小时起床，比别人提前三小时工作，无形中你的生命就延长了三分之一。"

企业家当场开悟，欢天喜地回去。

一年到底有多少天？多少个星期？多少月份呢？这个问题小学生就会了，一天有三百六十五天，五十二个星期，十二个月啊！

答对了！不过对国泰人寿外勤人员而言，他们一年固然有三百六十五天或五十二个星期，却有十三个月。

国泰人寿保险公司从一九七九年二月起开始实施国内首创的"四周制工作月"。它的意思是说，以四周二十八天为一个工作月，一年五十二周除以四周正好得出十三个工作月。

一般企业一年只有十二个月，国泰人寿巧妙地将月份打散，再以四周为一循环，这么一来，一年就比别的企业多一个月出来了。

每年多一个月有什么用处呢？主要在提高生产力，把公司的人力资源多运用一

次，就业务部而言，每年无形中多出一个月的业绩，就外勤员工而言，每年多领一个月的薪水，可说是皆大欢喜。

起初有人担心外勤员工不适应，可是正式实施一段时间后，自然就习惯了。

上面两个实例，前者运用早起延长自己的生命，后者运用巧妙的制度延长一年的月份，都是了不起的想法。

俗云："早起三天当一天。"

潜能：险境逼出潜能

人类的潜能极为惊人。

一位平时连一部电视机都搬不动的英国妇人，在一场大火中，竟然奋不顾身左手扛电视机，右手抱保险箱，安然逃出火场。她在危急之中，发挥潜能，从弱女子变成了力大无穷的女泰山。

再看看发生在美国德州的一则故事。

有一位德州富商为了替女儿择婚，特别举办一个丰盛的晚宴，并邀请了几十位年轻英俊的青年来参加。

晚宴结束后，紧接着好戏开锣，主人带领所有年轻人到一个很大的池塘边，池塘里养了几条凶狠的鳄鱼。

主人大声地对全体宾客说："我征求一位勇士，只要他游过池塘抵达彼岸，就可任选三个奖之一。这三个奖分别是：一千英亩的土地、一百万美元现金、跟我的女儿结婚。"

话刚说完，就听到扑通一声，只见一人掉落池塘，并飞速地游泳前进。在众人呐喊加油声中，避开鳄鱼的追击，安全地抵达对岸。他的速度几乎打破世界纪录。

主人很热情地跑过来跟年轻人握手，并信守承诺地问年轻人说："恭喜你，现在你要选择哪一个奖呢？一千英亩的土地吗？"

年轻人摇摇头。

"你要一百万现钞吗？"

年轻人仍然摇头。

主人欣喜地说："那你一定是要跟我的女儿结婚了。"

年轻人还是摇头说不。

主人有点生气地问道："那你究竟要什么呢？"

年轻人说："我什么都不要，我只想知道是哪个可恶的家伙把我推下池塘的。"

这一则故事很可能是杜撰的，然而它把人类惊人的潜能既传神又趣味地描写出来。

适度的压力能激发员工的潜能。

鼓舞热诚：玫琳凯成功的秘诀

玫琳凯（Mary Kay Ash）是美国家喻户晓的女企业家。她在一九六三年创立玫琳凯化妆品公司，成绩斐然。该公司年营业额六亿美元，约有十七万名推销员，而年薪五万美元的人，比任何其他美国公司都多。

她经营企业成功的秘诀只有四个字，那就是：鼓舞热诚。

玫琳凯善于鼓舞自己的热诚，也擅长鼓舞部属的热诚。就个人而言，她会在床头柜摆几本励志的书籍，譬如：皮尔博士的《积极思考的力量》（The Power of Positive Thinking）、希尔的《动脑致富》（Think Grow Rich）和圣经等，然后经常翻阅使自己保持热诚。

至于对部属方面，她则利用公司各种大小集会时，借着歌唱来振奋精神，激励士气，鼓舞热诚，并培养团队精神。

玫琳凯说："我们在每一次集会中唱歌。那就是像我们上教堂唱诗歌一样。诗歌使人产生特别的感受，会令人比较乐观、积极。"

她认为，在顺境要保持热诚容易，在逆境要保持热诚就困难了，那时正是考验一个人是否热诚的最佳时机。

有一次，玫琳凯邀请一位名演说家到该公司做一场激励士气的演讲。因为班机延误，所以演讲时间开始时，演说家仍在机场赶往公司的途中。为了应对这一尴尬，玫琳剀只好上台向员工做简短演讲。

不久，后台传来演说家抵达的消息，她立刻结束演讲并介绍演说者，而且回头看了后台一眼。只见他在后台不断跳跃，并用双手拍打自己的面颊，她心想："他到底怎么了？"

介绍完毕，他冲到台上做了一场绝佳的演说，鼓舞了员工的热情。午宴时，玫琳凯好奇地问他演说前为何有些怪异的举动。

他解释道："我被上午的班机搞得筋疲力尽，赶到这里时，我觉得自己情绪低落，无法激励别人。我必须用跳跃与拍打促使血压升高，情绪高昂，否则如何完成一场激励他人的演说呢！"

曾爱咪说："人就跟脚踏车一样，隔一段期间就得打打气。"

附录二

普通话测试

普通话水平测试（PSC，putonghua shuiping ceshi）是对应试人运用普通话的规范程度的口语考试。全部测试内容均以口头方式进行。普通话水平等级分为三级六等，即一、二、三级，每个级别再分出甲乙两个等次；一级甲等为最高，三级乙等为最低。普通话水平测试不是口才的评定，而是对应试人掌握和运用普通话所达到的规范程度的测查和评定，是应试人的汉语标准语测试。应试人在运用普通话口语进行表达过程中所表现的语音、词汇、语法规范程度，是评定其所达到的水平等级的重要依据。

一、等级标准

1.一级

（1）甲等　朗读和自由交谈时，语音标准，语汇、语法正确无误，语调自然，表达流畅。测试总失分率在3%以内。

（2）乙等　朗读和自由交谈时，语音标准，语汇、语法正确无误，语调自然，表达流畅。偶有字音、字调失误。测试总失分率在8%以内。

2.二级

（1）甲等　朗读和自由交谈时，声韵调发音基本标准，语调自然，表达流畅。少数难点音（平翘舌音、前后鼻尾音、边鼻音等）有时出现失误。语汇、语法极少有误。测试总失分率在13%以内。

（2）乙等　朗读和自由交谈时，个别调值不准，声韵母发音有不到位现象。难点音较多（平翘舌音、前后鼻尾音、边鼻音、fu－hu、z－zh－j、送气不送气、i-ü不分、保留浊塞音、浊塞擦音、丢介音、复韵母单音化等），失误较多。方言语调不明显，有使用方言词、方言语法的情况。测试总失分率在20%以内。

3.三级

（1）甲等　朗读和自由交谈时，声韵母发音失误较多，难点音超出常见范围，声调调值多不准。方言语调明显。语汇、语法有失误。测试总失分率在30%以内。

（2）乙等　朗读和自由交谈时，声韵调发音失误多，方音特征突出。方言语调明显。语汇、语法失误较多。外地人听其谈话有听不懂的情况。测试总失分率在40%以内。

二、测试内容

普通话水平测试试卷由四个测试项构成，总分为100分。

（1）读单音节字词100个，限时2分30秒，占10分。目的考查应试人普通话声母、韵母和声调的发音。

（2）读双音节词语50个，限时2分30秒，占20分。目的是除了考查应试人声、韵、调的发音外，还要考查上声变调、儿化韵和轻声的读音。

（3）400字短文朗读，限时4分钟，占30分。目的是考查应试人使用普通话朗读书面材料的能力，重点考查语音、语流音变、语调等。

（4）说话，时间3分钟，占40分。目的是考查应试人在无文字凭借的情况下说普通话所达到的规范程度。

1. 读单音节字词100个

目的：考察应试人声母、韵母、声调的发音。

要求：100个音节里，每个声母出现一般不少于3次，方言里缺少的或容易混淆的酌量增加1～2次；每个韵母的出现一般不少于2次，方言里缺少的或容易混淆的韵母酌量增加1～2次。字音声母或韵母相同的要隔开排列。不使相邻的音节出现双声或叠韵的情况。

评分：此项成绩占总分的10%，即10分。读错一个字的声母、韵母或声调扣0.1分。读音有缺陷每个字扣0.05分。一个字允许读两遍，即应试人发觉第一次读音有口误时可以改读，按第二次读音评判。

限时：3分钟。超时扣分（3～4分钟扣0.5分，4分钟以上扣0.8分）。

读音有缺陷只在1.读单音节字词和2.读双音节词语两项记评。读音有缺陷在1项内主要是指声母的发音部位不准确，但还不是把普通话里的某一类声母读成另一类声母，比如舌面前音j、q、x读得太接近z、c、s；或者是把普通话里的某一类声母的正确发音部位用较接近的部位代替，比如把舌面前音j、q、x读成舌叶音；或者读翘舌音声母时舌尖接触或接近上腭的位置过于靠后或靠前，但还没有完全错读为舌尖前音等；韵母读音的缺陷多表现为合口呼、撮口呼的韵母圆唇度明显不够，语感差；或者开口呼的韵母开口度明显不够，听感性质明显不符；或者复韵母舌位动程明显不够等；声调调形、调势基本正确，但调值明显偏低或偏高，特别是四声的相对高点或低点明显不一致的，判为声调读音缺陷；这类缺陷一般是成系统的，每个声调按5个单音错误扣分。1和2两项里都有同样问题的，两项分别都扣分。

2. 读双音节词语50个

目的：除考察应试人声母、韵母和声调的发音外，还要考察上声变调、儿化韵和轻声的读音。

要求：50个双音节可视为100个单音节，声母、韵母的出现次数大体与单音节字词相同。此外，上声和上声相连的词语不少于2次，上声和其他声调相连不少于4次；轻声不少于3次；儿化韵不少于4次，词语的排列要避免同一测试项的集中出现。

评分：此项成绩占总分的20%，即20分。读错一个音节的声母、韵母或声调扣0.2分。读音有明显缺陷每次扣0.1分。

限时：3分钟。超时扣分（3～4分钟扣1分，4分钟以上扣1.6分）。

读音有缺陷所指的除跟1项内所述相同的以外，儿化韵读音明显不合要求的应列入。

1和2两项测试，其中有一项或两项分别失分在10%的，即1题失分1分，或2题失分2分即判定应试人的普通话水平不能进入一级。

应试人有较为明显的语音缺陷的，即使总分达到一级甲等也要降等，评定为一级乙等。

3.朗读

朗读从《测试大纲》第五部分朗读材料（1～50号）中任选。

目的：考察应试人用普通话朗读书面材料的水平，重点考察语音、连读音变（上声、"一"、"不"），语调（语气）等项目。

计分：此项成绩占总分的30%。即30分。对每篇材料的前400字（不包括标点）做累积计算，每次语音错误扣0.1分，漏读一个字扣0.1分，不同程度地存在方言语调一次性扣分（问题突出扣3分；比较明显，扣2分；略有反映，扣1.5分）。停顿、断句不当每次扣1分；语速过快或过慢一次性扣2分。

限时：4分钟。超过4分30秒以上扣1分。

说明：朗读材料（1～50）各篇的字数略有出入，为了做到评分标准一致，测试中对应试人选读材料的前400个字（每篇400字之后均有标志）的失误做累积计算；但语调、语速的考察应贯穿全篇。从测试的要求来看，应把提供应试人做练习的50篇作品作为一个整体，应试前通过练习全面掌握。

4.说话

目的：考察应试人在没有文字凭借的情况下，说普通话的能力和所能达到的规范程度。以单向说话为主，必要时辅以主试人和应试人的双向对话。单向对话：应试人根据抽签确定的话题，说4分钟（不得少于3分钟，说满4分钟主试人应请应试人停止）。

评分：此项成绩占总分的30%，即30分。包括项目如下。

（1）语音面貌占20%，即20分。其中档次如下。

一挡20分，语音标准；

二挡18分，语音失误在10次以下，有方言不明显；

三挡16分，语音失误在10次以下，但方言比较明显；或方言不明显，但语音失误大致在10次～15次之间；

四挡14分，语音失误在10次～15次之间，方言比较明显；

五挡10分语音失误超过15次，方言明显；

六挡8分语音失误多，方言重。

语音面貌确定为二挡（或二挡以下）即使总积分在96以上，也不能入一级甲等；语音面貌确定为五挡的，即使总积分在87分以上，也不能入二级甲等；有以上情况的，都应在等内降等评定。

（2）词汇语法规范程度占5%。计分挡次如下。

一挡5分，词汇、语法合乎规范；

二挡4分，偶有词汇或语法不符合规范的情况；

三挡3分，词汇、语法屡有不符合规范的情况。

（3）自然流畅程度占5%，即5分。计分挡次如下。

一挡5分，自然流畅；

二挡4分，基本流畅，口语化较差（有类似背稿子的表现）；

三挡3分语速不当，话语不连贯；说话时间不足，必须主试人用双向谈话加以弥补。试行阶段采用以上评分办法，随着情况的变化应适当增加说话评分的比例。

参考文献

[1]周治南，孙挺忠，高静.高职语文.北京：高等教育出版社，2009.

[2]杨德忠，张文琴，宋以芳.高职语文.北京：北京师范大学出版社，2011.

[3]吴晓林.人文素养与职业写作.北京：高等教育出版社，2012.

[4]李虹飞，刘洪英.实用写作.北京：高等教育出版社，2011.

[5]廖世平.基本职业素养.天津：天津大学出版社，2012.

[6]黄美玲.大学语文.北京：北京大学出版社，2008.

[7]曾卿秀，黎力.人文大学语文新编.天津：天津大学出版社，2009.

[8]黄高才，刘会芹.大学语文.北京：北京大学出版社，2012.